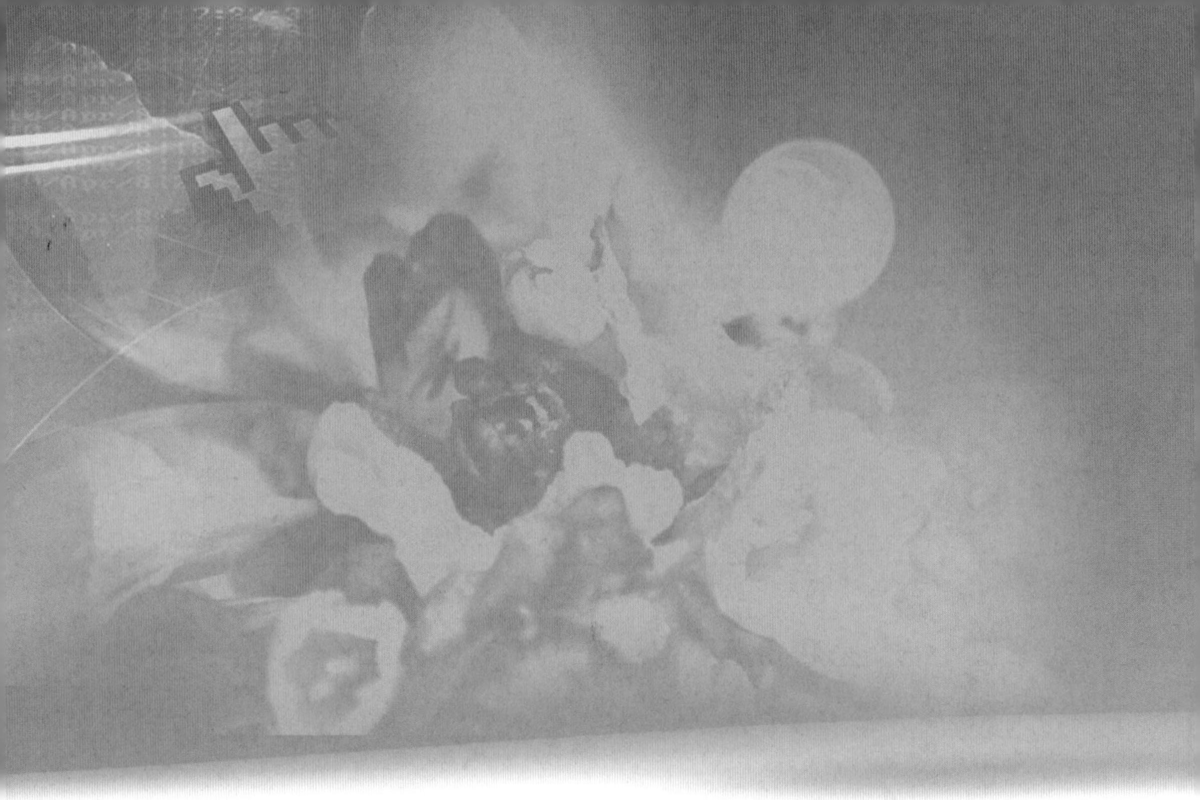

商会经济

走向社会管理时代

王　廉　李阳春　著

Chamber of Commerce Economic

暨南大學出版社
JINAN UNIVERSITY PRESS

中国·广州

图书在版编目（CIP）数据

商会经济：走向社会管理时代/王廉，李阳春著．—广州：暨南大学出版社，2012.10
（幸福广东丛书）
ISBN 978－7－5668－0371－9

Ⅰ.①商…　Ⅱ.①王…②李…　Ⅲ.①商会—研究—中国　Ⅳ.①F721

中国版本图书馆 CIP 数据核字（2012）第 245354 号

出版发行：暨南大学出版社

地　址：中国广州暨南大学
电　话：总编室（8620）85221601
　　　　营销部（8620）85225284　85228291　85228292（邮购）
传　真：（8620）85221583（办公室）　85223774（营销部）
邮　编：510630
网　址：http：//www.jnupress.com　http：//press.jnu.edu.cn

排　版：广州市天河星辰文化发展部照排中心
印　刷：佛山市浩文彩色印刷有限公司

开　本：787mm×1092mm　1/16
印　张：19
字　数：350 千
版　次：2012 年 10 月第 1 版
印　次：2012 年 10 月第 1 次
印　数：1—5000 册

定　价：48.00 元

准确把握建设幸福广东的科学内涵和要求*

汪　洋

中共广东省委深入贯彻落实党的十七大和十七届五中全会精神，立足新起点，把握新形势，提出要加快转型升级、建设幸福广东。这是广东“十二五”发展的核心任务。准确把握其科学内涵和基本要求，对做好全省各项工作具有重要意义。

加快转型升级、建设幸福广东，是一个具有丰富科学内涵的有机整体。这其中，转型升级是手段，幸福广东是目的，二者统一于我们加快转变经济发展方式、推进科学发展的具体实践。加快转型升级，就是要着力提升自主创新能力，加快建设现代产业体系，促进内外需协调拉动经济增长，促进城乡区域协调发展，促进经济社会协调发展，从而夯实物质基础，保证人民群众有更给力的幸福，更长久的幸福。建设幸福广东，就是要坚持以人为本，维护社会公平正义，保护生态环境，建设宜居城乡，改善社会治安，保障人民权益，畅通诉求表达渠道，满足人民群众文化需求，从而强化转型升级的目的依归和价值导向，使转型升级成果更好地转化成人民群众福祉。归根到底，就是要通过转型升级增强广东经济社会发展的均衡性、协调性、可持续性和核心竞争力，不断创造社会财富和公平分配社会财富，让人民群众共享发展成果，过上好日子，增强幸福感。可以说，加快转型升级、建设幸福广东，既体现了中央要求与广东特色的统一，又体现了经济发展与社会发展、物质发展与人文发展的统一，还体现了发展路径方向与发展价值取向的统一，是一个立足实际、面向未来的科学发展愿景。

——摘自汪洋同志2011年1月6日在中共广东省委十届八次全会上的讲话

---

* 题目是编者所加。

为人民谋幸福是我们的崇高使命。建设幸福广东是落实科学发展观以人为本核心理念的深化和体现，是转型升级的价值追求和目的依归，是贯穿社会主义初级阶段的长期任务。改革开放三十多年来，我们以经济建设为中心，创造了发展奇迹，极大地改善了人民生活。但在发展的过程中和发展起来以后，我们更真切地感受到，如果错误地把发展手段当成了目的，就会偏离为人民谋幸福的初衷，导致发展陷入片面性，使人民群众难以充分享受改革发展成果，有的甚至会损害人民群众的根本利益。如果不引导全社会树立正确的幸福理念，以物为本、金钱至上的现象就会难以纠正，焦虑感上升和幸福感下降的问题也难以克服。我们必须始终坚持发展为了人民，发展依靠人民，发展成果由人民共享，把是否以人为本，是否为人民群众谋幸福，作为检验和衡量我们一切工作的重要标尺。

幸福广东具有丰富的科学内涵，既包括满足人民群众物质文化需要，又包括保障人民群众社会政治权益，是物质需要与精神追求、客观标准与主观感受的有机结合，是物质富裕、安全和谐、生态优美、宜居宜业、民主法治、公平正义、文明进步的有机统一。建设幸福广东，归根到底就是要通过推动科学发展、促进社会和谐，把幸福变成人民群众实实在在的物质精神享受，让人民群众逐步过上富裕、文明、有归属感和安全感的好日子。

建设幸福广东，必须突出改善民生。要大力发展各项民生事业，推进基本公共服务均等化，努力使全省人民学有所教、劳有所得、病有所医、老有所养、住有所居。要深化教育改革，促进教育公平，创建教育强省，争当教育现代化先进区，打造南方教育高地，走出一条具有广东特色的教育发展路子。就业和创业是创造幸福的源泉和基础，要坚持就业优先，加强职业技能教育，提升就业质量，鼓励全民创业，放手让一切创造社会财富的源泉充分涌流。发展和谐劳动关系，保障劳动者合法权益。深化分配制度改革，多渠道增加城乡居民收入，缩小收入差距，促进分配公平。深化医药卫生体制改革，加快建立基本医疗卫生制度，为群众提供安全、有效、方便、价廉的医疗卫生服务。完善食品安全溯源机制，建立严格的食品药品安全监管制度。加强安全生产工作。加大保障性住房建设力度，探索房地产市场健康发展的长效机制。要围绕提高统筹层次和保障待遇增长的可持续性，完善社会保障制度，统筹做好社会保险、社会救助、社会福利、社会慈善等工作，加快构建统筹城乡、惠及全民、与经济社会发展水平相适应的社会保障体系。做好人口计生工作，提高人口素质。树立绿色、人本、集约、智慧、包容的城市发展理念，广泛开展幸福村居创建活动，努力建设美好宜居城乡。加快全省绿道网、生态景观林、社区绿地公园、森林公园、城乡文体场馆等建设。健全改善民生工作机制，建立为民办事征询民意制度。

建设幸福广东，必须突出文化引领。没有文化支撑和精神富足，就没有真正意义上的幸福广东。要以建设文化强省为目标，深化文化体制改革，加快完善公共文化服务体系，繁荣文化事业，壮大文化产业，积极动员和引导社会力量参与文化建设，充分保障和满足人民群众精神文化需求。要培育理性平和、开放包容、知足常乐的社会心态，引导全社会树立正确的幸福观。大力弘扬岭南优秀文化，发挥优秀传统文化在民众生活和社会治理中的积极作用，大力宣传和实践“厚于德、诚于信、敏于行”的新时期广东精神。着力提升全民思想道德和科学文化素质，提高全面参与建设幸福广东的意识和能力。广泛开展全民健身运动，深入实施国民旅游休闲计划，倡导文明健康快乐的生活方式。

建设幸福广东，必须强化制度保障。要以规则公平、机会公平、权利公平为导向，加强社会领域基础性制度建设。弘扬劳动光荣的理念，让劳动者得到全社会的尊重，使之享有与其贡献相适应的荣誉、地位、福利，拓宽工农群众参与日常经济社会事务管理的制度通道。破除潜规陋习，创造公平公正、活力有序的社会环境，让守规矩的人不吃亏，让有本事的人有奔头，各尽所能地追求和创造自己的幸福生活。遵循市场经济规律和社会发展要求，进一步破除地域、户籍等限制，调整完善经济、社会、文化政策，促进社会阶层之间的良性流动，防止社会阶层固化和“代际传递”。完善异地务工人员积分入户城镇、考录公务员、参加社会管理等制度，促进他们逐步融入所在城镇。进一步完善幸福广东指标体系，把人民群众满意不满意、高兴不高兴、答应不答应作为评价幸福广东建设的根本标准，使之成为引导领导干部改进工作的“指挥棒”，从制度上保证幸福广东建设的正确方向。

建设幸福广东，必须充分发挥人民群众的主体作用。人民群众是创造历史的主体，也是建设和享有幸福广东的主体。追求幸福，是人民的权利；造福人民，是党和政府的责任。我们必须破除人民幸福是党和政府恩赐的错误认识，切实维护并发挥好人民群众建设幸福广东的主动性和创造性。尊重人民首创，让人民群众大胆探索自己的幸福道路，使每个人在努力创造个人幸福生活的同时，也为增进全社会的幸福奉献心力，实现全省人民共建共享幸福广东。要防止急功近利、形式主义等错误倾向，既积极作为，又量力而行，与经济社会发展相适应，循序渐进地提升全民福祉。我们相信，只要人人都为我们共同的家园添砖加瓦、贡献力量，幸福广东的美好愿景就一定能够实现。

——摘自汪洋同志2012年5月9日在中国共产党广东省第十一次代表大会上的报告

要认真总结一年多来的探索实践，更好地把握建设幸福广东的科学内涵和基本要求，认识到广泛认同积极向上的社会价值观，是建设幸福广东的精神支柱；适应开放条件下的科学的社会治理模式，是建设幸福广东的重要基础；与经济发展水平相适应的基本公共服务保障体系，是建设幸福广东的主体工程；安定、和谐的社会秩序，是建设幸福广东的题中应有之义；国际化、法治化的营商环境，是建设幸福广东的必然要求；宜居宜业的城乡环境，是建设幸福广东的重要载体。从实践来看，必须加快转型升级，夯实建设幸福广东的物质基础；必须创新体制机制，为建设幸福广东注入新的动力；必须坚持与时俱进，把握好人民群众的新期待、新要求；必须充分发挥人民群众的主体作用，共建共享幸福广东。要勤于思考、勇于实践、善于总结，推动建设幸福广东工作广泛深入、持久有效地开展。

——摘自汪洋同志2012年7月26日在建设幸福广东现场会上的讲话

商会经济：企业家的幸福商道（代序）

李阳春

市场经济条件下，在市场机制这只“看不见的手”和行政机制这只“看得见的手”双重失灵时，商会组织将会作为构架于市场和政府之间的“第三只手”，弥补市场失灵与政府缺陷。近几年来，各地商会发展十分迅猛，商会在促进经济发展、规范行业行为、协调劳动关系、维护企业权益、提升企业家素质等方面发挥了越来越重要的作用，商会参与经济服务活动的广度和深度大大拓展，一个发展商会经济的时代已经到来。

一、什么是商会经济

商会经济是一种新的经济现象，是以商会为纽带和平台，组织会员企业进行有目的有选择的经济活动的总和。一方面，它是由商会组织的；另一方面，它是经济性活动。

（1）商会经济是民本经济。商会大多是以民营企业和企业家为主体组织起来的民间团体。民营企业具有民有、民营、民享的民本特征。民有，就是由民资所有，资本来自民间，产权归民营投资者所有；民营，就是由民营企业家或授权的职业经理人负责经营；民享，就是企业的收益由投资股东自由支配和处置。以这一群体为主体组建的商会开展的经济性活动也自然具有民本性质。

（2）商会经济是民主经济。商会作为具有独立法人地位的社会组织，其组织自律性、互惠性决定了商会经济带有天然的民主特征。现代商会是企业家的民主式组织，是自办会务、自筹经费、自选会长、自我管理的民间组织，这就决定了商会经济是不带有行政权威、不属于政府行为的经济模式，它是自主的，企业家才是商会经济活动的主体。

（3）商会经济是民生经济。民营经济是草根经济，民营经济的发展大大改善了民生，民营企业已经成为解决就业的主渠道，成为税收的重要来源。从这个意义上说，发展以民营企业为主体的商会经济，本质上是发展民生经济，根本目的是改善民生。

二、商会经济的功能作用

从实践来看，商会经济具有巨大能量：

（1）商会经济是有效促进本地经济发展的新源泉。商会是企业自发组织组成的，目的是为会员服务，是为了成员企业的发展而形成的，商会组织企业积极参与政府的经济活动，既帮助企业成长，又促进当地经济的发展，最终实现当地经济和企业同步发展的多赢局面。

（2）商会经济是加速主导产业形成的新力量。山东人豪气，上海人精明，广东人务实，一方水土养一方人，相同的文化背景，同样的性格特质，同样的生意手法，因此在全国各地经常出现某一行业基本被来自同一个地方的人垄断的现象。商会会员在生意上的相互交流和合作，能快速复制行业的成功经验，能大大地缩短产业升级的时间，缩小与经济发达地区间的产业差距，这会给产业转移提供很大的帮助。

（3）商会经济是有效推动民营经济做大做强的新引擎。信息共享，风险共担，共谋发展，这是商会共同特征，商会在激活民间资金、合作开发市场方面有着与生俱来的先天优势，以商会为平台，众多的民营企业进行联合与合作，创造资金优势，形成产业规模。凭借商会雄厚的资金实力，一些民营企业在短时间内实现了大规模的扩张。

（4）商会经济是保护外来投资企业的合法利益，优化当地投资环境的新途径。商会就是他山之石，而且是一块有分量的大石。企业的利益诉求只能由企业自己的自治组织才能恰当地表达出来，商会能表达企业自己的利益诉求，任何其他的社会组织都不能充当他们的利益代言人；因此，在市场经济条件下，商会是维护正当市场竞争和市场秩序的社会组织形式，是整个市场经济运行系统中不可或缺的中间环节。在保护企业利益，优化本地投资环境方面，商会发挥着巨大的作用，在与政府的协调沟通上，商会比单个企业更为专业、更具效率，如发生在某市城区范围内的两起房地产建设纠纷，涉及其他市直主管部门，如是单个企业反映情况，按程序是应该从城区开始着手处理，但处理这些事要涉及其到市直部门，已超出城区职权范围，按程序逐级上报会耽误事件处理的时间，现在企业通过所在商会与市里取得联系，在各政府部门的共同努力下事情很快可以得到圆满解决。

（5）商会经济是加快招商引资的新载体。商会经济异军突起，将商会组织推到了本地与全国各地的经济交流和合作的前台，商会充分发挥引导服务优势和桥梁纽带作用，通过沟通信息、增进友谊、交流经验、共同发展，吸引民间资本到本地投资兴业，利用商会联系商界的优势，以商引资、以商招商。不少项目是在商会和政府的共同努力下，成功引进的，这使商会成为政府招商引资的新载体。

（6）商会经济是推动企业参与慈善事业，回报社会的新平台。商会经济是合作的经济、商人集体做事的经济。商会能很好地发挥自我教育、自我约束、自我管理、自我提高的作用，积极组织商会成员，倡导爱国、敬业、诚信、友善等道德规范，积极参与光彩事业和公益慈善事业，对政府倡议捐资助学、救灾扶贫及其他社会慈善公益之举，积极响应，在许多公益慈善场合中闪动着各商会会员们的身影。他们在推动行业发展，推进社会公益事业进步等诸方面功不可没。

商会还可以在以下四种经济机制中发挥独特的作用。

一是降低交易成本。商会实质上就是一种能够降低交易成本的工商业组织，具体表现在：提供交易条件的费用，发现交易对象等。商会通过统一搜集信息并提供给成员，与个体会员分散搜集信息相比较能够减少重复投入，降低信息搜寻成本。一般来说，搜集信息是报酬递增的，即人们常常必须支付信息成本，但成本不会有很大变化。商会比较行会而言更有开放性，能在更大范围内为商人提供来自内部、商会之间及国际间的商业信息，缩短商人搜集、整理、加工信息的时间，通过集体谈判权的行使，减少讨价还价的费用，减少因信息的不对称而引起的交易成本的增加。

二是聚焦“社会资本”。网络是一种重要的社会资本，能实现外在利益内在化。依托商会发展的“社会资本”包括三类：其一是商会与政府、社会之间的关系资本，其二是商会与商会之间的关系资本，其三是商会内部成员之间的关系资本。后两者都能通过商会的组织，发挥民间商会的网络优势，以商引商。如果说竞争能够带来活力与效率的话，那么合作能够带来和谐与效率。这一制度安排能够给商人更多的合作，易于形成网络。此外，商会在商人与政府之间起着媒介作用，及时传递双方信息，减少摩擦，为经济组织间的合作提供机会。

三是实现规模经济效应。随着市场竞争的日趋激烈，民营企业以商会为核心，把“五个摊开的手指头”变成“一个握起的拳头”，联合起来同舟共济。1998 年，温州打火机厂商依靠商会的整体力量打赢了欧盟对我国的反倾销诉讼案，体现了加入 WTO 后行业商会在国际贸易市场上维护行业利益的巨大作用。随着市场经济的发展，企业直接交锋不可避免，各城市之间、同城同区的竞争也将日趋激烈，政府不干预，可能导致地区损失；政府干预，市场又会留下许多后遗症，明智的做法就是发挥商会的组织作用联合应对。会员单位还可以通过商会统一采购降低成本；通过联合办企业缩短委托代理链条，统一进行销售、采购，达到商会与投资者的双赢。在项目投资中，商会还可以通过会员间、商会间的“强强联合”，针对会员企业的优势项目，兴办担保机构、专业市场和大型企业，延长产业链，构筑产业集群，而这些“大手笔”常常是单个企业难以办到的。

四是供给行业规范制度。制度分正式制度和非正式制度两大类。商会在政府职能转变的今天在行业规范方面的作用尤其明显和重要。当前政府向商会移交行政职能的目的，就是要做到市场的事由市场调节，企业的事由企业解决，行业的事由商会组织协调，政府决不干预。为此，商会必须认清自身在制定行业规范、维护行业信用建设方面的职责，通过利用商业法律、汇款单等正式制度与道德、舆论等非正式制度约束商人，减少违约行为，减少市场的不确定性，维护市场秩序，降低市场风险。坚持服务会员企业、自主建设以及正面褒扬和失信惩戒相结合的三大原则。通过强化行业信用制度建设、对会员企业开展信用评价、协助会员企业建立信用风险防范机制等工作，提高会员企业的诚信意识，增强行业自律水平，促进行业健康发展。因此，商会应在制度设计上显示出高度负责、高度专业的品格，包括：行业的标准制定、行业的统计、行业的初评、产品的推荐等，为政府腾出手来做好行业产业的规划、监督和协调发展提供便利。此外，商会为防止过度竞争可设计有效制度，将会员只顾自身利润最大化的决策转化为商会共同体的利润最大化，防止生产者之间重复投入，优化资源配置。

三、商会经济的主要模式

（1）商会产业集群。做商会经济就是要做产业集聚，形成一条产业上下游相关的产业链。商会中的众企业活跃于各行各业，通过商会将它们串联起来，这种经济行业微观上可以在商会内部实现供需互补，宏观上能串起强大的产业链。

（2）商会工业园区。组织商会成员共同投资、建设产业园，发展特色经济，或者以商会经济联合体方式投资一些地方政府已经建立的工业园区。

（3）商会质量技术服务平台。如，中山小榄镇商会设立了五金、检测服务有限公司、企业服务有限公司、锁具服务公司和知识产权服务中心，建立了对企业产品进行技术质量检测等的公共服务平台。

（4）商会展览会、博览会。如，广东美容美发化妆品商会主办的美博会，已成为具有国际影响的行业产品展销盛会。全国工商联烘焙业公会举办的一年一度的行业展会，吸引了数千家企业参展。香港工展会时间长达一个月，是香港中华厂商联合的主打项目。

（5）商会品牌联盟。如，广东家电商会着力打造行业企业品牌；广东家具商会组建行业品牌联盟，设立了具体目标，在山东、北京、辽宁等地建设广东家具精品馆。

（6）商会大厦和总部基地。不少商会组织会员自筹资金建设商会大厦，集办公、培训、商务于一体，达到以会产兴会务的目的。有的商会还联合起来，共同打造地区性的商会总部办公基地，并引入会员企业进驻。

（7）商会产品展销基地。如，广东电脑商会在阿联酋的阿基曼组建了中国商品交易中心，其目的是在中东地区打造一个永不落幕的中国商品展销平台。

（8）商会金融服务体系。如，深圳总商会设立了民营企业互保金，由总商会选择优质民营企业出资和政府部分出资共同设立担保基金，筛选既有资金需求又有成长性和偿还能力的贷款企业，以互保金提供担保，被推荐的单个企业向银行贷款后如到期不能还款，则由互保金偿付。这种企业联保、商会信用、政府信用合为一体的担保方式，受到借贷银行和有资金需求企业的普遍欢迎。作为一种创新模式，现已帮助民营企业取得贷款110多亿元，为帮助民营企业解决融资难问题走出了一条新路。

（9）商会股份合作项目。有的地方将一些大的开发项目交由商会运作，由商会会长牵头，组织有实力的会员企业入股组建项目公司，统筹进行项目开发。

（10）商会经济信息中心和电子商务。广东油气商会每天向会员和社会提供国际同期油气价格权威信息。多数商会都建立了商会网站，其功能已由初期的会务信息发展到经济信息服务，特别是为会员提供商机合作的电子商务正在成为商会经济服务的新趋势。

（11）商会投资基金。如，广东高科技产业商会牵头成立“中科汇商创业投资基金”，开创了中国商会设立基金的先河，并推动业内多家创投公司成立。

现在，广东省正着力发展幸福导向型经济。我认为发展商会经济，通过企业家进行项目合作、抱团发展，既可以推动幸福导向型经济的成长，又提升了企业家的幸福指数，这不正是一种幸福商道的生动体现吗？

目　录

准确把握建设幸福广东的科学内涵和要求 …………………………… 汪　洋 1

商会经济：企业家的幸福商道（代序） ………………………………………… 1

第一章　商会经济的概念与理论 ………………………………………………… 1
　第一节　商会经济的概念 ……………………………………………………… 2
　第二节　理论分析 ……………………………………………………………… 5
　第三节　商会经济的实践分析 ………………………………………………… 9

第二章　商会时代 ………………………………………………………………… 19
　第一节　企业与商会 …………………………………………………………… 20
　第二节　经济与商会 …………………………………………………………… 21
　第三节　政府与商会 …………………………………………………………… 26
　第四节　社会与商会 …………………………………………………………… 35

第三章　商会组织 ………………………………………………………………… 37
　第一节　职能作用 ……………………………………………………………… 38
　第二节　组织边界 ……………………………………………………………… 47
　第三节　在社会与行业中的作用 ……………………………………………… 54
　第四节　行业自律与市场 ……………………………………………………… 61
　第五节　治理结构 ……………………………………………………………… 68
　第六节　国际与历史经验 ……………………………………………………… 105

第四章　商会的经济及社会价值 ………………………………………………… 119
　第一节　行业发展的动力 ……………………………………………………… 120
　第二节　经济助推器 …………………………………………………………… 124

第三节　社会稳压器 …… 125
第四节　政府职能的延伸 …… 129
第五节　社会的中流砥柱 …… 133
第六节　经济社会转型的杠杆 …… 136
第七节　企业家政治诉求的价值取向 …… 139
第八节　动力机制：财富的发动机 …… 147

第五章　商会经济的探索及其走势 …… 155
第一节　商会论坛 …… 156
第二节　中国商会 …… 166
第三节　行业商会 …… 176
第四节　客家商会 …… 184
第五节　潮州商会 …… 195
第六节　温州商会 …… 206
第七节　广东省电脑商会 …… 223
第八节　广东省高科技产业商会 …… 231
第九节　香港商会 …… 239
第十节　澳门商会 …… 250
第十一节　泛珠区域商会发展走势 …… 257

参考文献 …… 285

后　记 …… 292

第一章

商会经济的概念与理论

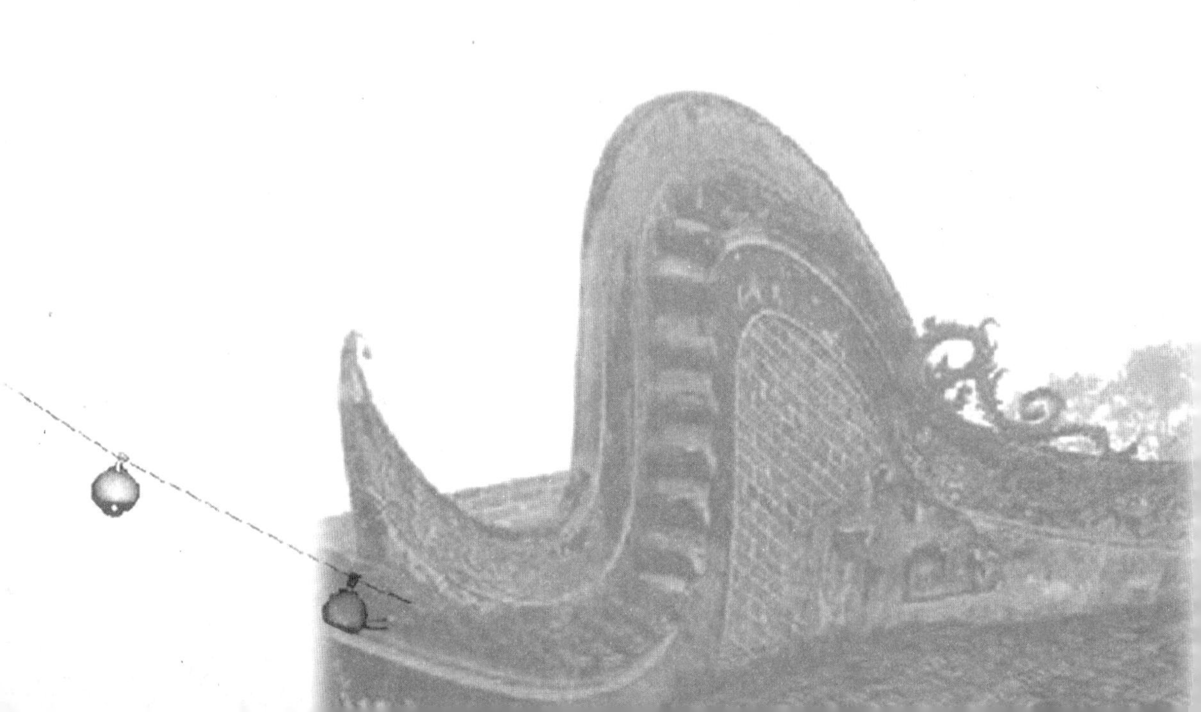

第一节　商会经济的概念

一、什么是商会经济

商会类组织，追根溯源，可以上溯到5 000年前人类有经济活动之时，其间因经济交往圈扩大，为了寻求从商者的价值与利益，商会类组织诞生。但其真正形成是在英国工业革命之后，也可以说，商会是商家、商界、商业繁荣的伴生物，也是市场不断发展、社会经济不断成长的标志。

现代商会经济是工业革命的产物和网络经济的标志，是以商会为纽带和平台，组织会员企业进行有目的有选择的经济活动的总称。一方面，它是由商会组织的；另一方面，它是一种社会经济性活动。

我们认为，商会经济是民本经济、民主经济和民生经济有机结合的“三民经济”。

第一，从投资来源看，商会经济是民本经济。商会大多是以民营企业和企业家为主体组织起来的民间团体。民营企业具有民有、民营、民享的民本特征。民有，就是由民资所有，资本来自民间，产权归民营投资者所有；民营，就是由民营企业家或授权的职业经理人负责经营；民享，就是企业的收益由投资股东自由支配和处置。以这一群体为主体组建的商会所开展的经济性活动也自然具有民本性质。

第二，从投资主体看，商会经济是民主经济。商会作为具有独立法人地位的社会组织，其组织自律性、互惠性决定了商会经济带有天然的民主特征。现代商会是企业家的民主式组织，是自办会务、自筹经费、自选会长、自我管理的民间组织，这就决定了商会经济是不带有行政权威、不属于政府行为的经济模式，它是自主的，企业家才是商会经济活动的主体。

第三，从投资目的看，商会经济是民生经济。民营经济是草根经济，民营经济的发展大大改善了民生，民营企业已经成为解决就业的主渠道，成为税收的重要来源。从这个意义上说，发展以民营企业为主体的商会经济，本质上是发展民生经济，根本目的是改善民生。以中国为例，2011年，除去房地产企业，2/3以上的贷款企业为国企，1/3为民营企业，而民营解决的就业数则刚好是国企的贷款数，即2/3。

二、商会经济的定义

我们也可以这样为商会经济下定义：以商会组织作为纽带，商界人士与机构参与活动和提供服务的社会经济形态。

这里有两层含义：一是商会组织，它属于社会学范畴研究的内容；二是商会经济，它属于经济学范畴研究的内容。

用模型表达，见图1－1。

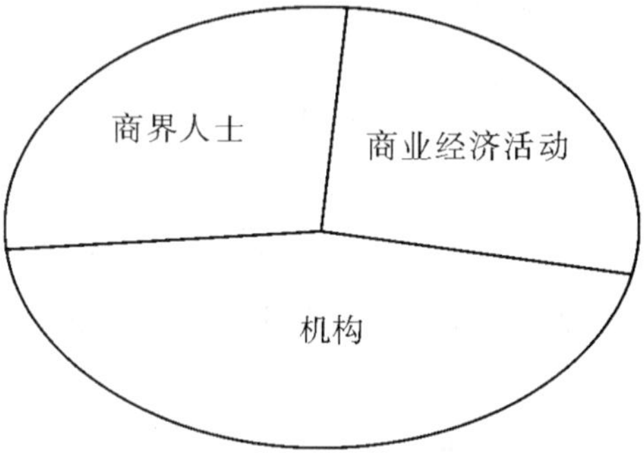

图1－1　商会经济的组成

进一步引申分析，既然将商会经济放在社会市场上研究，它就有了两个属性：一是社会属性，它以社会市场经济作为立足的基础，也是社会生态中的一个成员；二是经济属性，它是以诉诸经济活动、保障经济活动与成员间、成员与社会间的生态运行，参见图1－2。

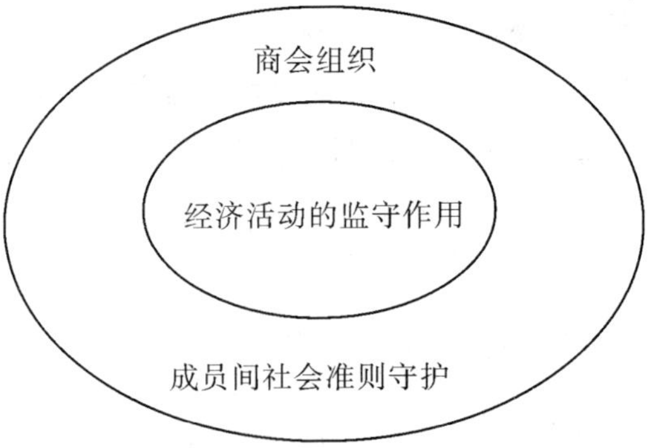

图 1－2　商会经济的社会运行模式

从图 1－2 可以看出，商会经济以社会的诚信体系、信用体系以及组成人之间的权益与责任作为基础，没有这个基础，社会经济生态就会乱象丛生，经济活动就会无序。

比如，一个商会组织只追求自己对资源的利用，而不去为成员提供服务，这样的组织实际上没有多大的存在价值。

商会经济是市场经济不断发展繁荣的产物，但凡发达国家，商会组织都十分发达，甚至可以说，经济的主要活动是由商会来主导的。

另一种定义是：商会本身就是“商＋会”。商会是商业活动的组织体，也包含了商业活动与社会活动，它与上述定义显然不矛盾。

三、商会经济的其他属性

商会经济还可以引申到专业分工方面分析：商会作为专业分工的社会组织建立保障机制，商会经济也可理解为是从事商业的人士为商业专业化、诚信、权益保护等形成的“社会经济活动形式”。

中国正处于经济向社会转轨期，商会组织的发展也迎来了前所未有的春天。我们对商会经济研究少、认识浅，但愿本书能抛砖引玉。

第二节　理论分析

一、理论演变

商会经济是一种经济现象，而商会组织则是一种制度安排，属于新制度经济范畴。

两位美国学者——加州大学伯克利分校经济学教授奥利弗·威廉姆森和印第安纳大学伯明顿分校政治学教授埃莉诺·奥斯特罗姆于2009年被授予诺贝尔经济学奖，以表彰他们在经济治理方面的研究。威廉姆森作为新制度经济学的奠基人之一，他发现了市场和有等级的组织，如公司、代表者解决利益纠纷的不同治理结构等。市场的缺点是经常伴有讨价还价和争执；公司的特点则是虽然其权威能够减少争执，但常会被滥用。威廉姆斯认为，经济活动中的不确定性较小、交易频率和资产专用程度较低时，市场是经济活动的主要调节者；经济活动的不确定性较大、交易频率和资产专用程度都较高时，企业就会成为经济活动的主要治理者。在市场和企业之间，是否还存在着其他的治理机制呢？奥斯特罗姆的研究正好填补了新制度经济学在这方面的空白。传统观点认为，公共资源具有外部性，通常难以管理，因此要么由政府集中管理，要么进行私有化（即交给市场）。奥斯特罗姆的研究对这一观点提出了挑战。他在大量研究了用户自行管理的渔场、牧场、森林、湖泊和地下水域等公共资源后发现，这些公共资源的治理情况远比理论预测的要好。在历史上和现实生活中有大量集体行动困难的案例，比如公地悲剧等，这些困难不是由更强的政府管制或者私有化来解决，而是通过自我治理来解决。

也有人认为，经济制度形态从私人经济、政府经济到商会经济，是市场经济发育的标志（见图1－3）。

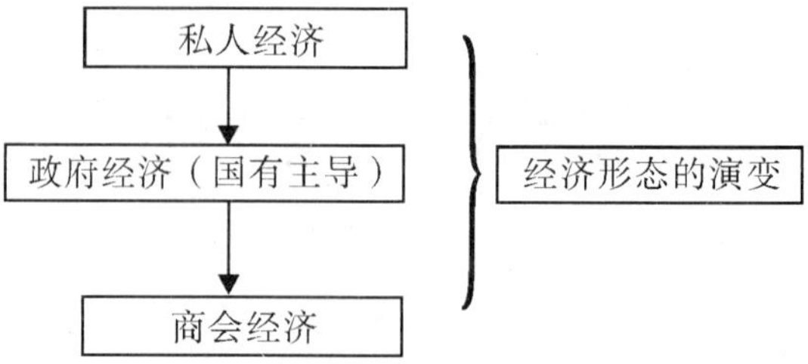

图 1－3　历史上经济形态的变迁

然而问题也来了，无论政府还是商会组织都是一种社会生态式制衡或制度安排。

很多群体通过有公益心的民间团体和非政府组织所设计的治理机制来解决集体行动问题，进而解决利益纠纷。保证这些治理机制有效运作的关键在于“互惠”、“声誉”和“信任”关系。它们将互惠定义为人类行为或个体之间博弈行为的一种策略，互惠是促使人们产生信任和声誉的前提。如果对手合作，可以通过合作达到公共利益；从商会角度来说，如果对手不合作，多数社团会强制执行某些社会惩罚，比如点名批评、羞辱及孤立等。国家的角色应该产生转变，全国性的政府对于管理国际性的公共事务来说太小，对于管理小范围的问题而言又太过庞大。所以，如果政府能和民间团体进行合作，给民间团体足够的空间和支持，那么，它能解决一些政府不能够有效解决的问题。

从上面的分析可以看出商会组织的角色定位与特点。

二、理论机制分析

实际上，在研究中我们还发现，即使是在成熟的市场经济中，市场机制也只是多种可供选择的调节机制中的一种。由于外部性和信息不完全等原因，市场可能失灵，市场主体的逐利本能还会导致对公共资源的过度消耗，影响经济的可持续发展。政府的经济功能主要体现为运用合法的强制力，保护产权和克服市场失灵。但政府不仅无法解决所有的问题，而且有时反而成为问题产生的根源，产生所谓“政府失灵”的问题。牛顿三大定律中的第一定律就是“外力作用”能改变或保持发展中的平衡，商会经济也存在这种表现。

在社会经济生活中，除了市场和政府之外，还存在着第三种治理机制，即各种形式的社会团体和中间组织。社会团体和中间组织的出现使社会经济的治理机制趋于多元化，弥补了市场机制和政府治理的不足。在经济生活领域，商会和行业协会（以下统称商会）是众多中间组织中最具代表性的一种。

商会依靠成员间的信任、合作、自律和社会惩罚等治理机制来减少交易中的机会主义行为，矫正市场失灵和避免政府失灵。此外，我们在复杂活动中，如在涉及复杂性、不确定性和有较强外部性的交易时，商会的调节可能是比市场机制更为有效的一种制度安排。

至于如何理解商会及商会经济的发展，则需要更多的观察和研究。

今天的市场失灵和政府失灵现象较为普遍，市场交易即便可以借助法律来保证合同的执行，但大部分交易主体的交易规模较小，动辄诉诸法律会给这些主体带来高昂的交易成本。而产业中间组织可以通过自律、合作和协商等机制来降低交易成本，使交易变得更加顺利。尤其像中国这种发展中国家和转型经济体，经济体制不仅需要有建立在竞争基础上的市场调节和建立在强制基础上的政府调节，还需要有建立在合作与协商基础上的中间组织，比如商会组织的调节。发展中国家和转型经济体只有通过以上三种机制的有机结合，才能更好地推动经济和社会的均衡发展。

商会可能会是城市转型、产业升级不可或缺的必然选择。

三、制度安排

中国的商会不发达，导致了一系列问题。

当代中国正在经历一场巨大的经济和社会变革，过去单一的所有制结构已经让位于多元化的所有制结构，市场经济的框架已经初步形成，政府的职能也在逐渐发生转变。经过 30 多年的渐进式改革，中国改革进程中的帕累托改进空间已经所剩无几。与过去不同的是，现在的任何经济改革几乎都会触动已形成盘根错节之势的利益集团的既得利益，利益集团的阻挠已经使改革进程趋于停滞。今天，经济列车与社会列车的并行尤其需要商会和商会经济。然而，大多数学者都把新的改革突破口寄托在政治体制改革上，这是一种幼稚的或不全面的观点。政治体制改革固然重要，但任何政治体制都是建立在一定的社会结构基础上的。众所周知，民主政治不仅需要建立在一个以中产阶级为主体的橄榄型社会结构的基础上，而且要求这个社会是一个高度自治组织的、各种集团的利益诉求能得到通畅表达的社会，即所谓公民社会。在中国这个有着几千年封建专制传统的国家，政治体制改革不可能一蹴而就，政治体制改革首先必须夯实改革所要求的社会基础，构造新的社会结构。商会可以为此作出贡献。

大力推动公民社会和新社会组织的建设，提高全社会的自组织程度，商会发展或商会经济发展将成为亮点。

商会或商会经济的使命主要表现在以下几个方面：

一是商会是经济和行业类的社团组织，是市场经济发展的必然产物，也是民营企业等社会经济体与热心者的一种政治诉求，以及新经济组织发展向社会领域的自然延伸。商会对于完善市场经济体制，尤其是充当政府与企业之间的联系纽带具有不可替代的作用。

二是商会作为社会组织，与工会、消费者协会等雇员和消费者的社团组织之间存在着利益攸关的制衡关系，其发展客观上会带动乃至刺激这些相关利益团体的发展。推动商会和市场体系健康发展，有利于促进和谐社会的建设。

三是在“弱政府、强社会”的现有格局下，商会这类产业中间组织的发展会提高社会的组织化程度，并对政府的社会控制和社会稳定起到积极作用，有利于政府对经济社会的宏观调控，符合中国渐进式改革的基本原则。

“不积跬步，无以至千里。”认真研究商会这一类社会团体的治理机制、发展规律和演变趋势，关注其在发展进程中所遇到的各种问题，成为当前之必须。商会的研究者大多是社会学家、政治学家、公共管理学家和历史学家，经济学家尚未对该领域给予足够的重视。本书正是试图从经济学理论角度出发，用实证方法对商会的形成、治理及相关问题进行一个较为全面的梳理和探索，希望能起到抛砖引玉的作用。

四、结论

商会经济理论作为经济学范畴的一个分支，西方国家在这一方面的研究出现了很多成果，但于中国而言，这些理论有很多不实用之处。其原因就在于中国的文化赋予了中国商会许多特定内容。因而对中国商会的研究还有许多工作要做，希望本书能够对此作出贡献。

第三节　商会经济的实践分析

从本质上来说，商会经济也是一种讨论、对话、研究协商协作的经济。从商会作用、地位、平台意义讲，商会经济是一种对话经济，它通过对话实现协调发展，通过讨论达成共识，通过研究达到协作的目的，它也是社会管理时代经济全民性的一种表现。

一、组织及活动的交叉性

商会作为活动的主体，在实践中其交叉性很普遍。也就是说，纯经济活动商会组织是以行业或产业活动为主，容易识别，但许多组织如社区类、管理类、旅游类、慈善类等非政府组织（即 NGO），都有一定的经济活动。从类别划分，它们不一定属于商会组织，但从其所做的事情来看，又有“商会经济组织”的影子，这也是“社会组织”的一个属性——生存性所决定的。相反，商会也有一定的公益性，这是其社会属性所决定的。它们之间的界限难以明确划分。理论在实践面前有时显得苍白无力。

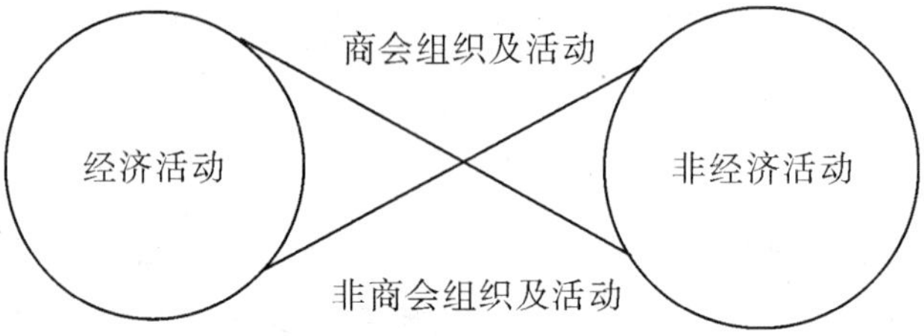

图 1－4　商会组织与非商会组织活动的交叉（两面）性

从其内涵看，商会组织与非商会组织的活动内容呈矩阵形式排列，这是由商会组织的多面性所决定的。如下图所示，A 表示为会员服务，B 表示组织生存，C 表示建立品牌，D 表示维权，E 则表示联合行动，形成一个矩阵图。

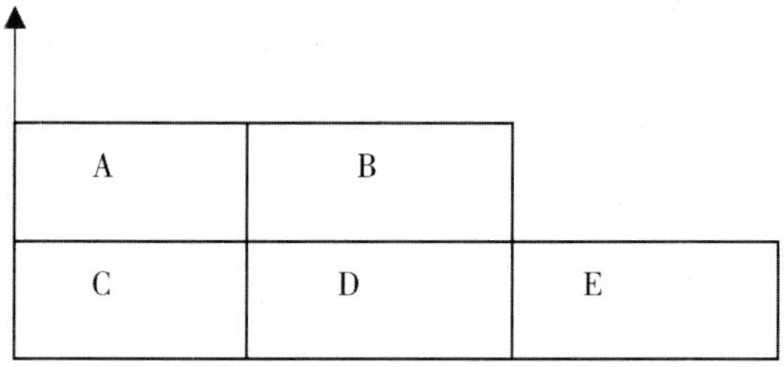

图 1－5　商会组织活动内容的复杂性与延展

比如某商会成立之初，在章程中明确：为社会服务，为会员服务。民政部门所发营业执照的“经营范围”为：会员服务、培训及信息咨询。这个内容虽然费解，但从中也“道”出了商会为生存的“无奈”之举。由于把社会团体定位为“非营利性”，在具体的报表与营业规定上总是遮遮掩掩，这在一定程度上影响了对商会理论的探索：政治的规定成了约束讨论的禁区。而实际上，商会在成立之初，因缺乏足够经费，往往是“见纸打纸”，能干什么就干什么。

二、商会在“团体”中的生态地位

根据中国现行的“社会组织登记制度”，官办的社科院所、工会、共青团、妇联，虽然也在民政部门登记，但享受的是公务员待遇或准公务员待遇，显然，超出了“民间登记”的范围，成了党政群团中的另类团体。

至于商会或其他 NGO 组织，很多时候也难以明确在活动中的职责。本书在这些问题上暂不作深入讨论。本书告诉读者的一个事实是：商会或者协会乃至其他社会团体构成了商会经济时代的特色内容，迎接着商会经济时代的到来，孕育着社会管理主导时代的到来。在中国，最早拥有自己的产业的，恰恰是执政党、九大民主党派、工商联、工会、共青团、妇联、社科联、文联，虽然绝大部分产业属于“划拨”，但他们都是最早的“资产所有者”，是“有产阶级”。第二类是慈善机构、残联等，这类机构也是“有产阶级”，其对资产的支配更多时候难以说清楚，才闹出“郭美美”晒干爹、残联的腐败丑闻。相反，民间商会则艰难度日，有心无力者居多。近年，全国许多千强镇建起了商会大厦，而实际上，这些商会大厦里面多是政府部门或房地产的项目，商会真正占的地方往往不到十分之一。第三类是商协会。这类组织为数众多，但又与政治离得较远，是真正的草根团体。从这个角度来说，将商会经济称为草根经济，名符其实。

总的来说，商会在近几年的发展是社会的一个进步，昭示着社会管理时代的来临，这也正是出版本书的缘由之一。

三、商会平台的作用与价值

无论我们的商会处于怎样的地位，作为一个社会平台，那就应该建立起一种对话与讨论机制。商会经济本质上是讨论经济或对话经济，也就是通过对话、讨论、研究、协商方式实现的。其贡献正在凸显，而且正在发挥着不可估量的作用。如包括本书作者在内的多名商会成员向广东省领导提出的“开拓海外市场，建设商业中心”的建议就被采纳，现已在全球展开。实际上，依靠商会平台，把各行业人士组织起来，协调起来，是提升专业水平、加快经济社会转型的必由之路，也是社会优化管理的必由之路，其作用与价值将不可估量。因为这是一个交流、协作、互动的社会，商会的发育发展正是迎合了这样的需求，也提供了更广泛的需求。如在中国—东盟博览会、亚欧博览会、旅游发展大会、西部博览会及中国人民对外友好协会论坛上，本书的作者之一王廉曾演讲《旅游业发展的2.8天理论及其应用》，反响热烈。

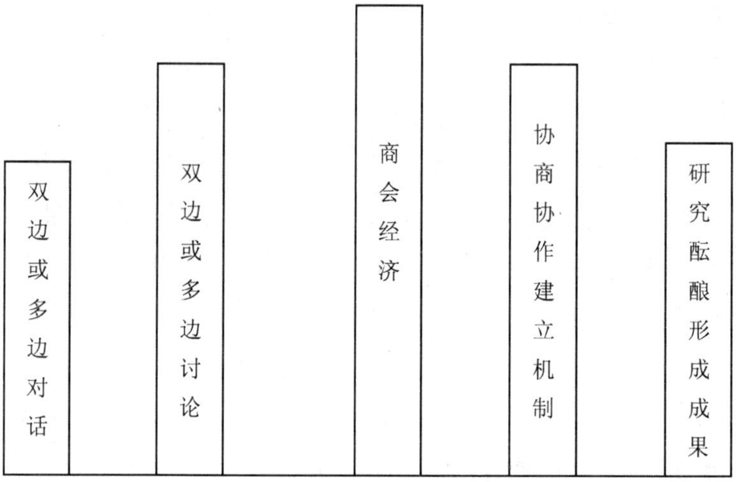

图1－6　商会经济的形成过程或活动过程

“唯有独立，才能协商。”民主社会建设与发育就是通过广泛的对话、讨论、研究及广泛的协作协商达成的。商会的发育状态决定着一个地区、一个城市的社会化、现代化发展程度，也展现了其在社会底层中“中流砥柱”的形象。凡是社会发达、市场经济发育程度高的地区，其讨论机制越高，商会就越发达，人们真正组织起来的程度就越高。

附：王廉先生的《旅游业发展的2.8天理论及其应用》

旅游业发展的2.8天理论及其应用

编者按：旅游业2.8天理论是由王廉教授首创，经过25余年的理论与实践经验总结而来，经得起实践的考验，一经提出便受到广泛关注，并在西部博览会等高端活动上多次演讲，反响热烈。

中国旅游业要从管理上上一个台阶，必须从目前以“经营主导”的思路变为“服务主导”。管理的最高表现应当是“社会化服务”。社会服务时

代不是一两句话，而是一场“内在”的变革和经济与社会二元走向社会服务一元的重塑。而要做到这一点，2.8 天理论应当是一个基本的分析工具和重要的突破口。

中国旅游市场正快速发展，一些商家为牟取暴利，不惜损害消费者的利益。一些知名景区为了“一时之快”，或是“创收第一”，常常杀鸡取卵。去年 100 元的门票今年可以猛涨 20% ~30% 乃至 50%，完全不顾消费者的利益。这不仅违反了旅游市场发育成长规律，也是自毁形象之举。

究其原因，大致有三：一是景点景区盯住“核心资源”价值，忽略了从服务上创收，其结果是核心资源不堪重负；二是目光短浅，缺乏产业链意识，抓住核心资源环节“捞”了又“捞”；三是被称为旅游业“圣经”的“六要素”在指导实践上缺乏创新，这也是本文探讨的主要内容。

一、2.8 天理论的由来

我院在长期为客户作旅游规划与运营策划时发现，许多景区景点对如何留住客人的时间长度缺乏精细的产品设计与理论指导，以营销为王的思想仍占上风，这与国际上“服务为王”的观念大相径庭，这也正是中国旅游业致命的软肋。而现代旅游业应以“服务为中心”。“六要素”需要新解或深化的正是这一点。我们从部分景区调查中发现，客人逗留的时间长度与服务的产品链存在一种很强的依存关系：以两天为基数，如果以后产品服务到位，每位客人多逗留 0.2 天，那么消费至少增加一倍。过去我们都忽略了这一点。

从经济学角度看，旅游业不是一门产业，而只是一个大门类；从社会学角度看，旅游业是一门大产业；从城市学角度看，它是能为游客提供宜居、宜业、宜创、宜娱、宜梦、宜游的“六宜”社区；从心理学角度看，旅游业也是游客心理预期与心理消费的一项服务。这一点，后者特别重要。游客不满意，以经济学的“二八理论”分析，负面影响将达到 80%。以吃住行为例，有调查显示，做得最好的服务单位回头客通常占 50% ~80%。而游、购、娱三要素中，感觉型消费的仍然是 80%，只有 20% 是理性消费。这充分说明，我们提供的“旅游资源”服务不仅是一种功能型的满足，更重要的是感觉型的服务体验。当游客不认同、不满足，80%以上的人不会走进新景点，不会购买消费品，不愿多逗留一天，以后也不愿意再来。

我们对A和B两个丹霞地貌景区作了个对比调查。这两个景区一南一北，其中，位于南方的A景区的名气要大于北方的B景区，但A景区不顾实际情况虚假宣传景区景点，从而损害了游客的利益，2011年其门票收入只有B景区的1/4，其综合服务收入也只有B景区的1/4。

表1-1　A、B景区特点比较

类　别	名　气	门　票	产品差异	服务特点	收　入	结　论
A景区	大	A同B	不明朗	张扬个性	比B少 2/4～3/4	定位与服务主导
B景区	小		主题景区	服务态度	比A多 1倍以上	

还有一个景区，一天可以看完，门票50元/人，但卖“土特产”的店就有四家，且档次低，都是“地摊货”。本来，行货、二手货、地摊货应分开售卖，消费者多一个选择，更容易产生购买欲。但因景区的这种“乱象”，游客光看不买。据说其销售产品收入不足门票的1/2。对比国外一个同类景区，其产品收入是门票的20倍以上。从旅游逗留天数、娱乐消费水平上看，国内这个景区不到国外的景区的1/5。

这就提出了一个问题，什么东西才能让游客留得住、玩得开心，并消费得旺？许多研究成果表明，中国游客只要多住一晚，消费就会增加3～4倍，因为他们会在这最后一晚消费相当于前3晚的住宿费用，买几倍于前3晚的产品。这基本上是一个倍增效应，也是第一个消费基数的平方的平方。比如以两天为消费基数，游客的消费以吃、住、行为主，两天的平方即为$2^2=4$，4的倍数即为$4\times2=8$。也就是说，游客以两天为消费基数，以后每增加0.2天，消费增加1倍，以2.8天为极限，其消费额在两天为基数的情况下，以后每增加0.2天，消费增加1倍以上。这个2.8天是以吃、住、行为两天，游、购、娱、养（乐居）为0.2+0.2+0.2+0.2天

的逗留时间长度升级消费的，每增加 0.2 天即与前两天基数的吃、住、行消费相当。

若设游客吃、住、行的消费为 a，游、购、娱、养的消费分别为 b_1、b_2、b_3、b_4，则总消费 F（元）与时间 t（天）满足如下关系：

$$F(t)=\begin{cases}a, t=2,\\ a+b_1, t=2.2,\\ a+b_1+b_2, t=2.4,\\ a+b_1+b_2+b_3, t=2.6,\\ a+b_1+b_2+b_3+b_4, t=2.8\end{cases}=\begin{cases}a, t=2,\\ 2a, t=2.2,\\ 3a, t=2.4,\\ 4a, t=2.6,\\ 5a, t=2.8,\end{cases}$$

两天是最基础的，即游者以吃、住、行为主，主要消费都花在吃、住、行上，对娱乐、购物等很少消费。也就是说，旅游景区在商业设计上，两天留住旅客只是一个常态性的节点策略，如果不是主题公园型，则要在吃、住、行 3 个方面下功夫做精、做特、做亮。这当中还有一个问题，即景区的成熟度评估。通常的评估标准是：年门票 3 000 万是一个常量，当然这中间涉及景区类别、时点流量、商业流量、复合流量等具体问题。

0.8 天指游客如果停留在景区两天之后，以后每多停留 0.2 天，消费就相当于前两天的水平，即每 0.2 天翻一倍的消费量。

0.8 天中的游、购、娱、养，通常我们把每一个字当作一个旅游环节，以 0.2 天的消费量相当于两天的吃、住、行消费量进行分解设计。这当中有个十分讲究的技术问题。

二、2.8 天理论的运用

根据 2.8 天理论来分析，假如一个景区服务能力达到 4A 或者 5A，资源也较具个性，游客平均逗留时间为两天两晚，消费为 400 元，即平均每天 200 元，他们的消费构成主要是吃、住、行，基本上没有娱乐、购物及进一步深度修养的计划，游、购、娱、养成了奢侈品。

我们访问过一些游客，也进行过抽样调查。在一个4A景区，有一个三口之家的逗留时间是两天两晚，其消费构成是：住宿费每人180元，吃饭每人200元，交通费每人500元，合计每人880元。另一组数据显示，有一家三口逗留时间是3个晚上，其消费构成是：住宿费每人400元，吃饭每人500元，交通费每人1 000元，到周边和深度景点游玩每人300元，购物每人2 500元，唱歌、洗浴每人500元，吃特色餐、健康餐和保健疗养每人1 800元，合计每人7 000元。而另一组中等消费的三口之家，住宿也是3晚，消费为每人3 800元，是第一个三口之家的4倍，第二个三口之家的0.55倍。

我们还可以扩大调查范围，对消费层次、人群、时间等进行比较。

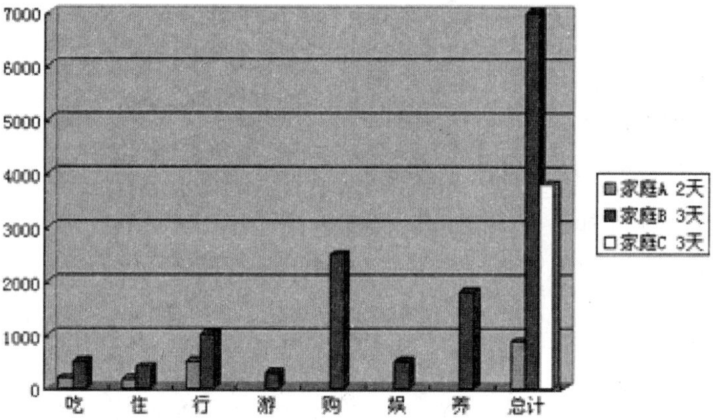

图1－7　三个家庭旅游时间与消费比较图

上述得出的基本结论是：游客逗留的时间也不是越长消费越大，3天是一个常态的分界线，如果用边际效用递减法则分析，我们从人的心理作用看，2.8天是一个感觉型的快乐常数。因此，我们可以在运用上作一些分析：

第一是“吃”。针对一般景区，“吃”是一个重要的游客消费环节，因而特色、特点、特征、特好是基本保证，“四特”是游客的一个基本诉求。对提供服务的景区来说，要在“四特”上下功夫吸引游客。但过高的价格会减少游客的消费欲望。如海南出现的“宰客”现象，往往自毁形象。

第二是“住”。住宿消费是一个基本消费，游客在选择上比较成熟，因此一些地方任意提价，标间甚至卖到四五千元一间，这是“无人问津”的。经营者应当有一个“基本标准”。

第三是“行”。许多景区、运输公司在热点路线上大做文章。就这一点而言，中国的航空公司还算不错，但我国的廉价航空市场一直处于压抑状态，高铁也不便宜，这使一般游客望而却步。

第四是“游”。无论景点门票，还是周边配套景点，政府主管部门至少要注意三个问题：一是门票不能随意涨价，二是周边的景点能留住游客的时间长度，三是游客的安全与出行的观光快乐指数。如美国的主题公园旅游消费每年每人达 145 美元。

第五是“购”。旅游景点中购物乱象太甚。行货市场、二手货市场、假货市场应当区分开来，使游客购物时各有选择。购物是旅游中的一个大环节，政府应当进行有效监管。

第六是“娱”。在游客心理消费中，娱乐占总支出构成往往超过 30% ~50%，有的甚至接近 100%。人们的消费习惯在慢慢改变，如前些年流行 KTV 和沐足，现在会议 PK 和竞技娱乐又被推上了前台，消费者心理研究发现，“感到快乐”与“体验性娱乐”是消费者娱乐的核心精神。

第七是“养”。这里的养是修养、疗养，包括除乏式休息、爱情疗伤、思想 PK、品茗疗养、友情疗养……总之，这个市场正逐渐兴起。

以澳门银河娱乐集团为例，它 2010 年赚了 154 个亿。这个集团是香港十大富豪之一的吕志和的分公司，以酒店、娱乐、表演、餐饮等为主，我们为其做了多年顾问。今天，银河娱乐集团已在澳门投了 100 多亿元，建成了 2 000 余个客房，近两年还将建 1 000 个左右的客房。我们根据研究发现，“银河”最成功的是留住游客，尤其是留住能够高消费的游客长达 3 天，这些人从第 2 天开始，在娱乐等方面的消费猛增 2 ~3 倍，第 3 天更是多达 5 ~10 倍。银河基本上是按照 2. 8 天理论设计产业链和产品的，其中就有展会、文化、表演、节庆、饮食业、疗养保健等项目吸引客人。我在此想说，游、购、娱、养是一个很有意思、很需要智慧的设计，融战略、城市、企业、商业、展会、文化、创意、规划复合设计为一体，切忌不要

“一个详规代表全部”，要先策划（且要战略性专家主持），后详规。“六要素”要“焕发青春”，必须从理论上创新。

表 1－2　游客消费理论及实践精算表

类别	游客主要消费内容	消费能力	投资精算内容
2 天	吃、住、行为主	假定消费为 1	测算直接吃、住、行消费
2.2 天	吃、住、行、游、娱为主	比 2 天消费增加 1 倍	重点测算游客娱消费比例
2.4 天	吃、住、游、娱、购为主	比 2.2 天再增加 1 倍	重点测算游客购、娱消费比例
2.6 天	休闲、疗养、购物为主	比 2.4 天再增加 1 倍	重点在疗养、休闲项目
2.8 天	疗养、购物、娱乐为主	比 2.6 天再增加 1 倍	重点在疗养、健康服务

三、结论

无论是吃、住、行还是游、购、娱、养，它的核心有六个字：“游客”、“市场”、“服务”。游客是指我们所提供的服务要以游客为中心。市场是指提供的或开拓的是否都是一流的产品？至于服务，我们提供的服务产品是否每一项都能吸引游客？

2.8 天理论有待实践进一步深化，但它提供了一种分析工具，对我们的旅游产业是一个启示。这就是：以“服务”为宗旨，以服务质量、时间长度、服务体验、服务态度进行“全服务链”设计。

第二章

商会时代

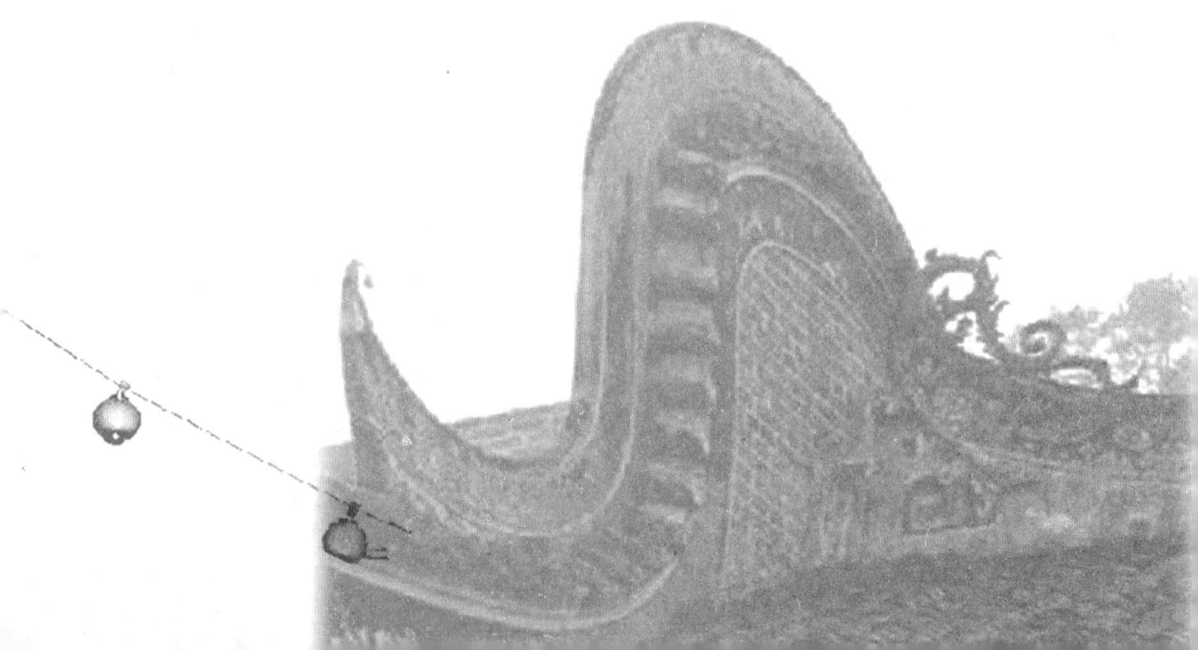

商会就是最早的商人民间组织。商会源自明朝，由于当时较为激烈的商贸竞争，商人逐渐抛弃各自单独经营的方式，以家族、宗族等血缘和亲属关系为纽带，自发出现了规模较大的联合。随着商人联合体的扩大，先后形成了以商帮等类型的商人组织，当时多称为“会馆”。到清朝乾隆时期，仅仅靠血缘与亲缘的联合已难以解决许多行业内的矛盾，行会、公所也就应运而生。清末民初，资本主义经济的发展与行业变迁的加剧，列强的资本输入与产品倾销使竞争环境恶化，当时商人深感凭一行一业无法与强大的帝国主义对抗，必须联合工商界的所有力量。这样，商会自发从分散走向了联合。后来，全国性的商会组织经过数年的酝酿筹备终于得以正式成立。商会的产生、发展和演变从侧面反映了中国从传统社会向现代社会转型的艰难历程。

第一节　企业与商会

一、企业需要商会

商会对企业发展的作用主要体现在两个方面：一方面，促进行业自律，维护市场秩序；另一方面，帮助企业交流，互帮互助，并可带领企业抱团出门发展。

企业需要借助商会为其开拓市场、疏通渠道、搞活经营。现在我国有国有企业、集体企业、乡镇企业、合资企业、股份制企业、民营企业、个体户等经济组织形式。企业的经济要发展，商会在政策允许的范围内应大力扶植企业。特别是在市场经济的环境下，企业更需要商会组织。中国入世后，经济越来越融入世界经济之中，国内市场与国外市场越来越融合，企业要做大、做强，就必须面向国内国外两个市场。在这个过程中，怎样发挥行业商会的作用就显得非常重要，因为作为单个企业，在市场经济活动中一定会碰到许多问题，比如企业与消费者、媒体、政府，以及同行业的各种竞争等。一旦出现问题，单个企业去应付，力量有限，只有形成一个行业组织，通过群体的力量，才能在这些问题出现的时候有一个应对的平台，商会就能起到这样的作用。同时，单个企业需要在行业中参与一些行业共性问题的探讨和研究，只有这样，企业才能不断克服困难，不断发展。因此，在发展市场经济环境中，企业是非常需要行业商会的。同时，商会在中国几十年、在国外几百年的发展历史也充分证明了这一点。

二、商会是企业的利益共同体

商会致力于为企业提供服务，商会的发展依附于企业的整体发展。如果商会发展得不到企业的支持，那根本谈不上发展。

商会为企业服务的路非常广阔，如为企业提供经济信息和市场信息，做好经济法律咨询服务，招商引资，招商引技，搞活流通，开拓市场，打开产品销路，调剂商品余缺，维护流通秩序；组织经验交流，帮助改善经营管理，提高生产技术；发展企业之间、地区之间的横向经济联系，促进联合；帮助企业开展培训，使会员企业懂得如何更好地利用资源、更好地运作企业；通过举办展销会、展评会、订货会、招商会、博览会等活动，加强国际交流，扩大出口创汇；创办刊物，开展咨询，反映会员意见和要求，宣传行业政策动态，解答行业问题。市场经济发展程度越高，商会的服务功能发挥得越充分，政府职能的转换就越快，从而使我国的传统全能政府模式转变为现代有限政府模式。

总之，商会组织与企业的关系主要通过各个时期商会的会员制度与经济职能表现出来；而商会与政府的关系主要是通过政府对商会的规制、商会和政府相关的职能、商会的政治活动参与等反映出来的。

第二节　经济与商会

商会作为一种特殊的中介组织，是现代市场经济体制的重要组成部分，是市场经济趋向成熟的一种标志，其地位具有不可替代性。三部门理论可以证明商会的存在对完善我国社会主义市场经济体制的重要性。在市场经济中，企业是经济运行的主体，属于微观层次，生产什么，生产多少，怎样生产，都由企业依据市场状况自行决定；政府处于最上层的宏观层次，其经济职能主要是宏观调控，且属于一种间接调控，不直接干预企业生产经营活动和市场运行。成熟的市场经济在宏观和微观之间，在政府和企业之间还存在着为市场交易正常进行所必需的服务性机构，这就是中介组织，在市场经济中处于中观调控的层次，起着承上启下的作用，是市场经济中不可缺少的部分。

一、经济角色

商会是连接政府、企业与市场经济的纽带。党的十四届三中全会首次明确地指出“发展市场中介组织，发挥其服务、沟通、公证、监督作用”。商会作为中介组织中的一种具体形式，是伴随着市场经济的产生、发展而逐渐发展并成熟起来的。商会是在市场经济条件下，某一行业或地区的工商企业自己组成的社会团体。它代表该行业或地区的共同利益，同政府及外界市场交往，为会员企业发展提供服务，并用国家法律和政府规章来约束与规范会员企业的行为，使市场活动正常运行并发展。

有的全国性商会虽然出现在计划经济的特殊时期，但多数协会则出现于市场经济阶段政府职能转变时期，主要从原来的政府部门演化而来，有很强的政府背景。商会的特殊性使其在整个行业中扮演着特殊的角色，对所属行业的发展也发挥着极为重要的作用。例如，1952 年中国国际贸易促进会成立，这是新中国成立以来最早由政府推动成立的商会。它长期从事经济贸易、海事仲裁和调解业务等对外经贸事务，在这些领域中，该协会扮演着极为重要的角色。在发生的很多反倾销案（见表 2 – 1）应诉中，该协会的身影极其活跃，协会人员积极地与国外相关机构进行协调和沟通，在维护我国外贸企业权益方面发挥了非常重要的作用，也得到了业内的认可。目前，中国贸促会、中国国际商会已同世界上 200 多个国家和地区的工商企业界建立了广泛的经贸联系，与 300 多个对口组织签订了合作协议，并同一些国家的商会建立了联合商会；同时，中国贸促会还在 16 个国家和地区设有驻外代表处。在国内，中国贸促会、中国国际商会在各省、自治区、直辖市建立了50个地方分会、600多个支会和县级国际商会，还在机械、电子、轻工、纺织、农业、汽车、石化、商业、冶金、航空、航天、化工、建材、通用产业、供销合作、建设、粮食、矿业、煤炭、物流等部门建立了20个行业分会，并对中国对外服务工作商会予以指导，全国会员企业近7万家。中国贸促会、中国国际商会及其所属业务部门已经加入许多国际组织，其中包括世界知识产权组织、国际保护工业产权协会、国际许可证贸易工作者协会、国际海事委员会、国际博览会联盟、国际商事仲裁机构联合会、国际商会等。

表2-1　反倾销案

序号	发起时间	发起国/地区	措施类别	产品名称	涉案金额（万美元）
1	2003-01-20	美国	反倾销	暖水虾	38 444
2	2003-07-11	欧盟	特别保障措施	橘子罐头	2 623
3	2004-03-05	印度尼西亚	反倾销	面粉	1 641
4	2004-10-04	加拿大	反倾销/反补贴	复合木地板	2 471
5	2004-01	哈萨克斯坦	反倾销	干酵母	58
6	2005-03-07	美国	反规避	石油蜡工艺蜡烛	13 791
7	2005-04-05	澳大利亚	反倾销	蘑菇罐头	380
8	2005-05-25	墨西哥	反倾销	罐装散蘑菇	233
9	2005-06-20	哥伦比亚	保障措施	松香	47
10	2005-06-25	欧盟	反倾销	油鞣革	1 055
11	2005-07-06	欧盟	保障措施	冷冻草莓	1 970
12	2005-08-26	土耳其	反倾销	复合木地板	29
13	2005-12-29	加拿大	保障措施	烟草	1 077
14	2006-01-19	欧盟	反倾销	冷冻草莓	1 777
15	2006-02-21	新西兰	反倾销	桃罐头	149
16	2006-03-29	欧盟	反规避	香豆素	247
17	2006-04-07	澳大利亚	反倾销	菠萝罐头	129
18	2006-09-14	墨西哥	反倾销	油漆刷	545

（续上表）

序号	发起时间	发起国/地区	措施类别	产品名称	涉案金额（万美元）
19	2007－10－20	欧盟	反倾销	橘子罐头	4 794
20	2007－10－31	土耳其	反倾销	木地板	1 165
21	2008－02－16	欧盟	反倾销	蜡烛	36 221
22	2009－01－29	阿根廷	反倾销	高强度木地板	63
23	2010－03－11	俄罗斯	保障措施	糖果	786
24	2011－04－09	欧盟	反倾销	浓缩大豆蛋白	4 400

资料来源：百度图片。

二、市场角色

我国在“两会”议案中呼吁：“发挥商会、协会等中介组织的作用。”商会由于具有中间性、自发性、服务性和非营利性，因而在市场经济中发挥着特殊的作用，见图2－1。商会能办成许多单个民营企业想办而难以办成的事，能承接一些政府做不到、做不好或不便去做的事务。

在市场经济条件下，国家不再以行政手段直接管理企业，但单个企业经常会受到各种风险的影响，还面临着无序的竞争，单个民营企业尤其是中小民营企业势单力薄，难以应对强大的市场竞争压力，也难以确保自身的合法权益不受侵犯，因而需要商会以民营企业总代表的身份来维护行业的整体利益，保护会员企业的合法权益。

商会是处理企业内外关系的润滑剂，可以为民营企业在政府、企业和市场之间建立畅通的沟通渠道，可以帮助民营企业解决与国内企业的各种摩擦和纠纷，可以帮助民营企业发展对外交流。商会可以通过制定规则和制度，规范会员的市场行为；通过产品质量检测、监督、提供认证等方式维护市场秩序；通过自我限制和相互限制、自我调整和纠正等手段组织与协调市场主体自觉依法开展生产经营活动。此外，商会利用其健全的服务体系，为民营经济提供全方位的服务，比如为会员提供市场调查、信息、政策法规咨询、会计、融资（担保）、环保、技术咨询、职业培训等方面的服务。因此，商会制度的完善，有利于完善我国社会主义市场经济体制，充分发挥非公有制经济在发展经济、繁荣市场中的作用；有利于商会认真履行参政议政职能，为政府作决策当好参谋；有利于商会立足服务，为非公有制企业排忧解难，进一步增强商会的凝聚力；有利于充分发挥商会民间性的优势，加强对外交往，为我国的对外开放多做工作；有利于商会紧密团结所联系的非公有制经济代表群体，创造民主和谐的政治和社会环境。

图 2－1　“两会”聚焦民营经济提升中国力量

资料来源：生活晨报，第 B20 版：观察，2011 年 3 月 10 日。

三、行业角色

地方性商会可以把分散的资源和单个民营企业组织起来，整合成为资源优势和规模经济优势，促进行业和地区民营经济的发展。为了维护成员的共同利益，需要通过整合来规范民营企业内部的竞争关系，协调民营企业之间的利益冲突，增强内部的团结，以避免内部毁灭性的竞争。这种整合可以增加民营企业之间以及企业与政府之间边界的透明度，尤其可以降低民营企业的交易成本。当前民营企业的交易成本非常高，具体包括较高的信息搜寻成本。由于民企所面临的信息环境较差，信息真假难辨，不少地方的民营企业为了获得某些有价值的信息所付的代价太高，以至于他们难以借助信息资源促进发展。另外，企业的交易成本还包括同政府管理部门打交道的高费用。目前我国的经济管理体制总体上仍属于“审批经济”，企业经常不得不与政府的各级各类管理部门打交道，因此，在民营企业的交易成本构成中，与政府管理部门打交道的交易费用占有较大比重。

当然，这种整合还可引导民营企业走可持续发展之路，努力提高民营企业的技术水平、管理水平和员工素质，树立民营企业自主品牌，从而增强民营企业的市场竞争力，使民营企业不断发展壮大。不过，也要警惕另外一种倾向，即随着社会的进步与开放，当与公众利益要求相悖时，这种整合有可能显出保守的一面。

第三节　政府与商会

商会是市场经济关系深化发展和社会分工在市场领域细化的必然产物，是市场体系的一个重要组成部分，它的完善与否是市场体系成熟与否的一个重要标志。国际经验表明，商会既是企业走向市场的向导，也是企业权益和社会经济秩序的维护者。随着我国社会主义市场经济体制的不断完善和政府职能的转变，特别是加入 WTO 后中国各行业参与国际市场竞争，商会将会发挥越来越重要的作用。但是，随着商会的发展与完善，一些问题也逐渐显现出来，其中最主要的问题就是政府与商会之间到底是怎样的关系。

一、政府和商会的关系

商会不是“二政府”，它有别于官方机构和政府组织。多年的实践经验证明，商会在经济和社会活动中可以起到政府所不能起到的作用。如果说政府是硬权力，那么商会就是软权力。商会已成为地方政府商务活动、发展经济、市场开发、综合治理工作中的重要环节。反过来，一个地区的经济发展好坏，很大程度上缘于政府能否对商会有力助动。商会源于民间，服务民间，不用政府一分钱，各项活动充满活力，显出强大的生命力。商会的推动作用和影响方式是多元化的，如营造诚信环境、协调经济秩序等。在推动经济发展中，有企业力、政府力，现在的商会力也起到了不可估量的作用。

商会是民间组织，也是“民间政府”，随着经济的不断发展、市场的逐步成熟，商会的作用尤为明显。中国加入 WTO 以后商会在经济建设中，在政府的工作中越来越显现出其生命力和重要性。

政府要跟商会建立广泛的联系以便增进相互间的了解，调动商会参与管理监督的积极性，引导商会通过合法途径向政府反映企业的愿望与要求。另外，政府还要在制定政策与法规时充分听取商会的意见。

在市场经济发展的过程中，政府有关部门应对商会的建设与发展予以充分的关注，将其当作自己的得力助手来看待，对商会的管理应从“指令”转向“指导”，从直接“干预”转向间接“委托”。该明确的职责应明确并下放到位，该下放的权力要做到毫不保留地“让渡”，该委托的职能就彻底地委托和转移，让商会能够充分发挥中介组织作用，参与企业的服务、协调工作。

商会和政府两者并存相互影响，经济转型时期，各种行业系统，各地省、市、县总商会以及各个分会如雨后春笋般地茁壮成长起来。

政府应该对商会进行多引导少干预，作为“公仆”的政府有义务为商会服务。政府和商会既有联系又相互独立，并不存在直接的上下级关系，政府及有关职能部门对商会的管理主要是从法律政策上进行宏观指导和调控，实行间接管理，而不是行政命令式的直接干预，应在法律许可的范围内对其活动范围和方式进行规范与监督，使之能够健康与独立自主地开展各项活动。当然，商会也应自觉地接受政府的指导和监督，真正充当好政府的助手。

商会充当政府的助手，在自身组织建设中应尽快实现民间化、民主化，以为企业服务为最高宗旨。必须以站在民间的立场为前提，如果不能充当会员企业的代表，仅仅是政府机构权力的延伸，商会就失去了自身存在的意义，也不可能有生机和活力。

商会若要使自己更具有活力，不再靠会员企业捐赠，更不能用会费来支付工作人员的福利报酬，就必须依靠自己的各种优势，在市场中找项目，为企业提供帮助与服务，用服务来发展自己。否则，即使政府把职能转移给商会，商会也未必能接过来，就是接过来也做不好，也会给政府造成麻烦。

二、造成政府与商会的关系不甚明晰的原因

在我国，大部分商会一方面受政府委托和授权，配合政府做好某一方面的行政管理工作；另一方面，作为民间团体，它不属于政府系统，但也不是纯粹的民间社团组织，作为政府委托的“法定机构”，它实际上具有半官半民的性质。只因具有这样的性质，商会对重在管理还是重在服务区别不开，从而失去了真正意义上的“民间性”，而部分商会则偏重于为政府服务，和政府部门的关系过于密切，甚至变相成为政府部门的一个内设机构，一个处室就是一个协会，两块牌子需要用哪个就用哪个。有的商会甚至成了所谓的“二级政府”，而协会领导成员也多由政府部门委派或指定担任。由此可见，我国现阶段的商会依附于政府，并不是一个独立的组织，这实际上是政府行政职能部门的延伸。因为政府和商会的关系很大程度定位在“隶属”，而不是“指导与合作”的关系，从而在根本上阻碍了我国商会的发展。分析其原因，主要表现在以下几个方面：

第一，商会根据行业发展的要求，维护企业利益，反映企业呼声，协助政府进行行业管理，为企业和政府提供双向服务。这是商会与政府关系的原则界定。但是，协助政府进行行业管理，并不是代行政府的职能，政府与商会的行业管理有着本质的不同，而这又是现在商会认识不清的主要问题之一。

第二，本应赋予商会的管理职能却被政府的行政管理部门牢牢地控制住，商会没有得到相应的权力，只能依附政府被动地开展工作。

第三，尽管在几次机构改革中要求行政部门把管理职能下放，但是有些政府部门以国家利益为名，行部门利益之实，过多考虑部门利益，使政府职能的下放不彻底。

第四，依靠行政手段组建商会这种“自上而下”的做法，违背了商会“自下而上”自发形成、自发建立的原则，扼杀了其民主性和民间性。

第五，由于我国还处于市场经济的初期，商会的发展还不成熟，其职能和作用得不到很好的发挥。另外，商会运行机制不完善，与企业及政府之间缺乏有效的互动与合作。在这种情况下，商会只能依靠政府，借用政府的管理职能去发挥其有限的作用，但随着市场经济体制的逐步完善，这种状况已远远不能满足市场经济的需要。

第六，商会没有从根本上认识到自己的作用，习惯听从行政命令，而不能创造性地开展工作，发挥其应有的职能和作用。

商会是政府、企业、市场之间联系的纽带和桥梁，是市场经济关系深化发展和社会分工在市场领域细化的必然产物，是市场体系的一个重要组成部分，它的完善与否是市场体系成熟与否的一个重要标志。健全的市场体系（见图2－2）及市场运行机制离不开商会，它作为政府、企业、市场之间联系的纽带和桥梁，既是企业走向市场的向导，也是企业权益和社会经济秩序的维护者。随着社会主义市场经济的不断发展和完善，商会在社会经济生活中的作用将会越来越重要。但是，随着商会的发展与完善，一些问题也逐渐显现出来，政府与商会之间到底该建立怎样的关系尤其值得我们深思。

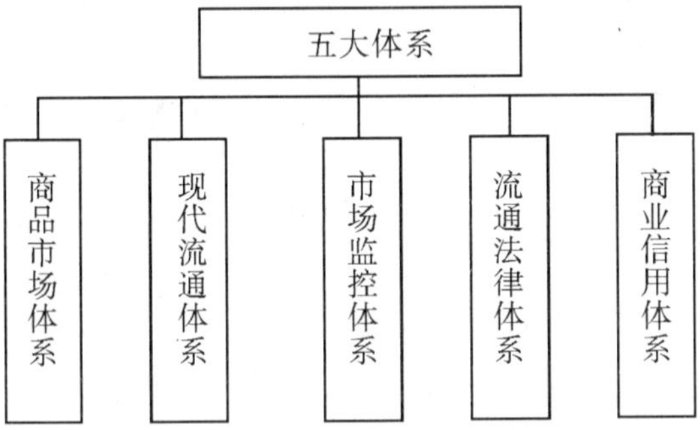

图2－2　五大体系

资料来源：李永江（商务部国际贸易经济合作研究院中国对外经济贸易研究部主任），《关于中国流通业发展趋势的若干基本判断》。

三、理顺商会和政府之间的关系

商会已经成为社会结构中不可或缺、日渐重要的社会力量。在市场经济条件下，商会不仅服务于会员企业与民营经济，而且也服务于政府，并参与社会管理。但社会各界对商会的这一双重作用的认识严重不足，党委、政府没有对商会给予足够的重视及必要的培育、扶持和规划，商会未能得到政府转型过程中的职能下放，商会作用也就难以得到充分发挥。因此，能否理顺商会与政府之间的关系，是这类社会中介组织能否真正发挥应有的功能和作用、帮助政府实现职能转变的关键，也是能否建立起市场经济社会保障体系的重要环节。

（一）政府层面需要加快推进的工作

在政府层面，需要加快做好以下几方面工作：

1. 尽快制定出台全国性的《商会法》

商会作为市场经济条件下重要的自治性经济社团组织，其性质、地位、职能、作用、权益等都缺乏明确的法律规定，这给商会组织的发展带来很大困难。因此要尽快制定出台《商会法》，明确规定商会的权利、义务、职能、作用，尊重商会的自治权，让商会真正成为市场经济不可或缺的第三方治理机构成为服务型政府的平等合作伙伴。

2. 进一步加快商会的建设步伐

由于我国还处于社会主义初级阶段，建立市场经济体制需要一个较长的过程，因此，商会的发展也需要一个过程，政府要有计划有步骤地培育和发展商会。

第一，政府要尽快制订出台商会发展的工作计划，构建政府与商会之间长期稳定的联系对话平台。第二，政府职能部门要按照合理布局、优化结构、提高质量的要求，研究制定商会的发展规划，有重点地培育和发展商会，以适应市场经济发展的需要。第三，政府应给予商会必要的优惠政策，并给予资金上的支持。第四，要加强对协会负责人的培训和管理，通过培训增强其法律意识和民主观念，提高其政治水平和领导能力。第五，正确引导，充分发挥商会对社会事务的参与和民主监督作用，从而有效承接政府职能转移。第六，建立相应机制，吸纳商会参与市场专项治理整顿，规范和维护市场秩序；参与建立健全完善的金融、价格、食品、药品等社会公共安全的预警和应急体系；参与监督行业安全生产和环保标准的执行，加强生产安全和环境保护。

3. 建立以购买服务和资金补助为核心的综合性政策支持体系

我国商会数量虽然呈稳步增长趋势，但整体上还处于发展的初期阶段。为了不断提升商会的专业化服务能力并促进其长远健康发展，政府应运用包括购买服务和资金补贴在内的多种政策工具推动商会组织参与提供公共服务，将其培育为提供公共服务的重要主体。至于经费方面，既要在购买服务、项目扶持、资金资助等方面加大公共财政资源的支持力度，又要支持商会组织开展合法的经营服务，提高其服务性收费比重，还需要发挥财政税收的鼓励引导作用，提高社会捐助水平，多措并举帮助商会实现资金来源的多样化。

（二）商会层面需要加强的工作

就商会来说，也有一些工作需要加强。

1. 商会应明确自己的角色定位，在政府和企业之间起到中介、桥梁作用

政府对商会的管理应从“指令”转向“指导”，从直接“干预”转向间接“委托”。商会的桥梁作用指的是它们能在政府和企业之间架起一座桥梁，能在政府和企业之间进行沟通、协调、联络工作。一方面，商会在广泛听取企业意见和建议的基础上，经过研究和分析，通过一定的渠道向政府反映，为政府在制定经济方针、政策以及法规、法令时提供参考，同时也有利于政府加强对企业的宏观调控；另一方面，商会可以帮助政府宣传、指导和监督企业更好地遵守、贯彻国家的方针、政策以及法规、法令等，做到合法经营。商会的中介、桥梁作用还表现为当好政府的助手，如开展对全行业基础资料的调查、搜集和整理，研究产业布局，积极为政府部门制定行业发展规划提出意见和建议。商会还可在调研基础就目前我国对国有企业的改革提出可操作性的意见，供政府有关部门参考。在当前政企已经分开或正在分开的情况下，商会所发挥的中介、桥梁作用是不容忽视的，在健全和完善社会主义市场经济体系方面有着十分重要的意义。

政府和商会相互联系又相互独立，并不存在上下级关系，政府及有关职能部门对商会的管理方式主要是从法律政策上进行宏观指导与调控，实行间接管理，而不是行政命令式的直接干预。在法律许可的范围内对其活

动范围和方式进行规范和监督，使之能健康和独立自主地开展各项活动。在发展市场经济过程中，政府有关部门应对商会的建设和发展予以充分的关注，将其视为自己的得力助手来看待，这样的职责应明确并下放到位，该下放的权力要做到毫不保留地“让渡”，该委托的职能就彻底地委托和转移，让商会能够充分发挥中介组织作用，参与企业和行业的服务、协调工作。

2. 商会应加强其独立性和自主性，由政府“包办”转变为“自办”

商会在其本质规定性上，应属一种独立的民间社团法人组织。它有三重含义：

其一，商会一般是以互益和社会公益事业为目的的非营利性社会组织，而不是像企业法人那样是以营利为目的的经济组织。

其二，商会作为具有法人资格的社团组织，它们能够独立地享受民事权利并承担民事义务。商会所具有的其他特性，如独立性、自主性、互益性、自律性、民间性、经济性等，都是商会独立社团法人性质这一本质规定性的外在表现。

其三，商会不是“二政府”，它有别于官方机构和政府组织，在经济和社会活动中可以起到政府所不能起到的作用，因而应具有相对的独立自主性。商会的自主性首先体现在商会的性质上，它一般都是依法自愿成立的，依法自主开展各项活动，而不是通过行政命令和行政手段来进行运作。

商会一般通过征收会费来作为自己独立的财产或管理经费。财产独立和经费自理是商会得以独立自主的基本前提。没有财产独立和相应的经费自理，商会便难以行使相应的权力，更无法承担应有的义务和发挥应有的职能。因此，商会的自主性来自于商会的经济独立。

既然商会有其独立自主性，政府就不应当采取“包办”或“官办”的办法，而应当鼓励其“自办”和“商办”。这样才能真正保证商会在建立市场经济体系的过程中发挥其独特的功能和作用。

3. 商会应体现的行为特征

第一是公正性。商会在协调有关问题、处理有关事件时，应体现出客观、公正的特征，不能有任何偏袒行为。

第二是权威性。企业在市场经济的经营过程中，会遇到很多法律没有明确规定，政府又管理不了或无法管的事情，这些事情如果得不到具有权威性的、公正的调节和处理，就会影响企业正常的生产经营活动，还有可能引发社会问题。因此，商会的调节行为必须具有权威性。

第三是科学性。商会在进行有关咨询策划、信息搜集时，要尽量做到准确、合理、科学，这样才能给企业提供有效的帮助。

第四是合法性。商会的建立（见图 2－3）和开展有关经营活动行为必须符合《社会团体登记管理条例》和国家与地方的有关法规及政策。

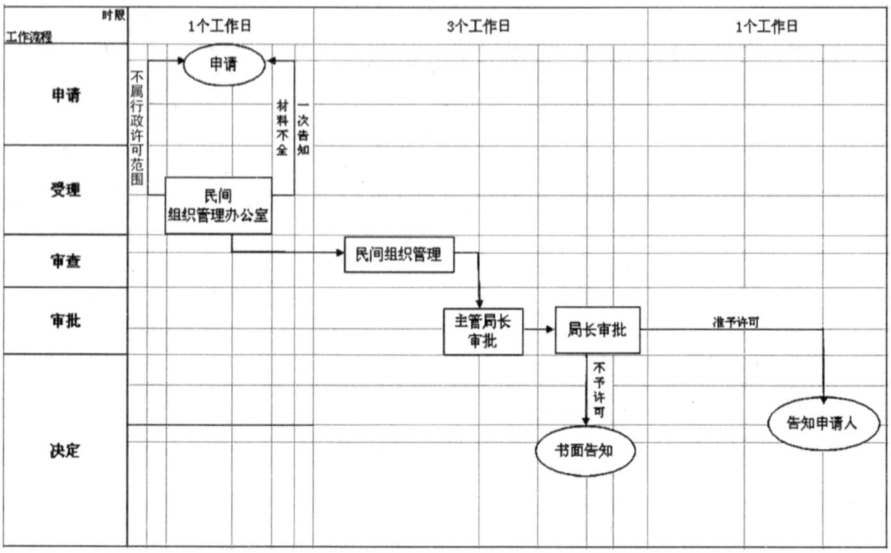

图 2－3　商会的建立程序

4. 商会在自身组织建设中应保持民间化

商会是民间组织，必须以站在民间的立场为前提，民间性也是商会的根本属性。如果不能充当企业的代表，仅仅是政府机构和权力的延伸，那么商会就失去了自身存在的意义，也不可能有生机和活力。因此，商会在自身组织建设中应尽快实现民间化，卸下“官服”、改掉“官腔”、去掉“官气”，以为企业服务为最高宗旨。商会只有保持民间性，才能更好地发挥其协助党和政府推动经济发展、管理社会事务的作用，因此，实现商会民间化意义重大。那么如何实现商会民间化呢？

第一，要从体制上与政府部门分开，从源头上理顺政府部门同商会的关系，强化商会的管理职能。要结合当前进行的机构改革，彻底解决政社不分的问题，使商会回到应有的社会位置中去。

第二，为了保证商会的民间性和独立自主性，商会必须按照民间社团的组织原则加强自身的组织建设，其干部不应由政府直接委任官员担任，而应由会员依据自愿和民主的原则，按照章程以民主程序选举产生；内部各部门的各类办事人员也应由商会以合同制的方式聘用。只有下决心从"官办"、"官民合办"转到真正的"民办"，即卸下"官服"，商会才能够实实在在地去掉"官气"，改掉"官腔"，变成受企业欢迎的名符其实的"协会"，尽社团法人所应尽的民事义务。另外，按照有关文件精神，应解决好县处级以上党政领导干部不兼任社会团体领导职务的问题，主要领导由商会根据《社会团体登记管理条例》及章程的有关规定经过民主选举产生，一般由本行业有经验、有威望、有能力、有干劲的企业家或本行业专业人士担任。

第三，解决经费不足的问题。可采取商会对政府部门实行有偿服务的办法，完成政府委托的某项业务或争取政府某些项目，政府给予资助或补贴，鼓励商会依法通过其他活动获得外界的捐助和收入，拓宽经费来源，实现经费自筹。

随着市场经济体系的逐步成熟和完善，商会和政府之间一定可以建立起一种"良性互动"的关系。这种"良性互动"是以建立完善的社会主义市场经济体制为基础的，同时也是以政府和民间组织间更广泛意义上的"合作主义"为理论基础的，这种理性的"合作主义"最终将形成政府与民间组织间的双赢局面，即形成"小政府、大社会"的比较合理的格局。

我国应该按照"合作主义"的原则重建政府与商会的关系，而不必过分担心由此而造成失控或利益冲突，因为我们现在的根本问题是缺乏一个能支撑市场经济的民间社会及相应的保障条件，缺乏能让市场起到资源配置作用的机制，因而目前许多商会基本上是形同虚设、名不符实，起不到中介组织应起的作用。当然，这种"良性互动"合作关系的重建需要一个较长的过程。在这一过程中，政府方面需要实现工作重心和工作方式的

“两个根本转变”，商会组织则需要不断扩展自己的工作领域。只有这样，才能推进以民间化为取向的改革。

第四节　社会与商会

随着现代化进程的加快和经济社会各领域的深刻变革，一方面，社会生产力得到巨大发展，人民生活水平不断提高；另一方面，许多社会矛盾和社会问题也凸显出来。加强社会建设，推进社会管理创新，事关人民群众的切身利益，事关改革发展稳定大局。在加快现代化建设，朝着现代化方向大步迈进的过程中，我们要把加强和创新社会管理作为重要的抓手和载体，推动各项工作再上一个新台阶，让人民群众更好地享受改革发展的成果。

商会以其非营利性、公益性和自愿性优势，成为和谐社会建设的主导力量。在促进社会和谐方面发挥出政府社会管理“减肥剂”、人与社会交融“黏合剂”、缓解社会矛盾“稀释剂”的作用。商会的蓬勃发展降低了政府的运营成本，提高了政府的工作效率，而其本身的市场化取向又促使其不断提高服务水平和运作水平。这样，无论是高收入居民，还是弱势群体，都可以通过商会在社会找到自己需要的服务。同时，商会植根于群众当中，对社会居民具有极大的亲和力，它将社会中有共同语言和需求的群众组织起来，有利于居民彼此交往和沟通，增强居民对社会的认同感，从而更好地促进和谐社会建设。由于商会具有民间性、广泛性和群众性特点，所以在其不断完善自身的发展过程中逐渐突出了居民在社会建设中的主体地位，进一步强化了群众的自主意识，推动了社会民主法制建设，有利于实现和谐社会所要求的居民依法自治、广泛参与社会管理和社会政治活动的目标。商会作用的发挥不仅密切了党群、政群关系，增强了社会的凝聚力，而且提高了居民自我教育、自我服务、自我管理、自我监督意识，增强了居民的归属感。

一、社会与商会

和谐社会需要完整的社会结构。在我国，社会建设是在党的领导下，由政府、商会和社会成员在政治、经济、文化三个层面互动的过程。其中，党的基层组织应发挥团结群众、服务群众、凝聚人心的作用，政府担任和谐社会建设的宏观决策者，社会居民是社会的根本主体，商会则是社会结构中的另一个支撑点。随着市场经济发展的加速，政府和企事业单位的职能转变是不可能轻易完成的，而商会正是承担该载体之一的组织，它通过承担政府赋予的部分社会管理职能，提供社会公共服务。只有商会的健康有序发展，才能更好地承接政府剥离的职能和整合社会资源，从而快速构建起和谐社会的结构体系。

二、生态与商会

改革开放以来，各项社会事业获得长足发展，但社会的发展还没与经济发展同步，逐渐显露了一些不和谐、不稳定的社会现象。如企业下岗人员增多、居民贫富差距逐步拉大、群众合法利益表达渠道不畅等。这些问题如果得不到解决，就可能在个别地方造成对抗性的矛盾，而社会作为社情民意的“晴雨表”，是反映居民诉求、协调利益关系的重要渠道。目前，我国正处在社会转型的关键时期，城市经济和社会结构变化带来的大量市场解决不了、政府又解决不好的社会管理问题，这都需要社会来承担和解决，而社会在繁重的工作任务面前力不从心，迫切需要一个能够起社会整合和社会稳定作用的组织。商会以其具有的民间性、群众性特点和创新性、灵活性的内在优势，协调各种利益关系，化解社会矛盾，不仅成为转、退、下岗人员再就业的加油站，而且成为转、退、下岗人员培训的重要基地。这样，既解决了社会问题，促进了社会公平，又维护了社会稳定，促进了社会与经济的和谐发展。

第三章

商会组织

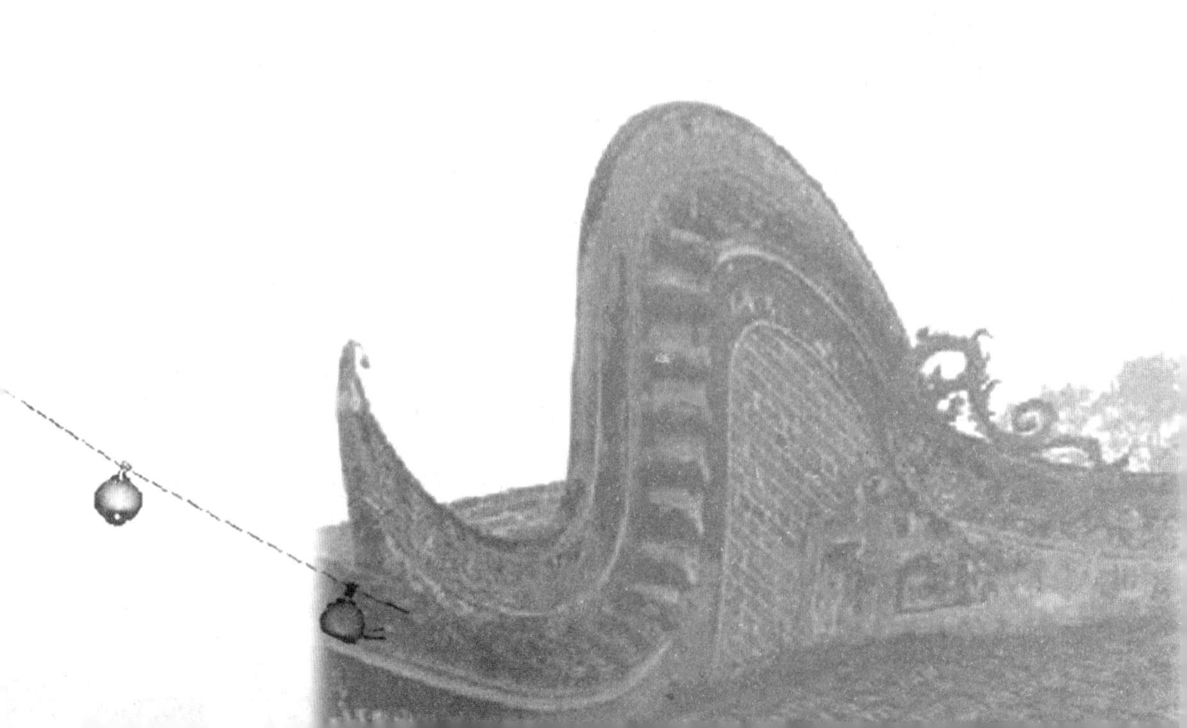

第一节　职能作用

一、基本职能

（一）守护诚信

当今中国，市场经济体制激醒睡狮，激发起中华儿女被压抑几千年的为商情思、从商智慧，商海风云蓬蓬勃勃席卷神州，影响全球。然而，商海千层浪，孤舟难畅航。于是，商会应运顺势，萌发生机，有商人、有商品交换、有商务活动的地方，便有商会，这是商品经济发展的必然结果。

“诚信”是中华民族几千年优秀传统文化的精髓之一，“人，无信不立；事，无信则废。”实际上，改革开放以来之为商者，已非新中国建立初期之为商者，更非 1949 年 10 月 1 日之前的为商者，他们已经成为社会主义事业的建设者，为建设社会主义新中国不断作出新的贡献。他们几十年如一日，以身作则，把诚信做人、诚信制造和经销商品、诚信从事一切商务活动贯穿始终，形成习惯，昭告世人，为商正名；让“无商不奸”的谬论成为历史，树立商人爱国、敬业、守法、明礼、奉献的社会主义事业建设者新形象。否则，非公有制经济便不会从“拾遗补缺”上升到“社会主义市场经济的重要组成部分和促进社会生产力发展的重要力量”的地位[①]，在当今中国经济中三分天下有其一。

商会作为广大会员企业与政府之间的桥梁，它的基本职能之一就是对会员大力开展诚信教育、倡导诚信理念、增强诚信意识、形成诚信风尚，同时商会自身也要加强诚信建设。

商会加强诚信建设是时代发展的需要，是构建和谐社会不可缺少的重

---

① 《国务院关于鼓励支持和引导个体私营等非公有制经济发展的若干意见》（国发〔2005〕3 号）。

要组成部分。商会的诚信建设包括商会会员的诚信建设和商会自身的诚信建设。

商会会员诚信建设的基本内涵是：教育会员认识到，做商人首先要做诚信之人，秉承诚信做人的道德品质，制造出科技含量与诚信含量都很高的品牌产品，提供一诺千金、言行一致的诚信服务，从老总到每一位员工的思想观念中都具备“诚信”并使之贯穿于企业个人的生活学习工作和商务活动之中。简言之即“三商皆诚”（“三商”即商人、商品、商务行为），诚信成为企业的共性。

商会自身的建设指商会的经济建设、思想建设、政治建设、文化建设、组织建设、制度建设、人才建设等，在这些建设中都不能丢掉诚信的灵魂。

商会的诚信建设不仅是理论问题，更是一个实践性很强的问题，需要每一个会员用自己的实际行动去践行。

诚信是商会建设的灵魂还体现在商会生存和发展的全过程，这是一个系统性、长期性、永久性的课题。商会诚信建设工作做得好坏直接影响着商会的生存状况和发展前景。

在实践中，商会可把提高会员的诚信自律与建立健全的商会诚信经营管理机制结合起来。商会可与会员企业签订“诚信经营公约”，规定企业诚信经营的具体内容和奖惩机制；商会可成立“诚信经营三查督导小组”，分期、分批开展诚信经营“三查”活动，即会员自查、组织会员互查、商会重点抽查。其“三查”的主要内容为：环境污染、生产经营中的安全事故隐患、产品质量保证体系、与客户或消费者的诚信履约、依法纳税、企业广告宣传品的真实性等方面。通过开展“三查”活动，可以促使一些会员企业重新更换企业宣传册，更新防火设备，健全财务制度，严格履约，处理违规存放的易燃易爆品，严把产品质量关等等，把广大会员企业的诚信自律提高到一个新水平。

（二）调停矛盾和纠纷

1. 调停行业内部矛盾

对于会员企业间的矛盾与纠纷，商会可本着不偏不倚的处理原则居中调停，争取实现会员企业之间的双赢。

在协调价格的时候，商会可以从以下几方面入手。首先，完善价格法规，依法治价。可制定出一批符合实际情况具有可操作性的市场价格管理法规，通过不断完善价格法规来规范企业的价格行为，防范恶性价格竞争，维护正常价格秩序。其次，建立健全行业内部自律的价格协调机制。商会作为市场中介组织，有“企业的依靠，政府的帮手”之称，是市场经济体系的重要组成部分，在协调企业利益关系方面可以起到政府起不到的作用。建立健全行业内部自律的价格协调机制，加强自律，制定相对科学、合理的自律价，以行业自律价来约束企业的价格行为。比如在土地“招拍挂”中，福建省住宅产业商会争取事前协调各方意见，达成一定共识，使土地不至于因盲目竞价而导致价格飞涨，损害会员企业的利益。福建省住宅产业商会还引导企业项目差异化经营模式，在户型设计、楼盘定位、园林设计等方面进行不同风格的定位。通过差异化经营，实现企业的资源优势互补，减少竞争矛盾，实现共赢。商会通过这样一些方式努力从中斡旋，维护行业和谐，使行业共同发展。

2. 调停内外部的各种经济纠纷

（1）调停会员企业与员工之间的纠纷。

关于行业工资集体协商和其他事项的集体谈判（见图 3－1），也是在一定的区域范围内把相同或相关产业的企业聚集在一起，由行业工会组织或产业园区工会组织，代表职工与商会或其他企业代表组织，就行业（产业）范围内企业职工工资水平、劳动定额标准和社会保险等福利待遇，开展平等协商，签订行业集体合同。这样能把行业内小企业难以解决的民主管理问题，提升到行业层面来协调和管理。

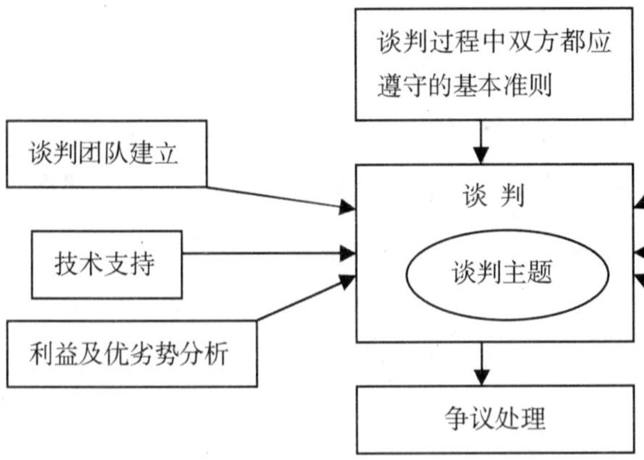

图 3－1 谈判

（2）调停会员企业从事商务活动时与其他单位的纠纷。

针对企业在从事商务活动过程中所可能发生的各种争议和经济纠纷，商会提供一系列不同特点的服务，协助企业解决纠纷。服务内容包括出具有关商事纠纷的公评意见和专家意见、法律顾问服务、欠款追收及相关咨询服务等。

北京市海淀区人民法院自 2010 年 4 月 8 日与北京中关村电子产品贸易商会合作建立中关村电子市场调解机制以来，通过司法与行业的良性互动，充分激活和规范行业发展的自我修复机制，将矛盾纠纷的化解延伸到电子产品交易的第一线。一年多以来，以委托调解的形式，累计向中关村电子市场调解委员会移送有诉前调解意向的民事纠纷 43 起，其中有 32 起纠纷得以调处，诉前纠纷化解率达到了 74.4%，涉及中关村各大卖场的民事案件与往年相比也大幅减少，成效显著。

2011 年 10 月，中关村电子产品贸易商会居中斡旋并最终调停成功的微软（中国）有限公司（下称微软公司）起诉中关村电子产品行业三知名商家软件注册权侵权案，便是其中的典型实例。2011 年 1 月，中关村电子产品行业知名商家“雨辰视美”、“运通时代”、“神州天海”三家公司及另外九家公司（非中关村地区），被微软公司以软件注册权侵权为由诉至法院，要求被告各公司赔偿经济损失 100 万元。在得知这一消息后，中关村电子产品贸易商会主动与三家公司负责人联系，经了解和分析案情后，认为微软公司已就软件侵权内容在诉前采取了合法、完备的取证手续，涉诉商家败诉风险极大。但微软公司此举并不仅仅是索要赔偿，而是希望通过纠纷的裁决，开拓其在中关村地区各大电子卖场的销售业务，提高经销商上游厂家的电脑产品软件预装率，推行装机软件正版化。如上述纠纷得不到妥善解决，一方面会造成涉案商家背负巨额债务，影响企业自身经营和行业信誉；另一方面，虽然微软公司可能胜诉，但也会给其带来负面影响，即其产品可能会遭受行业内商家的集体抵制，不利于其开拓市场。基于上述利弊分析，商会领导与三家公司负责人达成一致意见，提出以中关村电子市场调解委员会和电子产品贸易商会的名义，出面与微软公司进行谈判，力争达到双赢的效果。经过多次与案件受理法院以及微软公司的协调、斡旋，最终达成庭外和解协议，被告商家承诺在其销售的固定比例电脑产品中使用微软操作系统，微软公司承诺适当提高商家在其产品进货、销售中的优惠，同时商会将在行业内推广上述解决方案，力争提高微软公司产品在中关村电子产品行业内的销售份额，这彻底实现了双赢。

（3）组织反倾销应诉或上诉。

商会也可以组织反倾销应诉（见图 3－2）或反倾销上诉。在反倾销应诉的动员说服过程中，商会有着不可缺少、不可替代的作用。当国内企业面临国外的反倾销诉讼时，部分企业不愿应诉，特别是中小企业更是如此。并且单个企业往往无力去动员说服其他企业，难以联合其他的企业共同应诉。而商会作为某一产业的代表，加上其本身具有的自律性、非营利性，进行动员说服工作有着非常积极的作用。同时，反倾销措施往往针对一个国家的所有同类生产者，单个企业取代不了商会的作用，因为商会对行业的整体状况有着全面的掌握，更适合于出面组织企业共同应对反倾销。例如，在 1999 年底和 2000 年初，我国柠檬酸企业应诉美国的反倾销案中，我国五矿化工商会快速反应，抢在正式立案前召开应诉工作动员会议，十多家主要生产企业当即决定参加应诉，并且由于商会的介入，在立案后的第二天就解决了问题。

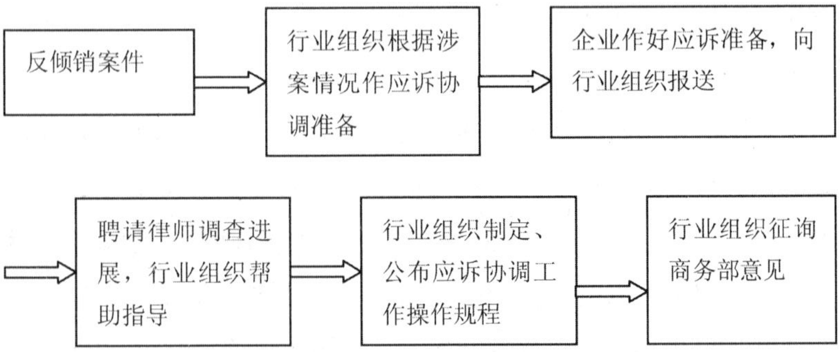

图3－2　反倾销应诉流程

反倾销上诉，商会在应诉每一重大阶段，如提交市场经济或分别待遇问卷、抽样决定、核查、市场经济裁决、分别待遇裁决、初裁、终裁披露等结束之后，召开律师座谈会，了解企业和律师的想法，掌握应诉进展的最新情况，报商务部进行对外交涉和对内协调。在国外调查机构作出初裁或最终裁决后，商会要及时评估裁决对我产品出口的影响，并报商务部。

【案例】黄山市徽州区化工商会努力维护会员利益，积极做好双酚A反倾销案申诉工作。2004年5月12日，商务部决定对原产于日本、俄罗斯、新加坡、韩国和中国台湾地区的进口双酚A进行反倾销立案调查。徽州区化工商会积极做好双酚A反倾销产业损害调查应诉申请工作。它组织18家企业共同向商务部申请参加双酚A反倾销应诉，商务部对商会的申诉给予极大关注。2005年2月上旬，区化工企业商会会长程振朔肩负全区化工企业的重托，代表化工商会参加商务部产业损害调查局在南京召开的听证会，他在会上据理力争。通过徽州区化工商会的努力，上下联动，国家商务部作出对双酚A反倾销案撤诉决定。国家商务部负责人说："这次反倾销调查，徽州区化工商会是整个案件中唯一地方商会参与立案调查的经济协作组织，精神可贵。"

（三）建设良好的市场秩序

1. 参与制定行业标准和行业发展规划

行业标准可以有效地规避竞争，淘汰不符合标准的企业，提高竞争门槛，提升整个行业的美誉度。

2. 制定行约行规

商务活动的正常进行离不开规则。除了由国家立法机关制定或承认的法律规范外，大量的具体商务活动需要商界自行制定实务规则，例如国际贸易术语、国际贸易结算规则等。除组织会员广泛而深入地参与国际商会大量国际商务规则的制定外，商会还可根据市场及会员企业的需要，组织制定各种适用于国内相关商务领域的操作规则或道德守则。

3. 受委托审查企业资质和发放许可证

商会受政府部门委托，参与本行业生产许可证的发放和企业资质审查工作。

二、专业职能

（一）提供行业信息

经政府主管部门同意和授权开展行业统计工作，进行行业的经济和技术信息网建设，做好信息的搜集和研究工作，发布行业信息，进行市场预测，创办刊物，开展信息指导服务，为政府制定产业政策提供依据。

（二）组织会员企业开展各种公益服务

组织会员企业开展各种社会公益服务。公益服务涉及社会的各个方面，包括公益慈善、救灾救济、扶贫济困、环境保护、公共卫生、文化教育、科学研究、科技推广、农村和城市的社会发展及社区建设等许多领域，这些都是企业开展公益服务较为集中的领域。它们的共同特点是面对受益者的各种需求，致力于为公众提供各种形式的公益服务并谋求社会公益；它们与各级政府和相关各个领域的政府公共服务相辅相成，在很大程度上成为政府公共服务的有益补充。

（三）联谊和对外交流

为了促进会员企业领导人与各界精英、政府官员之间的交流，以期启迪智慧，孵化战略合作关系，商会可定期和不定期地举办各种形式的领导人联谊、讨论、访问活动，如企业家俱乐部、CEO访问团、名人论坛、精英会（见图3－3）、年度大会等，邀请政府官员、会员企业领导人、中外学界精英或商界名流等参加。

图3－3 台州市异地商会联谊会第五次大会现场

（四）职业培训

商会可针对企业人员开展商务活动所需要具备的各种专业知识与技能，提供从基础普及到深入提高的不同层次的中短期职业培训计划，开办有关专业水平认证机构，帮助企业提高其从业人员的业务水平，便于企业进行人力资源管理。

（五）与政府沟通

商会可建立与立法机构等政府部门的经常性沟通关系，并通过设立的各种专业委员会，汇集会员企业关于重大政策和法律问题的意见与建议，向有关机构建言献策，并通过各种合法途径和方式，促使建议得到采纳，争取对行业有利的政策措施。

（六）举办展会，开拓市场（见图3－4）

商会可自行策划或应特定企业要求或委托，举办大量的展览会、推介会、商务洽谈会、商务考察团等，帮助企业宣传推广自己的产品、服务，发现商务合作伙伴。

图3－4　展会活动

（七）评选优秀会员企业

为了让会员企业正常经营、营造一个诚信和谐友好的社会环境，商会可设置一些有关企业社会责任和法人治理方面的奖项，授予表现优秀的会员企业，通过其表率作用，推动中国企业全面培养诚信和责任意识，并为表现突出的会员企业提供提升国际知名度和认可度的机会。与社会上各种评奖活动不同，商会的评奖活动是免费的。

（八）为会员企业提供融资服务

一方面，商会在辅助政府实施经济政策方面发挥着重要的作用；另一方面，在调控市场经济和日常管理的运作中，商会与有关部门之间也有较为协调的合作。比如，为会员企业提供融资服务，有效缓解中小企业融资困难的问题。

第二节　组织边界

商会是指介于政府与企业之间、商品生产者与经营者之间，并为其提供服务、咨询、沟通、监督、协调的社会中介组织。商会是一种民间性组织，它不属于政府的管理机构系统，它是政府与企业的桥梁和纽带。商会属于我国《民法》规定的社团法人，是我国民间组织社会团体的一种，即国际上统称的非政府机构，又称 NGO，属非营利性机构。作为一种非营利性组织，它具有企业不具备的一些特点，如自发成立的会员制、以行业为标识、非营利性、非政府性、互益性等。然而，同企业一样，商会需要具备自己的核心专长和竞争优势，并研究长期的发展战略以促进组织宗旨和目标的实现。从组织边界理论的角度说，组织能力的限制是组织边界变动的主要原因。相反，组织边界的存在也实现了组织核心能力的模块化及其管理，并且随着价值网络理论的出现，组织核心能力问题则从组织内部拓展到整个组织价值网络之中，而组织边界本质就是价值网络的边缘化。因此，了解商会组织边界的内涵，并基于价值网络研究商会组织边界的形成，为清晰界定、构建商会核心能力提供了一个有效的理论框架。

一、商会组织边界的界定

根据组织的子组织的活动区域不同或同一组织的不同活动形态，商会组织边界可分为实体边界、行业边界和社会边界三种。作为一种特殊的会员互益性组织，商会的组织边界与企业一样，是维持与外界环境相对独立性的界限。然而，超越对组织的静态理解和分析，由于商会活动表现形式以及由此产生边界内外价值交换关系的不同，商会的组织边界也具有自身的特点。

（一）行业边界

行业边界是一根将边界（行业）内单元与边界（行业）外单元身份区

分开来的标杆。边界内单元具有身份同质性，如行业属性的同一性，边界外单元则与边界内单元在行业属性上存在异质性。当然，从行业内企业是否拥有会员身份这一角度出发，行业边界又可分为行业核边界和行业泛边界两种。行业核边界主要是指区分行业内加入协会并成为会员和未加入协会的行业内企业之间身份差异的标志。行业泛边界则为以上所说的行业边界，即行业内外单元区分的标志。从产品供给角度来说，行业核边界限定了俱乐部产品的享受对象必须为行业内会员，对于非会员具有排他性，这些俱乐部产品包括组织展销展览会、国内外经济交流和合作、办刊咨询、协调维权等。而行业泛边界则提供行业性公共产品，会员和非会员都能共享行业性公共产品，如行业规划、行业管理、政策游说、发展行业和社会公益事业、市场建设（反倾销）、协调价格、行业统计和信息公开等，从而保障行业的健康规范发展。长期以来，行业的边界是相对稳定的，企业在一定的行业边界范围内经营，面对有限的竞争者，在固定的行业边界内寻求竞争优势。然而，20 世纪 90 年代以来，随着高新技术的迅速发展，企业的外部环境发生了剧烈的变化，创新成为企业的常态，行业边界不断地被突破，原本边界清晰的行业出现了交叉、渗透和整合。

（二）社会边界

社会边界是一种基于商会对外所能触及的且发生价值交换的各类社会关系所形成的非物质性边界。假如说实体边界与行业边界更多体现的是保护和区分作用，那么，社会边界的存在更多是一种获得、交换与吸收作用。商会作为一种社会团体，从本质上决定其不是一个封闭的系统，而是一个开放性系统。外部单元在与商会发生价值交换过程中，对于这个开放的系统而言，不再是外生变量，而是置于系统内部，成为系统的一部分。商会通过社会边界构筑了一个全方位的社会关系网络，包括与政府、社会各类组织、国际组织、个人等多元化的网络关系，获得和利用各种外部资源来支持商会的发展，实行商会成员利益的共享。

（三）实体边界

实体边界最早是基于物质主义解释下的一种物理边界，是由可以触摸或感觉到的有形实体形成的，典型的如地理上或空间上的隔离。对于组织来说，实体边界延伸为按照一定范式组合而成的结构系统，是组织作为一种实体而拥有的与外界区分的标志，如商会是一种非营利性组织，而企业则是一种营利性组织。跟企业一样，商会的实体边界以资源为中心，内化为基于组织制度、组织结构、组织理念下的组织内部管理和治理能力，外显为各种实体性的基础资源，包括人力资源、物质资源和金融资源。因此，从这个角度来说，商会实体边界的界定与一般组织并无实质差异。实体边界存在于任何组织。

二、以价值网络为核心的商会组织边界形成

（一）实体边界的形成（见图 3 –5）

在价值网络这个动态的网络中不存在固定的边界，也没有固定的模式。价值网络本质上是一种基于现代信息技术将一系列不同专业分工的不同组织连接起来、紧密合作的体系。基于价值网络的资源配置模式不同，商会实体边界的形成与企业的实体边界的形成存在典型差异。企业实体边界是在市场交易转化为企业内部交易过程中产生的，价值网络的资源配置是市场驱动型。商会除了有“看不见的手”的自下而上的市场内生模式，还有“看得见的手”的自上而下政府推动模式以及中间模式。自下而上的市场内生模式的商会实体边界与企业类似，边界从属于市场领域，独立性与自律性较强。然而，对于政府推动模式或中间模式，实体边界是内生或部分内生于政府控制的国家领域内，政会不分，并直接导致协会组织内部管理与治理的政府化，此时名义独立的商会实际上异化为政府内部的一个部门，是政府部门管理的变形和延伸，有时又常被叫为“二政府”。商会组织内部的价值网络往往附生或内生于政府价值网络中，具体表现为组织价值观、组织理念、资源所有权或使用权（包括人、财、物）等均受政府影响。

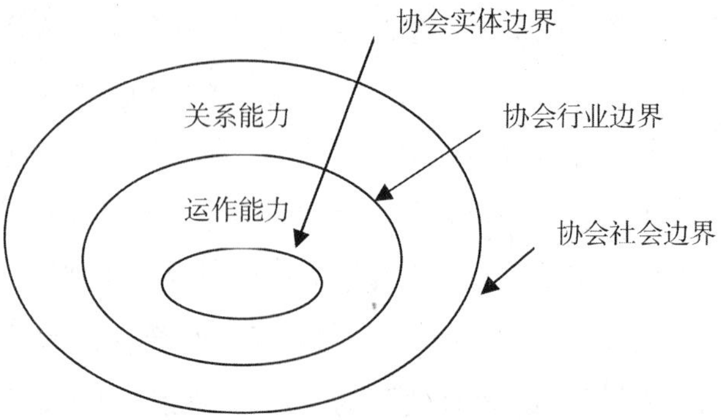

图3-5　实体边界的形成

（二）行业边界的形成

商会就是由众多会员企业通过一定契约形成，成为一种利益集团代表，其目的是实现会员企业的整体利益，此时协会代表着整个利益集团对规制机构进行活动。对于企业个体来说，无论其竞争力还是市场谈判力或抵御风险力都比较弱，通过企业之间的网络关系，有利于形成更为强大的竞争协同作用，使行业内会员的竞争关系变成竞争与合作统一的竞合关系，实现正和博弈。可以说，商会作为一种利益网络群体，同行业的各企业组成基于价值交换关系的互益性组织，就是为了要借助集体力量来维护、谋取、增进会员企业的共同利益。而商会行业边界的形成源于成本与竞争力双重利益驱动型价值网络的构建。从契约的角度来看，商会的出现建立在行业内单个成员之间签订的一种隐性契约的基础上，是一种契约联合体。企业之间之所以形成结与结、点与点的价值交换关系，是因为其本质是降低行业内单个企业进行市场交易的成本。作为为市场交易主体服务的社会组织，商会本质上与企业性质相同，通过形成会员式网络关系，信息、技术、物质等有形和无形价值资源的供给，通过集体正式组织而实现了规模效应，从而降低生产和交易成本，这也正是网络结点身份给会员带来的帕累托改进效应而促使潜在会员入会的基本动力。然而，网络关系的形成不仅仅源于成本的降低，也在于竞争力的增强或者是利益的维护。

（三）社会边界的形成

商会社会边界是一种面向社会、跨行业而建立的多元、开放的价值网络，其实也是行业边界的一种延伸。这种开放、多元也在一定程度上使社会边界具有一定的模糊性和弹性，不像实体边界与行业边界容易界定和分辨。但由于结点核心能力制约，社会边界作为一种治理边界也不可能无限地扩张。从某种意义上来说，商会具有多元利益主体，不仅与政府组织、非政府组织发生关系，也需要与社区、捐助者、一般公民等进行互动，其结点关系是多元的。在商会的各种关系活动中，相对于企业而言，商会更具有包容性并可获得更多利益而建立关系。一方面，商会作为行业代表，由于身份“一业一会”或“一市一会”的这种资产专用性，其他组织更希望与其建立关系，节省沟通与谈判成本；另一方面，商会关系的开放性也是需求拉动式的开放性，这是基于组织本身的承载职能和本质的需要。作为一个非营利性组织，商会不仅要满足企业的需要，还要满足政府和社会的需要。

三、基于组织边界的商会组织能力 S－O－R 模式构建

什么是 S－O－R 模式？刺激“S”：环目标、价值观、技术、结构、社会心理因素、管理、组织职能等；中介 O：组织原有的结构、人员、动机、态度和领导方式、上级主管部门等；反应“R”：相应的系统变革措施。整个模式的结构即“刺激——个体生理、心理——反应”。商会作为一种非营利性组织，对行业市场秩序和行业维持以及发展起着重要作用。培养和提升商会核心能力，需要清晰地界定其能力的构成。根据组织边界理论，可以将商会组织能力模块化，从而构建起行业组织能力的 S－O－R 模型。

（一）组织能力模块化与组织边界

在组织中，能力模块化的界面结构多种多样。如根据能力的职能性质，分为营销能力模块、战略能力模块、研发能力模块等；根据能力的管

理活动属性，分为计划能力模块、组织能力模块、指挥能力模块、协调能力模块、控制能力模块等；根据能力对企业的价值作用或地位，分为一般能力模块与组织能力模块。至于组织竞争优势的建立与提升，本质是围绕组织能力模块进行的一系列模块化操作过程。能力模块作为一种能够独立发挥某种特定功能的能力子系统，是在组织中能够为组织带来特定功能的能力要素的组合。能力模块化则通过标准的界面结构，将组织的能力要素进行分解和整合，从而形成具有半独立性、半自律性的能力子系统的动态过程。

然而，由于价值网络结点关系的差异导致商会组织边界的异化，从而产生商会特有的实体边界、行业边界和社会边界。商会三个边界的形成机理与功能不尽相同，它们各自具有一定的相对独立性和半自律性，因此有可能把组织边界作为一种标准的界面结构，将商会的组织能力模块化。从这个模块化角度来讲，商会可以被看作是由多个具有相对独立性、半自律性的模块按照一定的规则相互联系构成的复杂系统。通过对模块的分解、替代、整合、去除、增加和用途改变等操作，以组织能力模块为中心，对商会组织内部模块、行业内部模块和行业外部模块进行灵活的、创造性的整合，以提高商会资源配置效率和组织能力。同时，模块子系统的形成也是一种组织内部化的过程。从资源观角度来讲，组织内部化是为了发挥组织结构对专有性资产的协调优势。假如存在可分享的知识、语言和运作惯例，企业之间更紧密的合作关系可以帮助企业建立起独特的、默契的并难以被模仿的资源。商会组织边界的存在实现了组织内部化的可能，并建立起相应的资源和能力。而且商会价值网络本身也可以看作是难以模仿、不可替代的网络资源，它的使用和开发对于非结点成员具有排他性和竞争性，这种独特的网络资源就构成了商会的组织能力。

美国经济学家认为，组织的边界在于能力的适用边界。由于组织边界受边界内组织能力的作用范围影响并反作用于组织能力的进一步积累，为此，需要不同的组织去维持不同层次组织内部化的状态。组织边界决定因素已由传统的以市场为基础的边际效应决定逐步转变为以核心模块为基础的核心竞争能力决定，实现商会组织能力模块化分解，从而用多层次的组织能力模块去黏合每一层组织边界内的价值结点，使建立在相应优势资源和组织能力基础上的价值网络在边界内获得增值或保值。

（二）基于组织边界的S－O－R组织能力模型

组织边界作为组织能力和资源配置的范围界限，其本质就是能力边界。因此，组织边界就在其控制的关键资源之内并通过它分享剩余的界限。从“场”理论来看，边界内部各结点的集群及其交互作用形成了网络组织的“场”，“场”的存在对各结点的活动和行为产生了一定的“场力”，即组织能力。根据组织能力或“场力”的作用区域和治理范围，以商会组织边界作为区分的界面结构，商会组织能力可分为结构能力、运作能力和关系能力三种，并细分为多种能力组合，这样才能构建商会S－O－R组织能力模型。

基于实体边界的结构能力。这种结构能力是商会所拥有的一种基于组织本身的能力，是支持商会运作能力和关系能力的“基础设施”或“资源平台”。它的价值在于将组织的各类基础资源凝聚起来，并通过一定的内部管理和治理能力将资源进行规范化整合，在实现商会的价值和宗旨过程中得到有效利用。结构能力不仅包括以资源为核心的资源支配能力，即人力资源、物质资源和金融资源支配能力，还包括能够有效管理和使用这些基础资源的内部管理与治理能力，表现为人事、决策、财务等管理能力和组织的历史、价值观以及各类组织机构的健全等。

基于行业边界的运作能力。在法院和其他公共部门执法失效的情况下，合约主要依赖私立秩序，商会则可起到维护私立秩序的作用，这种私立秩序的界定或影响域是受行业边界约束的，并且此时决定这种组织化的私立秩序功能的发挥主要体现为信息提供和协调行动两大职能。运作能力是商会基于组织资源，按照组织成立的宗旨为商会会员提供各类服务和行业协调与管理的能力，它的协调管理与服务对象也正是基于行业边界而确定的，并根据行业核边界和泛边界的区别，又分为协会会员或行业内非会员。由于行业边界的存在，此时运作能力主要指为行业边界内单元提供一个对内维持秩序、对外发挥保护作用的设计，具体表现为信息供给能力、规范协调能力、拓展服务能力、学习创新能力和发展能力等。

基于社会边界的关系能力。其实，资源之间的关系本身就是一种价值来源。由于某种资源与其他资源相结合所创造的价值往往高于其独立发挥作用时所产生的价值，商会通过与边界外部相关利益者的价值交换，可以获得相应的关系网。而创造这种关系网的资源或能力称为关系资本，亦称关系能力。商会作为一种社会团体，是社会系统中的一员，它不能孤立地存在于社会系统之外，它的性质决定了它的社会性。与之关系密切的社会主体是以利益相关为核心的，是那些可影响商会目标实现或能够被商会在实现目标的过程中影响的任何个人和群体，主要包括政府、社会各类组织以及国际组织等。基于利益相关者主体性质的不同，关系能力可细分为：政会互动能力、社会影响能力和国际交流能力。

商会组织能力系统必须是一个相互联系、开放、全面的系统，三者都处于超出各自组织边界的外部环境中并相互联系。结构能力、运作能力和关系能力共同构筑了商会的组织能力，并且组织能力系统的每一个子系统都会对其他子系统产生影响，从而影响整个商会实现目标的能力。在这三个组织能力模块中，运作能力是核心，这是由商会的宗旨和使命决定的，它是一种“能为”，“能够干什么”是实现商会价值和增值的基础，并决定组织生命力的强盛；结构能力的作用主要是为运作能力和关系能力提供环境支持，是支持运作能力创造价值和关系能力交换价值的“基础设施”或“管理平台”，是一种“成为”；关系能力的作用则是通过与外界进行价值交换保证结构能力、运作能力与外界有效互动并与之匹配实现其价值，从而使其在社会有“作为”。

第三节　在社会与行业中的作用

随着我国国民经济快速稳定发展，社会主义市场经济体制将更加完善，以公有制为主体、多种所有制共同发展的经济体制将进一步形成，政府职能也将进一步转变。今后，政府将把行业协调和服务职能逐步交给协会，商会的作用将日益突出。然而，很多企业老总总是对商会不太重视，其实现代社会的快速发展使商会的影响远远超乎想象。在发达国家商会组织建设十分活跃，而且很多是自发形成的，比如美国在石油行业比较有影响的商会有 API 组织、石油工程师协会等。这些组织成员很多都是各石油企业的骨干，它们往往代表着石油行业的最高方向，从而也给各个石油企业为自己的定位与发展提供了可靠的保障。

一、商会在社会中的作用

商会的作用具体表现为以下几个方面。

（一）减少政府管理社会的成本

商会是非营利性的社会组织，是企业和其他社会微观主体依靠经济、地源关系组成的社会组织。它不仅联结着企业，还联结着企业员工及其他相关人员，社会中的多种经济或乡情联系都可以通过商会反映出来，这一特性为商会参与社会管理提供了广泛的社会基础。商会是政府与微观主体之间的一个中间层，为政府与微观主体之间提供一条沟通、协调、寻求利益平衡的通道，可以反映、搜集、协助处理社会中多种利益群体的诉求，协调多种社会矛盾，有效降低政府管理成本。

（二）协调劳资双方构建和谐劳动关系

在当前经济转型的关键时期，劳动关系直接关系到人们的基本经济利益，是和谐社会构建的基础和切入点。作为工商业服务的提供者，商会更熟悉企业的具体情况，在协调劳动关系过程中可以充分发挥其在“三方协调机制”中的作用，督促企业执行劳动保障法律法规。同时，商会可引导企业严格遵守劳动法律法规和政策，和工会就职工工资、生活福利等涉及职工切身利益的问题进行协商，签订集体合同，构建企业与职工和谐发展的长效机制。

（三）规范市场秩序

商会是市场经济体系中“合纵”、“连横”的治理机制，起着“平衡器”、“协调器”和“保险阀”的作用。商会特别是行业商会，可以在制定行业标准、协调市场、协调价格、破除贸易壁垒、规范用人制度、规范市场秩序等行动中发挥重要作用，协调其成员的经营业务活动。此外，商会天生就是市场竞争和秩序规范的“仲裁者”，是内行人管行内事，对会员企业的经济纠纷能够有效地自行调解。

（四）协调会员企业关系

随着城镇化（见表3－1）的加快推进、社会结构的深入调整，外地人口不断增多，外地人与当地人之间的利益，主要是经济利益冲突日益显现。商会可以在协调异地人组织和当地人组织的经济利益冲突等方面发挥自身优势，协助政府对异地人口进行管理，缓和、解决多种社会矛盾。同时，商会可以发挥组织的力量，有效引导会员企业健康发展，对会员企业进行约束。

表3－1　2010和2020年中国城镇化水平预测

年份	2003年实际	2005年实际	2010年	2020年
总人口（亿）	12.92	13.07	13.63	14.39
城镇人口（亿）	5.24	5.66	6.71	8.63
城市人口（亿）	3.38	3.85	4.69	6.47
城镇化率（%）	40.5	43.3	49.2	60.0
每年新增城镇人口（万）	2 164	2 154	2 122	1 920

资料来源：中国城镇化水平和速度的实证分析与前景预测（下），中小企业服务平台。

（五）有效化解社会矛盾

社会的多元化使社会矛盾日益复杂。当行业、企业出现摩擦、争论、冲突时，商会能够及时进行调解，这样有助于快速、公正地解决问题，化解社会矛盾。吸纳非公有制经济领域内的商会组织参与社会管理，有利于有效地化解矛盾，维护社会的繁荣稳定，促进和谐社会的建立。

二、商会在行业中的作用

（一）积极推动招商引资，加速市场经济的建设

市场经济是随着商品生产的发展而逐渐形成和发展起来的，这是一个漫长的过程。在商品生产比较发达的环境中，如果措施得当，市场经济就能较快地形成和发展起来。其关键在于企业是否能转换经营机制，政府能否改变经济管理职能和方式，适合的市场秩序能否建立。在这三个方面，行业商会都会有一定的促进作用。就企业转换经营机制而言，商会可以通过培训经营管理人员、提供市场经济和经营知识咨询、介绍外国的经营管理科学、交流内部的先进经验等措施，起到引导的作用。就政府改变经济管理的职能和方式而言，行业商会可以通过反映工商界的意见要求、提供商情动态等方式，充当参谋和助手。就市场经济秩序的建立而言，行业商会则以其所特有的市场秩序维护组织的地位及其内部互相约束、彼此协调、监行商法的功能和权利。近年来，湖南民营经济快速发展，在全省经济版图上稳坐“半壁江山”。2011 年，湖南省民营经济实现增加值 11 000 亿元，比上年增长 14. 5% 。这是湖南省民营经济增加值首次跨越万亿元大关。成绩的背后，离不开湖南全省行业商会的不懈努力。为促进会员发展，湖南各行业商会还积极搭建交流平台，近三年来共招商引资 1 500 多亿元。据不完全统计，截至 2012 年 5 月中旬，全省各级商会共建立了 18 家信用担保公司，为企业担保融资 400 多亿元。省工商联（省总商会）与工行湖南省分行等银行建立战略合作伙伴关系，五年来共为非公有制企业融资 1 200 多亿元。[①]

（二）促进国内统一市场的形成和国际市场的开拓

有没有一个统一的国内市场和广泛的国际市场，既是市场经济能否较快发展的重要前提，也是衡量市场经济发展程度的重要标准。建设国内市

① 张斌、李超玲、汪舟：《商会现象》（湖南样本），《经理日报》，2012 年 5 月 20 日。

场和开拓国际市场，既需要硬件（包括发达的交通运输业、统一的货币及汇率系统、统一的政权、开放的外交和外贸等），也需要软件（包括经济信息的传递、国际和地区间的经济合作与协调、外贸渠道的开辟、市场信誉的确立等）。

商会对市场硬件建设具有一定的间接促进作用，对市场软件建设具有更加突出的直接促进作用。商会可以从自己的会员企业中搜集广泛的经济信息，并通过社会和自己的大众传播媒介向国内外传递；可以用自己所具有的国际和地区间的中介地位和调解职能，促进国际和地区间的经济合作与协调；可以通过自己的对外联系途径和组织网络开辟外贸渠道；可以用自己的法人社团地位和国际信誉，为企业提供市场信誉担保。改革开放以来，湖南省工商联（省总商会）充分发挥自身优势，积极为民营企业“引进来”、“走出去”战略开拓渠道，搭建平台，先后与80多个国家和地区的140多个工商社团建立密切联系，与美国华商总会、全美湖南工商会、南非中华总商会、日本滋贺县经济产业协会、德国中小企业联合总会等38家境外商会组织建立了友好合作关系，在多边或双边的各种场合，帮助民营企业开展多种形式的招商引资、贸易洽谈、学习培训与技术合作等活动。通过德国中小企业联合总会争取到德国政府援助资金110万元，双方合作开展调研、培训、考察、行业商会建设、政企对话等46个项目，培训商会干部及企业代表近3 000人次，完成专题调研报告20多篇。2000年以来，湖南省工商联（省总商会）先后组织会员企业赴境外考察、参展、培训共50多批，700多人次；接待境外来湘访问的各类代表团80多个共计1 500多人，在全省各地举办各种交流对接洽谈活动100多场。①

（三）促进行业自律，维护行业利益

市场秩序不是一成不变的，而是随着市场经济的变化和发展不断调整的。如果说在市场秩序的建设和维护中，行业商会所起的作用较多地表现在协助政府方面的话，那么在市场秩序的完善方面，商会则起着主要的推动作用。

---

① 《200余商会名流将齐聚长沙，共搭平台谋发展》，《湖南日报》，2012年5月16日。

由于行业商会总是跟企业直接联系，因此，商情的变动和企业的要求会迅速而广泛地反映到行业商会方面，从而使行业商会从代表广大同行业会员企业的整体利益出发，一方面，根据大多数企业的要求，修订自己的业务管理规章，调整内部约束规范和对外协调方针；另一方面，向政府反映企业的要求和提出自己的建议，促使政府修改有关法规和政策，使之不断适应市场经济发展的需要。如果说行业商会在市场经济建设中的其他作用，单个企业或政府也有可能通过自己或其他的系统而完成的话，那么行业商会完善市场秩序的作用则难以被单个企业或政府所取代。因为，单个企业所遇到的新情况及其所提出的要求，往往带有特殊性和片面性，而行业商会在汇总众多同行业企业所遇到的问题、实际情况及其所提出的要求的基础上，经过讨论研究而形成的商情变动分析及对策，则具有较大的普遍性和合理性，从而能为行业商会修改行业规定、为政府修改相应法规与政策提供客观而科学的依据。就这点来看，这是单个企业难以做到的。对于政企分离下的政府来说，它们也只有通过行业商会，才能及时而全面地了解到该行业商情的变动和企业界的要求。因此，市场秩序的不断完善，虽然是通过企业、行业商会和政府三者的密切协作才得以完成的，但是商会在其中无疑发挥着联下促上的推动作用。湖南省辣椒协会受行业企业委托，在湖南省质监局支持下起草完成《湖南省辣椒制品地方性行业标准》；湖南省汽车用品行业商会代拟《湖南省汽车用品服务企业星级评定准则》，并由湖南省质监局颁布实施；湖南省零担货运协会与湖南省交通企业协会合作，获准设立“中国交通企协企业信用评价管理委员会湖南评审办公室”，共同推动湖南全省交通运输企业诚信体系建设，组织开展企业综合信息评价等方面工作；湖南省医药商会在全行业中推行《湖南省医药行业行规行约》，并严格督查落实，对遵规守约企业进行宣传表彰，对违规违约企业进行处罚；湖南省常德市农资协会要求全体会员向居民公开承诺，制定了六条具体规定，加强文明经营、诚信经营、信守合同的职业道德建设。商会引导的行业自律活动进一步加强了行业监督管理，有效制止了不正当竞争。2011 年 11 月 16 日成立的湖南省工商联烟花爆竹行业商会组织会员讨论《AQ 标准礼花弹生产安全条件标准（意见函）》的修改意见，并整理成文提交浏阳市委、市政府，为规范烟花爆竹生产行业有序发展作出了重要贡献。2011 年 10 月上旬，湖南省汽车行业商会就国家质检总局起草的《家用汽车产品修理、更换、退货责任规定（征求意见稿）》（以下简称《规定》），向汽车经销商下文转发，公开征求会员单位的意见，在规定时间内共收集了 10 条意见和建议，涉及厂商责任的划分，安全性能的认定，第三方认证机构的设立及公正性、公平性和技术性，维修时间的计算等方面。商会将这些意见向政府有关部门及《规定》起草部门及时进行了反馈，配合政府有力地维护了行业企业的合法权益。①

（四）解决后顾之忧，顺利进入市场

随着市场经济体制的确立和企业经营机制的转换，越来越多的企业将进入市场，企业自然要凭自己的力量在市场中打出自己的天下，但是，如果能得到外界的帮助，企业就可以更快速而顺利地进入市场。行业商会在一定程度上就能够提供这种“外界的帮助”，如为企业的融资作担保，改进生产技术，提高产品竞争力；提供市场信息，生产适销产品；优惠甚至免费提供广告媒介，扩大产品知名度；吸收企业产品参加国内外的产品展览会，开拓产品销路。为促进行业企业发展，湖南省各级商会多措并举。2011 年 9 月，湖南水泵节能发起人之一、湖南斯德尔特泵有限公司董事长肖雄在研发节能水泵的关键时刻遭遇资金瓶颈。湖南省五金机电商会获悉后及时伸出援助之手，协调贷款 300 万元帮助其渡过难关。为解决会员企业资金紧张的问题，湖南省五金机电商会克服会员多、规模小、竞争大等困难，组织 49 家会员企业注资 2 150 万元成立合望达投资有限公司。仅 2011 年，湖南商会就为 10 家会员企业融资累计达 2 810 万元。今年年初，湖南商会又与建设银行湖南省分行建立战略合作伙伴关系，共授信 30 亿元，有效地解决了会员企业发展资金紧张的后顾之忧。据不完全统计，截至目前，湖南省各级商会共建立了 18 家信用担保公司，为企业担保融资 400 多亿元。湖南省工商联（省总商会）与工行湖南省分行等银行建立战略合作伙伴关系，五年来共为非公有制企业提供融资 1 200 多亿元。②

---

① 李超玲、汪舟、张斌：《商会助力标准化》，《湖南日报》，2012 年 5 月 16 日。

② 杨维贤、李超玲、张杰文：《湖南工商联带动会员企业健康成长》，《中华工商时报》。

第四节　行业自律与市场

我国的经济属于社会主义市场经济，商会的健康发展最终还要依赖法律制度的保障。随着商会实践的发展，近年来，为商会立法的呼声日益高涨，实践准备和理论准备也已趋向成熟，因此，商会立法也必将提上议事日程。然而，行业自律是商会承担自政府转移而来的行业管理职能之一。商会实施行业自律，必须以其所拥有的处罚权为前提。商会是“私法上的主体，它对成员的处罚权虽然在外观上看是一种上级对下级拥有的权力，但实质上是建立在成员共同意思表示之上”。因此，商会履行行业自律的职责存在着限制，一方面可以基于处罚权要求会员企业分担维护行业集体利益的成本，或者禁止其侵害行业集体利益；另一方面其处罚权必须得到会员企业的承认。

一、我国商会现有的法律体系

（一）《宪法》及法律法规关于商会的规定

《中华人民共和国宪法》第三十五条规定“公民有言论、出版、集会、结社、游行、示威的自由”，这使我国商会具有了宪法基础。《宪法》是根本大法，具有最高法律效力，商会的宪法性基础是商会合法性的基石。有关领导认为：“商会的宪法性依据不仅限于结社自由，虽然结社自由是商会最为重要的宪法性支持，但其还包括表达自由和集会自由。”商会组建本身体现了其成员对自身利益的一种共同关切，若没有表达自由，成员相互之间无法交流各自的意见和利益需求，商会因而无法组建；商会运作过程中，成员之间相互交流意见和利益取向，协会与政府之间就相关问题各抒己见，均以表达自由作支撑。商会绝大多数活动以集会形式开展，集会自由是商会正常运作不可或缺的保障。结社自由是商会最为重要、最为直接的宪法性基础，包括组建社团的权利、加入社团的权利、不加入社团的权利、社团内部事务免受国家干预的自由。可见，我国商会具备比较充分的宪法依据，其组建和运作是公民行使言论、集会、结社自由的宪法性权利的体现。

从法律法规的角度来看，商会属于社会团体，我国目前商会组建的直接依据是国务院颁布的《社会团体登记管理条例》。本条例规定社会团体是指中国公民自愿组成，为实现会员共同意愿，按照其章程开展活动的非营利性社会组织，社会团体应当具备法人条件。本条例主要内容包括：

一是社会团体在成立过程中应遵循的各种实体性和程序性规定（见图3－6）；

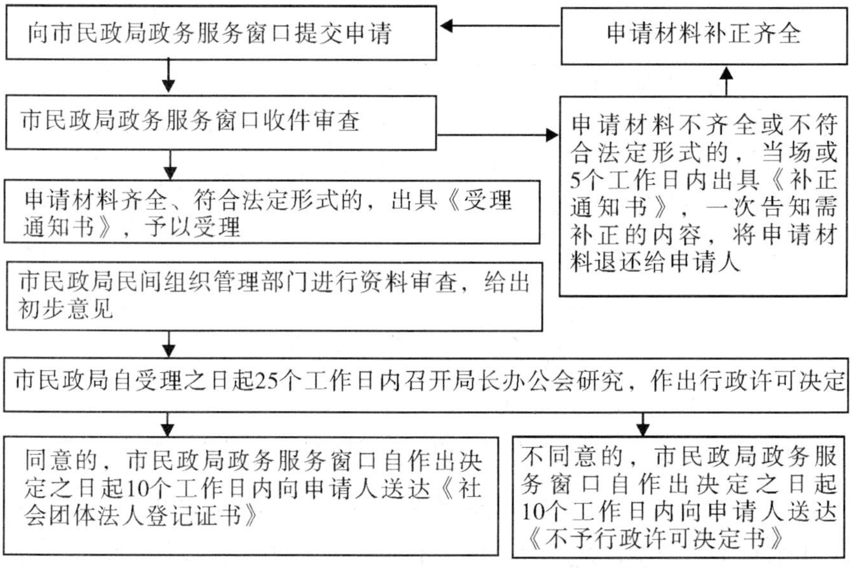

图3－6　社会团体在成立过程中应遵循的各种实体性和程序性规定

二是社会团体（事业单位）法人成立、变更、注销登记程序性规定（见图3－7）；

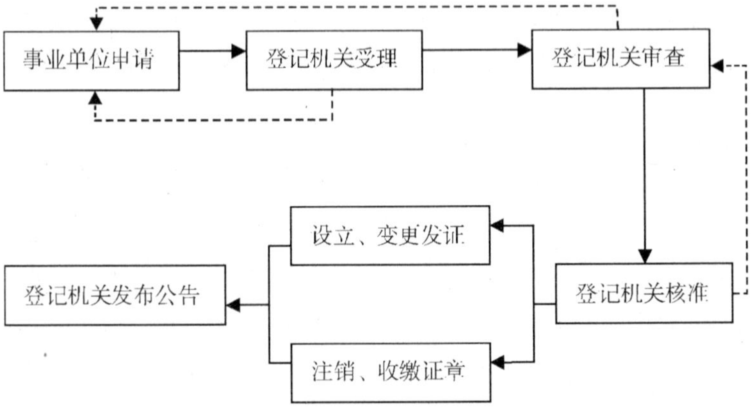

图3－7　社会团体（事业单位）法人成立、变更、注销登记程序性规定

三是登记管理机关负责社会团体登记管理的管辖（见图3－8）；

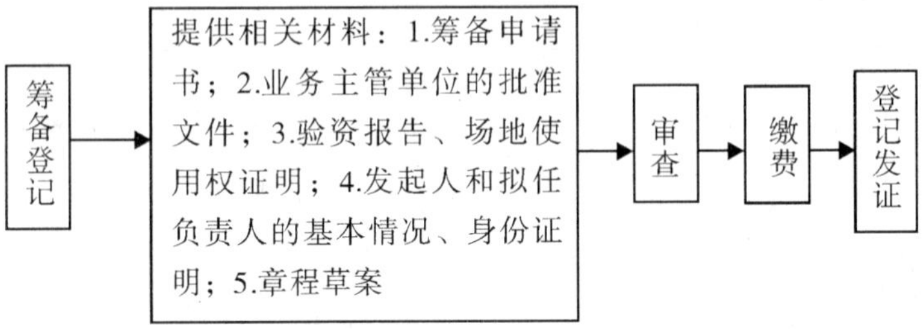

图3－8　社会团体登记流程

四是国家登记管理机关和业务主管单位对社会团体的监督管理等。

由此可以看出，本条例主要是从行政机关如何对社会团体进行登记管理的角度规范的，且主要参照了国家工商局关于起草通过并实施的有关企业登记的管理条例或办法，其主要框架、指导思想甚至具体准入规定、行为规范、登记程序几乎完全相同。这种从一般普遍性规律出发制定的法律性文件，很难具有针对性。就商会而言，商会作为连接政府与企业的经济性、行业性社会团体，它具有的本质跟其他政治性、学术性社会团体具有的本质不同，《社会团体登记管理条例》将商会与政治性、学术性社会团体混同管理，其规定缺乏对商会的针对性和可操作性，甚至有些规定不符合商会的性质，这阻碍了商会的健康发展。如社会团体不得设立地域性的分支机构等。而其他关于商会的规定零散地分布于各部委的政策文件之中，有的规定还相互冲突。仅仅一部关于所有社会团体的登记管理条例，以及为数不多的分散规定，已不能满足商会发展的需要。

（二）商会专门立法

商会专门立法是最直接规范商会组建与运作的法律法规，使商会具有针对性和可操作性，是商会法律地位、性质、职能确立的最主要、最直接的依据。我国目前还没有专门统一的商会立法，现行关于商会的专门立法比较零乱、分散，主要体现为法规和规章，以及一些省市出台的关于商会管理的法规，主要包括：《关于加强商会规范管理和培育发展工作的通知》、2004 年国资委《国资委商会工作暂行办法》等部门规章、1997 年国家经贸委《关于选择若干城市进行商会试点的方案》、1999 年《关于加快培育和发展工商领域协会的若干意见（试行）》、《上海市商会暂行办法》、《深圳经济特区商会条例》、《温州市商会管理办法》、南京市《关于加快商会改革与发展的意见》、无锡市《促进商会发展条例》、《汕头市商会暂行办法》和北京市商务局《关于促进本市内外贸领域商会建设与发展的指导意见》、《广东省商会条例》等。

纵观这些地方规章或法规，各地政府对商会的性质与职能达成了一些基本共识，即商会应是具有行业性、自愿性、自律性与非营利性的社会团体法人，独立于政府和企业，其基本职能是行业服务、行业代表、行业自律与协调。这些地方规章或法规均对商会的定义、性质、地位、职能等作了规定，但形式多样，极不统一。在商会与政府的关系处理上依然更多地强调了商会对政府的辅助作用，职能规定上参差不齐，多数没有规定政府保障商会独立地位的义务和责任，也缺少关于商会权利受损时的救济措施的规定。由于商会专门立法的缺失，必然导致商会法律适用的混乱，造成商会法律职能不明确、地位不独立等。

二、商会亟待解决的问题

一直以来，由于“小社会、大政府”的传统权力格局无多大改变，绝大多数地方政府在指导商会（协会）的建设方面没有真正按照市场经济规律和法则办事，导致商会（协会）在发展过程中遇到许多亟待解决的问题，主要表现在以下两个方面：

（一）立法滞后

商会发展缺乏制度保障，法律地位不明确。迄今为止，我国尚未出台有关商会（协会）的专门法。法律的滞后致使开展活动的法律依据不足，合法性难以保证；现行的双轨体制，尤其是行业行政主管部门对商会行政合法性和政治合法性的严格限制，实际上否定了商会的自治性质，造成大部分商会分散在政府各个部门，形成齐抓共管、多头管理的状态；现有的社团管理法规将其与其他社团组织混同管理，忽视了它对建立市场经济秩序的独特作用，延缓了商会（协会）专门立法的进程。

（二）职能不到位

我国目前的商会“官办”的行政依附色彩浓，普遍存在无编制、无经费、无办公场地等困难，导致服务能力弱、管理水平差、信誉程度低。加之兼职人员多，年龄、知识老化，覆盖面小，因而缺乏企业认同。“民办”的则大多未被管理部门认可，导致行政合法性不足，甚至被视为“非法”组织。国家经贸委 1999 年《关于加快培育和发展协会的若干意见》中规定了商会的 17 项职能，但真正落实的甚微，主要原因是行业行政主管部门不放手。

三、完善我国商会立法的几点思考

思想家哈耶克曾说：“立法很可能是人类曾有过的成就中影响最为深远的一种成就——比火的发明和火药的发明所具有的影响更为深远。因为在所有这些成就中，是立法最大限度地把人类命运交到了人类自己手中。”近年来，为商会立法的呼声日益高涨，实践准备和理论准备也已趋向成熟。所以，我国统一的专门的商会立法也必将提上议事日程。本节拟从商会登记管理机关的角度，对完善我国商会立法作一些探讨。

（一）结社权的立法

如前面所述，《中华人民共和国宪法》是国家的根本大法，其关于公民言论、集会、结社自由的基本权利的规定构成了商会组建和运作的宪法基础，尽管我国宪法赋予了公民结社自由，国务院还颁布了《社会团体登记管理条例》，可该条例主要是一个关于社会团体登记管理的程序性法规，立法的层次不高，仅属于行政法规。有专家学者指出像结社自由这种宪法基本权利理所当然地至少需要法律这一层次的制度来加以具体规定，以法律形式对公民合法行使这种权利加以保护，对滥用结社自由的行为进行处罚。因此，必须尽快地由全国人大或人大常委会制定结社立法的实体法即《结社法》，以适应新形势下保护公民结社自由权与社会团体管理需要。我国至今还没有《结社法》，但从多国立法的情况来看，《结社法》一般包括以下内容：

一是《结社法》的主体、适用范围、结社应遵循的基本原则。

二是社会团体的成立及确认。

三是社会团体的机构人员。

四是社会团体的权利和义务。

五是对社会团体的监督管理。

六是社会团体的终止。

各种不同的社会团体需要各种单行法规来调整；各省、自治区、直辖市也需要结合本地实际情况，制定适合本地的实施细则。只有这样，才能使结社自由权利法律化，使结社活动和社团管理活动真正纳入法制的轨道，使公民的结社自由这一宪法权利得到保障。实际上，1987 年中共十三大曾明确提出制定《结社法》的立法任务，并委托民政部起草《结社法》草案。从 1987 年开始，“民政部按照国务院指示，开始了结社立法的工作，经过五年多的努力，十易其稿”，于 1993 年报送国务院。尽管这部作为民间组织实体法的《结社法》没能按时出台，但这充分说明了国家对民间组织统一立法的必要性已早有认识。跟 1987 年相比，目前的民间组织发展情况显然更迫切地需要这样一部法律尽快出台。

（二）修订现有行政法规

我国目前尚无针对商会统一的实体性单行法律法规，在商会的定义、性质、地位、设立条件和政府关系等方面均缺乏法律确认。现有的《社会团体登记管理条例》基本上属于程序性法规，是对所有社会团体的统一规范，它没有针对商会的特殊规范，不能充分满足商会改革发展的程序性和实体性规范要求。建议国家总结地方商会的立法实践，分步骤加快立法工作，加快修订《社会团体登记管理条例》，完善包括商会在内的登记管理体制，增加相应的实体性内容，明确培育与发展商会的方针政策。

（三）制定出台《商会法（条例）》

商会独立法律地位的确立需要国家统一立法的确认和保障。为适应国内外的经济竞争形势，基于我国商会快速发展的现实需要，商会统一立法势在必行，因此，应当尽快制定《商会法》。从世界各国来看，依法设置商会是发达国家的成功经验，在许多国家，政府与企业的联系都是以商会为中介的，并且都建立了专门的关于商会的法律法规。日本的《商工会所法》、德国的《工商会法》、俄罗斯的《俄罗斯联邦工商会法》均以法律形式明确了商会的权限、职责和地位，这些国家的商会也因此在协助国家经济立法、对外谈判、加强行业自律等方面发挥着重要作用。结合我国商会的法律地位现状与各地关于商会的立法实践探索，建议加强对商会实行单行立法分类管理的研究，争取将商会法律法规的立法工作列入国家立法规划，借鉴他国经验，早日出台《商会法（条例）》。该法（条例）应该以法律形式明确规定商会的权限、职责和地位，具体来说应该包括以下内容：

一是应对商会的性质、法律地位、基本职能、权利义务、权益保护等作出明确的法律界定；对组织、管理、会员、经费等运作方式作出科学的规定；对违法商业行为的判定和处罚，反不正当竞争、反倾销行为的受理和调查，对协会内部成员自律和越权管制行为作出合理的认定；对商会设立程序、活动开展、维护自身合法权益、接受监督等应有相应的法律依据；对各商会之间的关系、总会分会与会员之间的关系，也应有明确规定。

二是可根据实际情况先试行地方法规，条件成熟后再由全国人大立法。

三是赋予商会必要的服务职能。主要是明确从管理企业到服务企业的各项职能，包括行业调查，统计信息的搜集发布，行业的技术职称评定，行业标准、行规行约的制定和行检行评，质量监督与检测，行业咨询与培训，标识与资质证书、原产地证明等。

四是把商会从政府部门中分立出来，着重解决身份、领导体制、经费来源等问题，要明确规定公务员不得兼任商会领导，不得跟国家行政机构合署办公，实现政会、政群、政社分开。

五是从实际出发，充分考虑民建、工商联和商会紧密联系的历史缘由，在法律制定过程中，应充分发挥它们的作用。

第五节　治理结构

一、商会治理结构和自身能力建设问题

（一）外国商会在中国的发展与治理模式比较

1. 研究进展

商会是由城市工商业者组成的民间行业组织，分为单一型行业组织以及综合型跨行业协调组织两种类型。在非营利性组织的公益性和互益性两大分类体系中，商会属于后者。

随着外国民间组织（见图 3－9）、外企数量的增加，为了规范其管理、保障其权益，国务院于 1989 年 6 月 14 日颁布了《外国商会管理暂行规定》。该条例明确规定外国商会是非营利性团体，应当通过中国国际商会将书面申请材料报送中国对外经济贸易部审查，审查合格后到民政部登记注册并依法开展活动。按规定，一个国家只能注册一个商会。二十多年过

去了，目前只有20余家外国商会在民政部登记注册，其余大量游离于政府的监管之外。政府和外国商会的不断博弈，不仅增加了政府运作成本，更增加了诸多不确定性。而我国的商会目前急需提高能力，对此，我们有必要研究一下外国商会的运作模式。

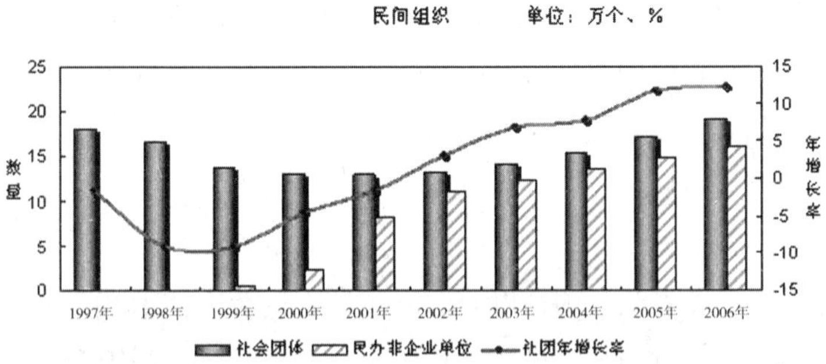

图3－9　民间组织数量

资料来源：百度图片。

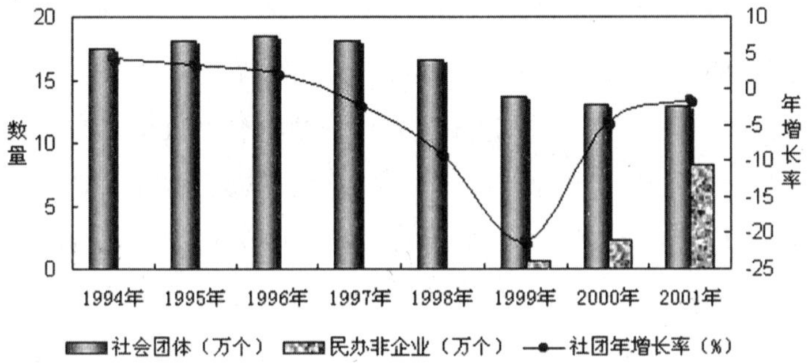

图3－10　民间组织管理情况

资料来源：百度图片。

目前，研究外国商会的成果极为少见，根据现有的资料我们得出以下几种情况：

（1）从学科领域上划分，研究成果偏重于管理学，从非营利性组织角度研究的论文乏善可陈。

（2）实证研究极度匮乏。就这一研究领域出版的著述来说，特点大致相同，即引介远多于实证、对外国商会在国内开展活动的描述和分析鲜见、多是近年出版、不同学科介入不均衡等。

（3）除了大量介绍外国商会访华、人物访谈、贸易洽谈以外，介绍外国商会运行机制与特点的论文也较多。这些研究主要是对外国商会的历史、运作模式及其与政府关系等进行简单梳理。

综上所述，目前对在国内开展活动的国外商会的研究存在大量的空白。为此，本节在对外国商会的不同治理模式进行分类比较的基础上审视其治理效果，我们可以通过期刊、图书和互联网以及外国商会的内部印刷品进行文献研究，然后进行比较分析。

2. 外国商会的三种模式

根据不同的文化背景、国情以及法制传统，商会大体上有三种不同类型的模式，一般分为欧洲大陆模式、英美模式和以日本、韩国商会为代表的混合模式。

• 欧洲大陆模式

欧洲大陆模式也称与政府合作型模式，主要是在大陆法系国家，如法国与德国。因其首先诞生在法国因而也称为法国模式。这些国家一般有专门的商会，商会依法在行政法院登记注册。尽管此类商会遵循成立、入会、退会均自由的原则，但一般实行会员义务制，会员入会不存在自愿的选择。除了服务会员、促进行业发展、平衡区域利益、树立行业规范等职能，一些商会还拥有较大的行政权力。如德国地方工商会的行政权力主要体现为：建立、维护和支持有利于促进工商业经济或个别工商业的措施；企业登记庭在办理企业登记注册或变更登记时必须听取商会的评估意见，必要时，商会可以独立地针对登记庭的决定采取法律手段；商会有权参与企业破产调解程序和破产程序；企业实施清仓甩卖也要有商会介入等。此类商会承担一些政府的行政管理职能，因而其经费来源多有法律和财政保障。在治理结构上，会员代表大会、主席团、理事会等活动受到政府的监督。

• 英美模式

英美模式也称盎格鲁撒克逊模式或市场主导型模式。在这种模式下，政府公共机构对民间经济团体历来干预较少。英美国家没有专门的商会，商会属于私法法人。任何企业和任何人都可以发起成立。工商业者入会、退会自由，其职能、任务由商会自行决定，组织主要依靠会费、服务费与捐赠运作。在治理模式上，英美商会主要由会员代表大会（见图3－11）选举产生的理事会或董事会来负责组织日常运作。少数商会按有限公司方式组建。英美模式的商会不承担政府职能，而是以政策游说、促进立法、协调劳资纠纷、制定行业标准、价格协调以及参加国际贸易中的反倾销、为会员开展咨询与培训活动等为主要职能。显然，此类商会的目的在于促进工商业者的自由发展和自由竞争，并依法维护其合法权益。

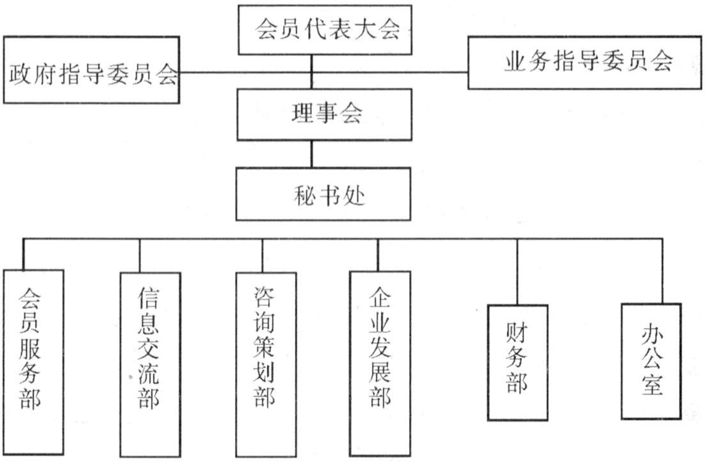

图3－11　会员代表大会日常运作

• 以日本、韩国商会为代表的混合模式

以日本、韩国商会为代表的混合模式主要在商会发展稍晚一些的国家，特别是亚洲各国，主要以日本、韩国的商会为代表。这种模式下的商会属于公法法人，但商会的会员入会自由而非义务。混合模式的商会除了促进行业发展、制定行业规范以外，一般还承担政府转移的部分职能，其最高负责人多有政府公务员背景，会费收取也大多带有强制性。

3. 外国商会治理的实证研究

根据以上三种外国商会模式，本节选择对美国商会、德国商会、韩国商会和日本商会的治理状况进行实证研究。

• 美国商会

美国各州的商会设立了数十家代表处，有些成立咨询公司，有的咨询公司甚至下面挂了好几个商会。美国商会目前在海外有 114 家代表处，其中在中国有 6 家，分别设在北京、上海、天津、四川、广东、香港。除了在北京登记注册的中美贸易委员会以外，在中国开展活动的其他美国商会很多，主要集中在农贸、制造业、半导体行业、医疗器材等领域，但基本无登记注册。这些商会以不同的形式存在和运作。下面通过描述有重要影响的上海美国商会来管窥其运作情况。

目前，上海美国商会是美国在亚洲最大的商会，它成立于 1915 年，解放后退出中国，1987 年重新设立。现有会员约 3 600 家，其中有 1 500 多家是企业会员，其他为美国公司分公司会员、美国个人会员和慈善组织（这些会员不收会费）等。申请参会者必须是美国公司或在美国有分支机构以及与美国公司有业务往来的公司。会员自愿申请入会。目前，世界 500 强企业在上海投资的有 270 多家，其中 250 多家是上海美国商会的会员。上海美国商会的业务范围主要在长三角流域，在苏州、杭州都设有分会。其主要工作有：为会员企业介绍潜在客户；为行业量身定做各种研讨会；举办各种培训会议，帮助企业提高管理水平和商业技巧；通过办 *INSIGHT* 商会月刊搭建企业信息交流平台；此外，还为会员提供赴美签证、医疗保险、与中美两国政府沟通等多项服务。

上海美国商会现有工作人员 36 人，其中 6 人为美国人，其他均为中国员工。该商会下设 6 个部门：政府事务部、会员服务部、出版和发行部、业务拓展和市场部、会议组织部及财务和行政部。商会下设 22 个行业分会，其中包括：知识产权行业分会、公司法律顾问行业分会、人力资源行业分会、制造业行业分会、高科技行业分会和房地产行业分会等。

上海美国商会由会员选举产生的董事会来负责机构运作，董事会由上海会员选举出的 13 位董事组成。每年 11 月，上海美国商会都要进行董事会的选举。考虑到整体利益的代表性，在上海美国商会目前还没有注册的情况下，选举出的董事多为影响较大的大公司代表。为保证公正，上海美国商会出资委托第三方成立选举委员会并组织选举。选举委员会成员一共 11 人，有时具体人数由行政总裁来决定。他们可能是一些前上海美国商会主席、其他公司退休的经理或一些年轻的小公司负责人。因为影响小，小公司负责人没有机会做主席，但假如他们对此感兴趣，也可以进入选举委员会。上海美国商会办公室会做一些资料收搜集工作和制定规则，例如任期、任职资质、主席候选人以及其他候选人数量等。选票设计好之后，选举工作就交给选票收集与分析机构。

在结果出来之后，上海美国商会设一个选举网页，前主席在网上对整个组织整体情况进行总结，新主席则把工作计划放在网上。为了避免一年一换届对商会决策延续性产生的消极影响，上海美国商会一般把新、老主席的交接时间定在翌年的4月份。然后把财务报告也放在网上，只有会员企业能浏览。若个别会员对此特别关注可以直接找上海美国商会的行政总裁要求查账。商会每年都进行审计，并且内部审计由董事会决定。除此之外，还请独立的审计机构参与审计。

上海美国商会也从事很多企业公益活动或慈善活动，例如，2006年资助了野生动物保护协会等组织；在2007年4月份的慈善舞会上，会员公司将提供的产品拍卖所得费用用作慈善基金；10月份举办慈善高尔夫活动，所有的票务费用于支持基金会项目。上海美国商会有专门员工负责企业社会责任，每年在特定时段给二三十家地方非营利性组织发出邀标通知，再从社会责任委员会里选出会员公司经理或者由对公益感兴趣的人士组成评审小组来评标。此外，上海美国商会每年年底都举办慈善拍卖会。这个组织事先定一个主题，感兴趣者可以把捐赠物交给主持人进行拍卖，同时商会将这些非营利组性织介绍给会员公司，会员公司会通过选择接近其自身领域的一些项目来树立形象，从而将公司品牌和市场有机结合。上海美国商会并不直接介入企业的具体事务中来倡导或推行企业社会责任，而是引导企业通过公益项目来塑造自己。

• 德国商会

德国工商总会是德国80个地方工商会的联合组织，是德国最大的企业组织（见图3－12），会员企业达300万家。

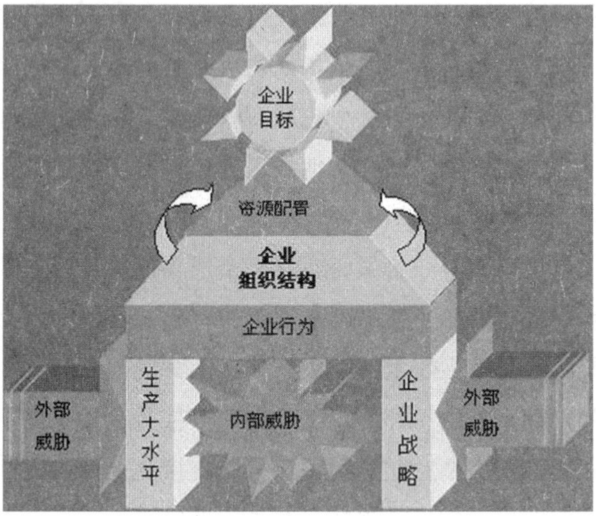

图 3－12　德国企业组织结构

德国工商总会属于德国商会全球网络。它在中国的网络组成主要包括北京代表处、上海代表处、广州代表处、青岛代表处、杭州代表处以及宁波代表处。它们代表了德国工商业在中国普遍的经济利益，与德国的政治团体、商业和其他组织也保持密切关系。据了解，中国德国商会会员数目增长很快。2006 年 12 月，上海区域的会员达到 900 个，占中国德国商会全国范围内 1 300 个会员中的绝大部分。增加的会员数量体现了未来扬子江流域对德国公司的重要性。2005 年，德国商会上海代表处就被认定为世界上最大的德国商会之一。目前，德国商会上海代表处有主席 1 人、副主席 1 人、执行主任 1 人、财务官 1 人、董事会成员 9 人。德国商会北京代表处有董事会成员 12 人，包括上海办事处的主席、副主席、财务官、执行主任。

德国工商总会通过地区办事处为德国企业提供广泛的服务，比如上海德国商会提供的服务包括以下内容：组织常规工作会议、圆桌会议、商会会议和特别活动，商会进行媒体宣传，提供会员名册和公司名册，给会员办理快捷签证项目，开展慈善项目和社区项目（外来孩童学校），建立互动网络。在经费支持上，各地德国商会的经费基本依靠德国工商总会和德国政府提供，个别地方也有少许服务收费。

• 韩国商会

据统计，中国境内共有25 000多家韩国企业，其中只有1/5是韩国商会的会员。韩国企业密集分布的区域主要在山东、长江三角洲以及东北等地。1993年，为促进在中国的韩国企业之间的经济信息交流，同时为保护会员公司在中国经营的相关权益，在大韩商工会议所的推动下，中国韩国商会在中国商务部登记成立，其业务主管机关是中国国际贸易促进委员会。中国韩国商会是韩国在本土以外设立的唯一一家商会。

除了北京韩国商会，其他地区的韩国商会都叫韩国人会。韩国人家庭观念比较传统，在华韩国商人子女的教育、家眷的娱乐交流等服务项目都由韩国商会提供。韩国官员认为，一些韩国人对韩国商会的运营、成立目的并不了解，他们更认同韩国人会。所以，绝大多数韩国商会和韩国人会是一个机构、两块牌子。韩国商会会长多担任当地韩国人会学校的校长。

目前，位于北京市的韩国商会，其工作人员只有8人，其中6名是中国朝鲜族。整个组织内部并不像上海美国商会那样分为多个部门来运作。每年12月各地韩国商会派代表到北京参加选举。选举产生的理事会负责管理韩国商会。理事会一般由1名会长、若干名副会长、1名监事、若干名顾问组成。会长任职一年，可以连选连任。在副会长下面设有专务局局长，由其负责商会的日常事务。2006年12月，为了进一步加强华东地区韩国商会间的沟通交流，“中国华东地区韩国商会”成立。该会章程中明确表示其目的是促进在华韩国商会/韩国人会的发展，作为由华东各个地区的韩国商会构成的总联合会，为促进韩中之间的交流、合作和发展作出贡献。联合会会长一年一选，可连选连任。如果华东地区某个地方的韩国商会会长当选华东地区联合会会长，则华东地区联合会的办公地点就设在该地区的韩国商会处。

按规定，一个国家只能注册一个商会，北京韩国商会凭借其地理优势而得以登记注册，其余在华韩国商会都游离于政府的监管之外，但这不等于说它们之间没有业务联系。如前所说，每年年底，各地韩国商会都会派人来北京选举北京韩国商会的会长。至于会费，北京韩国商会副会长告诉我们，原则上各地分会是要将会费交纳给北京这边，假如不交，也没有强制性措施迫使其交纳。上海的韩国商会一位专务局局长告诉我们，他们会给北京韩国商会交纳一部分会费，但在一些具体业务活动中，北京韩国商会也会给他们支援。我们的调查发现，除了北京韩国商会正式登记注册以及上海韩国商会等未能登记注册的两种形式之外，还有一种获得合法身份的形式，即青岛模式。在这种模式中，韩国投资企业分会挂在青岛市外商投资企业协会名下。前者成立于1992年1月4日，原名为“在中国山东省韩国投资企业协议会”，是由在中国青岛投资的韩国企业自发设立，1998年得到青岛市政府认可。其656个公司会员主要以制造业为主，也包括服务业、自营业和运输业等，这些会员分属11个地会。青岛韩国商会和青岛韩国投资企业分会是一个机构、两块牌子。韩国在青岛的企业既是青岛外商投资企业协会的会员，也是韩国商会的会员。在企业交纳的会费中，一部分是给青岛外商投资企业协会的会费，另一部分给下面的韩国商会。交会费给外商投资企业协会主要是为了得到政府机关的认可批准。这显然是青岛地方政府为吸引外资而采取的策略。

韩国商会的财务审计为内部审计，上海韩国商会也请从事审计业务的会员企业审计，审计结果一般在年底选举会长的大会上公布。

- 日本商工会

北京日本商工会已经登记注册。但日本商工会更多分布于上海、深圳、杭州、成都、昆明、厦门、无锡等地，彼此间没有隶属关系。日本商工俱乐部（法人）1982年就已经在上海开展活动，2004年得到上海政府的承认。上海商工俱乐部由1 300多家在上海的日本企业加盟组成，是迄今世界上最大的日系商工俱乐部，目前有专职员工10人。截至2007年9月底，该组织共有1 905家法人会员，若加上个人会员就超过2 000家。现在约有6 300家日本企业在上海投资，其中1 850家是日本商工俱乐部的会员。由于是法人会员，这些会员公司都是规模比较大的公司。

上海日本商工俱乐部是日本在上海登记注册的唯一一家国商会。该组织的负责人介绍：“我们的会员人数规模很庞大，但中国规定一个国家只能设立一个商会。所以，我们只能通过其他渠道来成立。我们是依据内资企业法成立的，因此也跟其他企业一样征税，跟营利性组织身份矛盾。这是法律不健全的结果。现在我们的业务主管单位是外经贸委，同时也接受上海市民政局社会团体管理局、市公安局出入境管理处的监督，每年的活动情况都要向他们汇报。”

上海日本商工俱乐部把会员企业按照行业类别分为电子、电机、机械金属、资源化学品、商社流通、金融保险、社会事业、服务行业等12个部会。另外，上海日本商工俱乐部还设立了10个地域联络会。地域联络会是按地域来划分的，所以在里面可以接触到不同行业的法人，如松江地域联络会，他们主要就松江的信息进行交流。一个法人既可以加入地域联络会也可以同时加入行业部会。日本商工俱乐部还有10个委员会，如文化委员会、财务委员会、社会贡献委员会等。

这个机构通过在领事馆网站和日本经济新闻进行招聘，在中国或海外的日本人接受面试成功后即可成为事务局长，任期3年，如果得到理事会的认可就可连任。理事长任期1年，从锁定的12家日本公司中选出。这12家公司主要限于金融保险、商务流通领域。理事和副理事都从各个部会里自动产生，每个部会有1名部会长和1名副部会长，部会长可升为理事，副部会长升为副理事，这些都由各部会自由讨论选举产生。

除了建立信息平台以外，上海日本商工俱乐部还举办讲座，给会员企业学习的机会，如：如何应对新出台的劳动法、怎样确定不同行业间员工的工资、如何处理工厂仓库剩余燃料等。讲座的地点往往都租用酒店的会议室，与此相关的费用都会由协助单位支付。很多企业通过资助此类活动来宣传自己的企业，俱乐部只需从毛遂自荐的企业中选出即可。另外，上海日本商工俱乐部还会举办一些慈善活动，如给上海残奥会捐款等。

从以上案例可以看出，美、日、德、韩四个国家在华商会中合法登记注册的极少，大量商会均未获得合法身份，这就给它正常开展活动带来麻烦。从治理方面看，外国商会一般具有治理结构较为完善、组织活动能力较强、追求企业社会责任、秉持为会员企业服务、对市场反应敏捷等特点。这些都对我国商会有所启示。从类型上来看，上述商会基本符合三种模式的划分，特色比较鲜明。

4. 外国商会运作对中国社会管理带来的挑战

外国商会的运作带来两方面的挑战，即外国商会面临的困境和中国政府的治理难题。我们把外国商会面临的问题总结如下：

第一，不论哪种模式的商会，只要是没有获得合法身份的外国商会组织开展活动就会面临诸多障碍。很多外国商会在对外交流、签署合同等方面面临较大困难。另外，一些外国商会的会员企业对商会的作用产生怀疑，原因是跟中国政府高层官员打交道比较困难，商会总部也觉得在中国的商会开展工作不力。正如上海一位外国商会负责人所说：“如果注册了，我们可以通过媒体进行更大的宣传，所以没有注册对我们是有损失的。会员对我们意见也很大，觉得作了这么多贡献，现在仍然名不正言不顺，最后连名都挂不上。总部也质疑我们的成绩。我们毕竟和高层有很多联络，但现在很尴尬，比如很多活动上海的高级官员就不会参加，因为我们是‘非法组织’，所以，我们很难起到联结中国和我国市场的纽带作用。”

第二，一国一会的注册原则给不同地区的外国商会之间的合作带来困难。对此，上海美商会的一位项目官员说：“尽管香港和北京的美商会是合法的，但我们存在很多年了，会员企业的规模也是亚洲最大的。若把北京的美国商会叫中国美商会，这不利于美商会之间的合作，其他几个美商会也有想法：明明大家都是独立的、平等的，凭什么我就不能叫中国美商会？这样就给各地美商会的合作带来困难。”北京日本商工会和上海日本商工俱乐部均登记注册，所以它们可以单独开展活动。北京和上海的韩国商会尽管有业务联系，但许多权责并不清晰。一些外国商会官员说：“中国目前处于社会转型期，要求稳定政策很难，但外国企业要求相对稳定的投资预期，这就产生了一定的矛盾。产生这些矛盾是因为中国很多法律是计划经济时代制定的，存在许多不清楚、不明白之处。另外，商会又需要稳定，一旦政策变化就要花很长时间来理解和调整。而且，中国现在的政策出台非常快，企业也很不明白为什么北京是一个政策，而上海又是另一个管理办法。”因此，在目前的法律条件下，不同地区的外国商会之间的合作很难实现。

第三，存在税收难题。中国税务部门要求登记注册的外国商会活动和印刷品都要交税，一些外国商会负责人表示不理解。一位负责人说道：“这是完全不懂商会的运作。这些活动和印刷品本来是弥补成本的，但这样一来，我们既不能搞活动也不能出版。这个信号是告诉外国商会要尽量少开展活动、出版之类的事情，但其结果是逼着商会提价。本来是希望商会促成业界交流，但这个导向却阻碍了业界交流。”

第四，注册难等因素导致许多外国商会以咨询公司的名义登记，这些商会有很强的营利动机，它们扰乱了商会非营利的取向，给中国政府的社会管理增加难度。比如，大量存在的一些国家的州代表处。现在外国商会在中国有两种州代表处。一种是体制内的，另一种是跟州政府有合作关系的。存在上述问题的是后一种情况。

据了解，跟州政府有合作关系的一般取决于它们之间的交易。比如，州政府的高层到中国要有落脚点，州代表处就有义务协助。另外，还要给到中国投资的州公司一两个小时的免费咨询等。如果州代表处盈利，则州政府有权利查账，因为二者是合作关系。如果盈利太多，那代表处可以拿走一部分，这取决于各州的规定。但这样一来，就大大损害了中国的利益。中国让这种公司以州代表处的名义进来，它们却打着非营利机构的旗号去从事营利活动，占用中国的市场，对中国本土企业造成危害。目前的政府官员没有考虑到这一点。

州代表处不属于领馆，它究竟是营利机构还是非营利机构？从筹资的角度看，它要有各个公司的支持，但这没有详细的界定，每个州情况都不同，在很多非营利的委员会下设很多营利部门。如果非营利，那么必须开放而不能垄断，而且不能从事营利活动，这就需要以咨询的机制来规范，但是这样和管理条例有没有冲突，作为一个公司能不能吸收会员，就是个问题。其实这些外国商会全部都是以咨询公司的名义登记注册的，而且有的用一个地址登记了不止一个公司。它们和州政府有个费率协议，即谁以州的名义在中国办公，这个州在中国所有的业务都是谁的，对于从州里面过来的公司，它只需要提供几个小时的免费咨询，这就是它们之间的合作关系。如果登记成咨询公司，按照国内的法律也无可厚非，现在就是钻了法律的漏洞。

而对于中国政府的官员来说，面临的问题又不尽相同，主要是以下几个方面的问题：

第一，大量未注册的外国商会的准合法化运作已成事实。若是外国商会都出现这种情况，以后我国政府对它们就很难监管了。若未来制定出来的法律和它们现在运行的机制出现矛盾，这些商会就会选择不注册，从而陷入两难境地。而中国政府有关部门的认识不清晰，采取不干涉、不登记的消极原则任其发展。当外国人视一国的法律为儿戏时，就会对整个法治建设产生消极影响。

第二，外国商会的非营利性界定标准缺失。现在中国的商会登记管理条例是针对以前的情况而设定的，以前的商会则多是政府职能的延伸，非营利性质显而易见。但现在的外国商会有其自身利益诉求，非营利性若不能界定，监管就会成为难题。

第三，税务等部门需要不断跟外国商会进行沟通，并采取个案处理的办法，这就需要大量精力。

第四，备案制虽然可以让政府了解外国商会的基本活动情况，也可以满足外国商会举办活动等需要，但备案制最大的问题就是运行过程中一旦出现问题，没有管理和处罚的法律效力。如果一个外国商会在中国登记，那么，这个国家在中国其他地区的商会则沦为二级组织，这不符合许多国家的商会传统。目前，上海民政局实行的以民非之名行商会之实、给个别外国商会登记注册的办法虽然稳妥，但没有推广的可能，实际操作层面上也有不便之处。比如，上海日本商工俱乐部就是采取民办非企业单位形式登记注册的。对此，它们要做两套文件，以民非之名做一套文件，实际上又要按商会要求再做一套章程，等到要交税时再进行申请优惠。然而，这一做法却遭受冷遇，一些外国商会对这种做法并不接纳。比如，上海美国商会的工作人员认为，我们坚持商会以社团名义登记注册，若是社团，会费收入可以免税；如果注册为民办非企业，就涉及交税的问题。毕竟，我们办公室整个运营的费用都来自于会费。而且，中国对非营利性组织的税法体制并不完善，如果以民非之名登记，就需要和财政部门不断交涉。其次，在组织结构上，民非和社团也有很大差别。还有，叫商会就是社团，而民办非企业条例规定只能叫中心、俱乐部。因此，即使登记注册为民非，我们还是不能用美国商会的名称，我们很难找到投机取巧的办法来运作。美国人就觉得做了这么久的品牌，结果注册了还不能用，这让他们无法接受。可见，若不能及时对外国商会提出具体的管理、服务措施，日后相关的纠纷会越来越多。

5. 完善我国外国商会管理的政策建议

根据以上研究，我们呼吁政府要高度重视外国商会的发展。现在国家对外国公益性组织的活动较为关注，而对互益性经济类商会采取避重就轻的态度，这样长期下去会不利于社会的稳定。因此，我们提出以下几点建议：

第一，实行登记注册制度。对于符合条件的可以在相关部门登记注册。

第二，实行活动报告制度和财务审计制度。登记注册的外国商会应该向业务主管单位和登记管理机关定期汇报其活动情况，并对其进行财务审计。

第三，不能指望靠一部法规就能解决外国商会的所有问题。跟境外在华公益性组织相比，我们主张先从外国商会抓起。前者更为复杂，后者组织目标相对单纯一些。而在外国商会里，综合商会代表的行业很多，力量很强大，容易给一国经济政策带来极大的压力，因此，建议从综合商会抓起，其次才是专业性商会。现在迫切需要做的工作是修订完善《外国商会管理暂行规定》。

第四，一国一会的原则本来是要加强监管，但多年来的实践说明这个原则并不符合实际情况。许多外国商会在地方层面的活动，中央直接涉入地方事务的管理方式不可行，所以属地化管理较为理想。另外，商会一般活动的地区是经济发达地带，外国商会主要集中在华东、华南、华北、东北，对它们的管理要比在中西部农村活动的境外公益性组织的管理相对容易。因此，我们建议，实行两级管理体制。对那些在一个省/自治区/直辖市范围之内活动的外国商会可以在省一级实行属地管理。登记管理机关为民政厅，业务主管单位指定为商务部厅，这样就大大降低了办事、出事后相互推诿的可能性。还可以联合税务、海关、公安等部门成立联席会议制度，共同合作。跨省/自治区/直辖市活动的外国商会归民政部的商务部管理。

第五，参照别国相关立法以及中国公民和企业在对方国家的待遇，针对不同模式的外国商会特征制定对等的灵活政策。

（二）商会建设存在的问题与对策[①]

近年来随着社会主义市场经济体制的建立和完善，尤其是国有企业改革的深化和生产要素市场的发展，各种市场要素应运而生，商会就是其中之一。商会是市场经济条件下实现资源优化配置不可或缺的重要环节，是实现政府与商人、商人与商人、商人与社会之间相互联系的重要纽带。从现实情况来看，我国商会的发展滞后于市场经济的发展，还不能完全适应市场的需要，商会发展尚处于初级阶段。与社会主义市场经济的需要相比，商会建设与发展还存在许多问题。主要表现在以下两个方面：

第一，商会发展不平衡。一方面，各地商会发展不平衡。我国商会的发展在政策层面上有较好的保障，政策的出台促使各地商会得到较快发展。但由于各地落实政策的情况不一，非公有制经济发展的情况不同，商会发展也有差异。另一方面，行业商会和异地商会发展不平衡，异地商会发展迅速，而行业商会发展相对较慢，还有许多行业没有组织起来成立行业商会组织，尤其是新兴的产业领域与高科技产业领域中成立的行业商会较少。异地商会之所以发展迅速，主要是因为各地企业家以乡情为纽带，容易组织和团结在一起；各地政府为招商引资，更加重视和支持成立异地商会。

第二，行业商会发展较慢。行业领军人物较少，缺少组建商会的带头人；受“同行是冤家”思想观念的影响，企业对成立行业商会的积极性不高，有的甚至不愿意参加行业商会组织；“一业一会”等规定制约了行业商会的发展。

1. 商会自身建设存在的问题

商会自身建设存在的问题主要有以下几个方面：

首先，一些商会会长缺乏管理经验，不会管和不善于管理商会的问题比较突出，因而只注重发展会员，忽视对会员的管理。

其次，有的商会领导班子不团结，领导班子之间合作不多，集体凝聚力不强。

---

① 参考《中华工商时报》。

再次，商会开展活动少，为会员企业服务少。有的商会长期不开展活动，缺少为会员企业服务的平台和手段，在会员企业中失去威信与影响力。

最后，会员队伍建设不够。

各地对商会的管理比较混乱。目前，对商会的管理可谓五花八门，有的地方由发改委管理、有的地方由经济协作办公室管理、有的地方由工信委管理、有的地方是工商联管理等，还有的地方是几个部门争着管理，导致商会无所适从，不知道该听谁的。总之，各地对商会的管理比较混乱，这不利于商会的建设与发展，也影响了商会作用的发挥。那么，如何发挥好商会的作用呢？

2. 发挥商会作用的对策

以下是发挥商会作用的几条对策：

第一，转变观念，提高认识。

党委、政府必须改变商会是民间组织、可有可无的思想认识，应充分认识商会在本地经济社会生活中的地位和作用，并大力支持商会建设，采取有力措施促进商会发展。因为商会在经济发展中既发挥着政府与企业之间的桥梁纽带作用，又有着政府和企业所无法替代的特殊地位和优势，可以弥补政府职能的不足，发挥企业代表的组织优势，在经济社会发展中有着不可或缺的作用。所以，一定要注重发挥商会在促进本地经济社会发展中的重要作用。

第二，落实政策，营造环境。

一是完善扶持政策。党委、政府要进一步加大对促进非公有制经济（见图 3－13）与商会发展的相关政策的落实力度。一方面要制定相应的措施与办法贯彻落实有关政策，另一方面要督促协调有关部门严格落实政策，为商会发展营造宽松的政策环境，消除政策障碍。

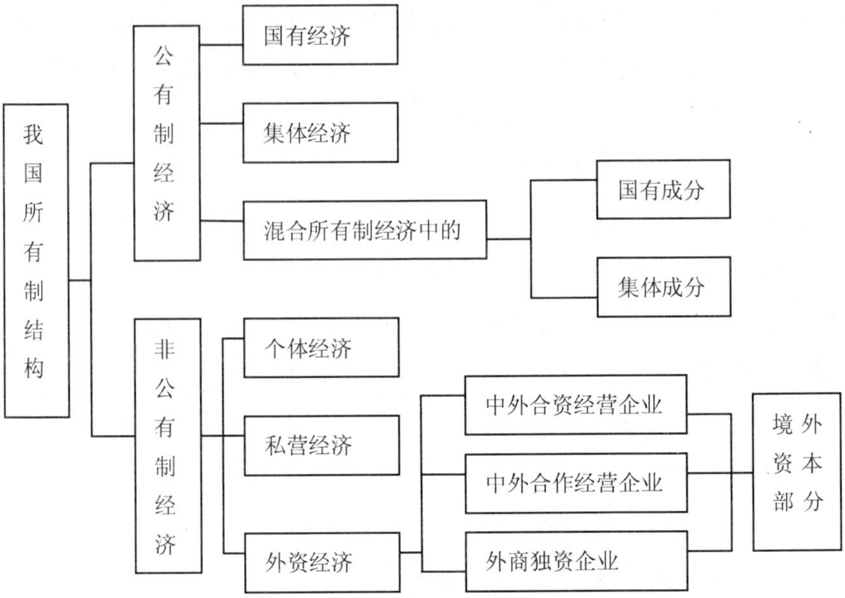

图 3－13　我国所有制结构

二是营造良好的氛围。主要是加强对商会性质、地位、作用的宣传，为商会发展营造良好的舆论环境。重视挖掘、树立和宣扬先进典型，提高商会的知名度和社会认同感。积极开展商会问题研究活动，举办专题研讨会、报告会，编辑出版商会发展报告，逐步提高商会的社会影响。

三是加强商会建设。各级工商联自身也要注重加强商会建设。既要加大组建商会的力度，又要按照有关规定管理好商会，使商会规范运作，更要发挥商会在促进经济社会发展中的作用，以此争取党委政府的重视与支持。

第三，加强建设，完善组织。

一是提升行业影响力。以优质的服务不断吸纳新会员企业，扩充新力量，扩大商会行业覆盖面，全面提升商会行业影响力与代表性，努力打造一批在国内外有广泛影响力的商会知名品牌。

二是提高行业公信力。积极开展商会行业诚信自律活动，建立商会行业信用服务机制，增强会员企业约束力，提高商会行业公信力。

三是完善内部治理机制（见图 3－14）。加强制度化建设，严格按照商会章程，建立健全商会内部治理制度，形成规范有序的运作机制，使商会运作有制度可依，有章程可循。

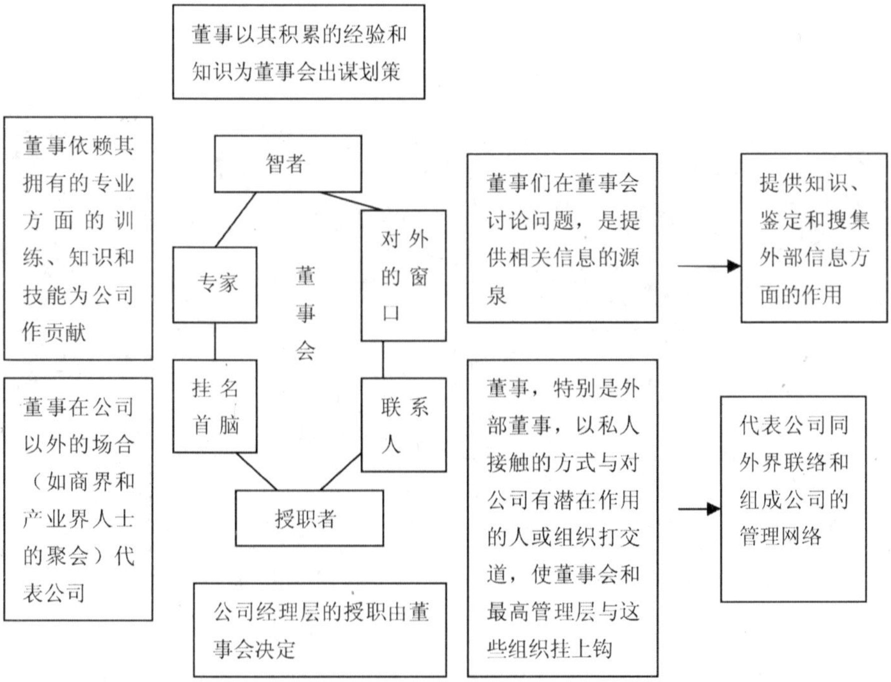

图 3－14　内部治理机制

四是加强商会班子培训，提高商会会长和领导班子的综合素质与管理能力。制定培训规划，有计划地对商会班子进行培训，通过组织不同形式的培训，增强综合素质，提高其管理商会的能力。

第四，建立机制，发挥作用。

一是建立委托授权机制。依法赋予商会行规行约制定权利，行内企业资质认定及等级评定权利，专业技术职称、执业资格评定权利，行检行评等方面的权利。对此，可选择一些行业代表性强、运作较规范的商会作试点，取得经验后再逐步推广，稳步推进。

二是建立沟通协调机制。可建立政府和商会、企业联席会议制度，加强政府对商会的指导，加强信息沟通，做好政府、商会、企业之间的沟通协调工作。

三是建立“走出去”交流和合作机制（见图 3－15）。拓展国际国内市场，组织会员企业进行经贸考察，加强民间对外交往，为会员企业提供商机。

图 3－15　商会建立合作机制

四是建立监督指导机制。政府相关部门应指导商会制定完善的行规行约，报登记管理部门备案并公布，接受社会监督，支持商会对违规会员企业进行处罚，树立商会权威，规范会员企业的生产与经营行为。

五是建立考评奖励机制。对目标责任进行考评，制定考评细则，对商会的工作业绩进行年度考核。对于诚信守法、自律严格、作用突出、社会公认的商会及其会长、秘书长，可给予适当形式的表扬与奖励。

六是建立服务机制。为会员企业提供经济技术、信息、法律等方面的服务。

第五，加强领导，理顺关系。

一是加强组织领导。党委、政府要切实把商会工作列入重要议事日程，加强领导，掌握政策，正确引导商会规范运作，健康发展，并结合本地区，研究并制定出促进商会发展的具体方案与措施。

二是加强分类指导。因地制宜推进各类商会的合理布局，有重点地在支柱产业中组建一批在国内外具有较强代表性与影响力的商会。

三是借鉴国外商会管理经验（见图 3－16），对商会进行统一管理。

图 3－16　借鉴国外商会

四是积极探索党对商会领导的新途径。在商会中成立党的组织，加强党对商会的领导，探索“党委政府领导、部门指导、民间办会、依法活动”，具有中国特色的商会建设新路子。

（三）商会治理模式创新

广东省第十一次党代表大会（党代会）要求在党的领导下，适应市场经济条件，创新社会治理模式。要求改变政府包揽社会治理的传统模式，政府应该创造各种方式，积极扶持商会等社会组织的发展，逐步形成“小政府、大社会”的治理模式。

2011 年被称为中国社会管理创新元年，因为加强社会建设、创新社会管理在这一年被提到了前所未有的高度。胡锦涛总书记对创新社会管理提出的总要求就是“最大限度激发社会活力、最大限度增加和谐因素、最大限度减少不和谐因素”。[①]

① 参见《胡锦涛总书记 2011 年 2 月 19 日在中央党校省部级主要领导干部社会管理及其创新专题研讨班开班式上的讲话》。

广东作为改革开放的前沿阵地，在快速发展的同时也遇到社会层面的种种难题，这就使得新一轮的改革与创新势在必行。2011 年，广东省委十届八次全会提出的“加快转型升级、建设幸福广东”拉开了加强社会建设、创新社会管理的大幕。2012 年，决策层力撑广东社会管理创新，社会管理创新。汪洋书记要求从群众最关心、最直接、最现实的利益问题入手，进一步加强社会建设实践探索，形成有广东特色的社会管理体系。对此，全省上下降低社会组织登记门槛，包括商会、协会的登记门槛，可不再需要挂靠主管单位，直接向民政部门申请成立。政府通过这样一系列方式，大力培养、发展和规范管理商会、协会等社会组织，加大政府职能转移力度，不断适应社会形势，不断创新治理模式，让居民，让商会、协会等社会组织发挥参与社会管理的积极作用，这是现实的迫切需要，也有助于释放民间的创富活力，促进市场经济发展，最终形成“小政府、大社会”的治理模式。

形成“小政府、大社会”的治理模式，政府与商会、协会等社会组织才能各归其位、各尽其能。然而这不是一个很容易实现的过程。这需要各级政府部门从多年来形成的惯性思维中改变过来、从日益繁重的社会管理任务面前解放出来。只有这样，社会组织才能稳妥地合法地释放出优势，才能焕发出活力，才能形成制度合力。

二、商会组织治理的新分析框架及其应用

随着经济社会的快速发展和市场化改革的日益深入，各种商会在我国的市场上逐步风起云涌，商会在市场活动中起着日益重要的作用。商会是一种重要的非营利性的组织，目前中国的商会处于发展的初级阶段，随着各类民间商会组织的兴起以及商会内部会员的多样化，中国的商会组织逐步暴露出各种亟待解决的问题，商会组织治理急需跟紧时代的步伐，推陈出新，不断更新治理方式。

商会组织治理是商会在跟企业、政府的长期互动中，界定自身的性质和相互间关系，并据此不断完善自身治理结构的动态演进过程。行业企业对行业集体利益的维护与追求是商会治理结构不断发展完善的根本动力，

而商会只有不断增强提供俱乐部产品的能力并积极参与公共事务治理，才能获得企业与政府的持续支持。就其内容而言，商会组织治理的演进是一个制度化过程。在目前我国的商会发展中，迫切需要加强商会组织建设，建立健全商会治理结构，其具体路径在于超越精英治理模式，构建可持续发展机制，逐步提升社会资本，建立外部退出机制。

近年来，加强商会组织建设、建立健全商会治理结构这一议题不仅在党和政府有关行业组织发展的决议与政策中多次出现，而且正日益引起不同专业领域学者的共同关注。从学科和方法论角度来看，当前国内学界对商会组织治理问题的研究大致呈现两种取向：经济学、管理学与法学途径，侧重于研究商会作为一种互益性非营利性组织或法人的治理结构；政治学和社会学途径，基于国家与社会关系的理论框架，侧重于研究商会作为一种公民社会组织，在参与公共事务治理的过程中与政府、企业等其他治理主体的互动关系。相应的，前者倾向于通过对正式制度的理性设计，构建商会治理结构的最优或合法模式；后者则关注商会治理的动态过程，寻求商会与其他治理主体间实现良性互动的条件和因素。

（一）我国商会组织治理的现状分析

首先，我国的商会组织协会面临着政会不分以及转型艰难的困境。我国有许多的商会组织均是在政府的资金以及优惠政策的扶持之下建立起来的，资金来源上依靠政府，许多商会名义上是民主式、公平化的，但实际上有许多重要的领导位置依旧是由政府部门把关的，这使得商会的目的严重偏向于政府的喜好，无法使广大商会成员的正当利益最大化，商会组织不能从企业的需求考虑出发，从而使商会的存在意义失去了最重要最根本性的支柱。还有，商会在政府的体制性思维意识的控制下，功能逐渐退化，治理机制日渐运营不灵。同时由于我国的一些商会并不是在企业的自愿原则下成立的，而是带有一定的官方意识，因此形成了官方式的商会和民间商会组织的两极分化，并在激烈的竞争中两败俱伤。

其次，我国商会组织相关的法律法规不够健全，使得商会不能在一个健康的法律体系支持下健康运行。如有的商会没有按照章程规定召开相关会议，甚至连换届工作也拖拉贻误，会费收取、财务管理等方面不够规范，尚未形成自律机制和监督机制。迄今为止，我国在商会方面的法律并没有一个全面的定位，除了我国在1998年发布的《社团登记管理条例》外，我国没有其他的一些明确的法律对商会的性质、职能以及功能等方面有确切的规定。在此情况下，我国商会的运营步履维艰，严重影响到了我国商会职能有效的发挥，损害了诸多商会会员应得的利益。

再次，我国商会自身的基础设施建设薄弱。任何组织的发展均少不了财力和人力资源的支持，我国商会组织的资金来源于商会会员、企业以及政府，由于会员之间财力的不均衡，商会为增强基础设备建设却受到会费提升限制的影响。有些会员会因为会员设备的公共性的特征而出现“搭便车”（见图3－17）的现象，甚至有些会员由于对商会失去了信心，因而长时间地拖欠会费，此类不良情况的屡次出现不利于商会公共基础设施的建设，使得商会的正常运作受到了恶性循环的严重影响，阻碍了商会潜在功能的充分挖掘发挥。

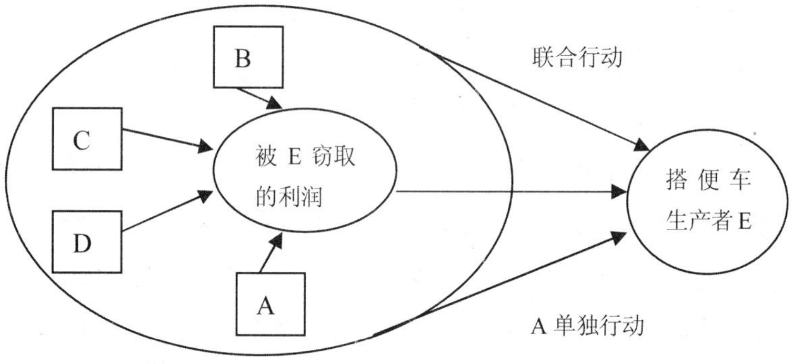

图3－17　搭便车

最后，我国商会协调机制、服务意识和服务手段缺失。在我国大多数商会中，由于商会资金的限制和商会管理人才的缺乏，我国的商会活动方式缺乏多样性。同时由于一些商会经济性的活动过于表面化加上娱乐性过强，商会严重缺乏一些全方位的经济联系和会员之间经济合作的服务，因此，我国的商会不能再在自力更生中生生不息。

（二）商会组织治理和治理结构

1. 商会组织治理和治理结构

商会会员组织，中文简称为商会或者商会组织，商会组织的主要作用是促进商会成员与相关市场商业的不断健康成长繁荣。商会的组织结构是指商会成员之间为了实现整体的组织目标，根据具体的情况通过民主选举的形式形成的一种商会管理工作中各成员之间在职责和权力方面分工协作的结构体系。商会的组织结构特征在一定程度上决定了商会的所有权、控制权以及各种职责职能的所属关系，而在实践中由于各个方面的制约，需要形成一个有效的商会治理结构。

20 世纪 90 年代早期兴起的治理理论被誉为公共管理领域最核心的发展理论之一，但治理理论的流行也导致了概念的纷繁与语义混乱。罗伯特·罗茨认为治理至少有 6 种不同定义：作为最小国家的管理活动的治理、作为公司管理的治理、作为新公共管理的治理、作为善治的治理、作为社会—控制体系的治理、作为自组织网络的治理。就行业组织治理而言，主要涉及其中的第二、第五种治理定义：作为公司管理的治理与作为社会—制体系的治理。前者尽管在近年来也关注利益相关者、社会责任等组织外部问题，但核心问题在于如何通过制度规范组织内部的权力配置，即内部治理结构问题；后者则倾向于将组织视为一个有机整体，研究组织与其外部因素协调的互动过程，即组织外部治理问题。

内、外治理这两种理论可合称为组织治理。组织治理一方面包含内部治理结构，另一方面还强调和组织外部因素协调的互动过程。治理结构是组织治理中较为静态的部分，它对环境因素的变化较不敏感，通过制度化的方式保存组织治理过程中形成的权力安排，发挥着组织治理的稳定作用。组织治理则要不断应对利益相关者、其他治理主体、环境因素与资源约束的变化，具有治理结构所不能包含的动态过程，外部环境通过组织治理的变化最终影响到组织内部治理结构。治理结构既是制度设计的产物，也是适应组织环境变化的结果。

2. 商会的性质

商会是指有独立的经营单位、事业单位或者是有一些用相似产业或者有相关商业目的的自由企业家、商人等在遵守法律的前提下自愿组成的非营利性组织，以满足商会成员的公共利益。从某种意义上来讲，商会是一种社会团体组织法人。

组织性质对其治理结构具有决定性影响。已有研究多注重商会的自身性质如组织目的、产权、法律地位等对治理结构的影响，而事实上，商会的有些性质只有在跟其他组织的互动中才表现出来，如角色定位、职责功能等，这些性质也会影响其治理结构。

作为治理主体，商会属于互益性非营利性组织。商会区别于营利性组织与公益性非营利性组织之处在于：商会一般采取会员制，具有一定的封闭性，会员身份的取得受到行业、会员资质以及其他条件的限定。会员在参与商会事务时的地位是平等的，它们不像在公司里那样，遵循“资本多数决定”原则，按照股份多少确定股东的权利。会员即使缴付了更多会费或捐款，也不能就此主张其权利大于其他会员的权利。会长、理事的权力是通过选举、由全体会员多数同意而获得的，而他们的权利依然和其他会员一样是平等的。互益性非营利性组织的设立是为了保护会员的集体利益，这种集体利益对非会员具有排他性。

对商会作为一种治理主体性质的界定，预设了商会是一个封闭的自在主体。在此前提下，我们来研究商会非营利性与互益性对同样具有封闭性的商会内部治理结构的影响。但商会组织治理不只是内部治理结构，它还具有更多开放、动态的内容，如跟利益相关者的互动等。因此，有必要拓展对商会性质界定的范围，以发现更多影响商会组织治理的因素。

假如从商会与企业之间的关系来定义商会，商会就是生产同类产品的企业为了克服负的外部性、获取正的外部性的一种俱乐部式的制度安排，或是一个外部性内部化的俱乐部组织。从政府的角度来看，商会主要是基于信息不对称基础上的委托代理机制。相比之下，已有的商会组织治理研究对商会与利益相关者关系的研究进展缓慢。

3. 商会组织治理的影响因素

商会的性质对商会治理结构产生重要影响，而治理结构只是商会组织治理中静态、封闭和内部制度化了的部分。因此，影响商会组织治理的因素主要有以下几点：

（1）组织规模。不言而喻，商会治理结构必须与其发展规模相匹配。作为一种组织，商会需要动员起足够的资源——人力资源、财物资源，而这些资源的贡献者需要获得激励。奥尔森将组织规模纳入对组织贡献和激励平衡关系的考察中，他的集体行动理论暗示，当一个组织规模足够小时，少数精英成员的自发行动就可能实现集体目标；只有当组织规模较大时，才需要有一套复杂、正式的治理结构，以确保“选择性激励机制”，即奖励贡献者、处罚“搭便车”者，从而实现集体目标。

（2）社会资本。社会资本是有利于个人和组织达成集体行动的可用资源。有关专家指出，造成集体行动困境的关键在于缺乏“选择性激励”机制。此后的一些研究表明，充足的社会资本有利于生成这种机制，进而克服集体行动的困境。社会资本概念可以解释为何商会在发展初期，在缺乏正式制度规范的情况下，它可以成为约束成员行为、协调与政府关系的一种组织资源。而随着商会的发展，会员之间的社会资本部分地被正式的治理结构与规则所内化或取代，商会与政府、企业之间的社会资本则随着互动关系而发生变化。

（3）资金结构。商会中的运营资金来源各异，其中主要有会员的捐赠和政府的补助以及规模运用，它们均对商会的健康运营起着不容忽略的作用，同时对整个商会的组织性质产生重要的影响。

（4）产出结构。商会的产出结构在一定程度上也影响着商会的组织治理。商会履行的职能和提供的服务按照其产品性质可分为两类，即公共产品和俱乐部产品，公共产品是具有非排他性和非竞争性特征的产品，俱乐部产品是在消费上具有非竞争性，但是可以轻易做到排他性的产品。商会同时提供这两类产品，而不是单纯的公共产品或单纯的俱乐部产品，正是这一特征使其相对于政府或企业，能以较低乃至最低的总交易成本实现其职能。会员加入商会是为了获得非会员不能享有的俱乐部产品，而政府向商会提供财政支持、行政许可或政治支持则是为了让商会代为履行某些职能和服务，这些服务往往带有公共产品的性质。商会在组织治理中必须协调好两种产品的提供比例，从而在政府和企业之间都能够获得足够支持。

4. 新的分析框架

商会首先是行业企业为寻求共同的集体目标，自发形成的一种“俱乐部式”组织。商会运用从会员企业那里获取的财物与人力资源，提供各种俱乐部产品，维护与实现行业企业的共同利益，因此属于互益性非营利性组织。同时，商会又是接受政府委托，履行某些行业管理职能的代理人。如果商会接受政府的经费资助，就要提供其所要求的某些服务，这些服务往往具有公共产品性质，这样商会就不再是纯粹的互益性非营利性组织，而具有一定公共性。商会的治理结构随着商会发展、组织规模扩大而趋于复杂化。在商会成立初期，精英式的领导人、小集团的一致行动和基于人际间社会资本的非正式制度和关系性契约成为组织治理的主要方式。而随着商会发展，此种治理方式将日益朝着制度化、正式化方向转变。

（1）商会组织治理。商会组织治理是指商会成员之间、企业以及政府之间在长期的良性互动中形成的一种民主自治管理关系框架，并在这个框架的健康运营下不断地完善整个商会的功能，并使成员得到应得的激励利益，一个良性的企业与政府之间的组织治理模式急需构建。

商会组织治理的具体框架模式总体上表现为行业企业—会员企业—商会—政府，就前三者的关系而言，商会从会员企业那里获得了会员、企业捐赠以及企业的项目资金，反过来，也通过各类社会关系资本的集合为会员企业提供一系列的俱乐部式产品，从而使行业企业的正当利益得到有效的维护与服务增值。

同时，由于商会组织是在政府的政策和财政拨款、补贴、政府的项目资金的扶持下成立的，政府和商会之间由于其在商会资金结构上的关系而形成一种委托—代理关系，这样当然少不了政府的监督和为政府提高相应的具有公共产品性质的服务，从而使商会组织在一定程度上具有公共性的性质。随着商会组织结构的复杂化和组织规模的逐步扩大，商会的治理方式也日益紧跟时代的潮流走向制度化，甚至呈现出走向市场化的趋势。

（2）商会治理结构。商会治理结构是商会按照互益性非营利性组织的方式使用自身经费，包括会费、企业捐赠和项目资金。其中，会员企业通过会员大会选举产生理事会，并将资金的控制权委托给理事会，同时保留所有权。会员基于所有权中的剩余控制权，具有对理事会的监督权，可以委托监事会代为行使；会员基于所有权中的剩余索取权成为这笔资金的受益人，有权享有商会提供的各种服务。同时，商会按照“公益产权”方式使用来自政府的经费，包括政府财政拨款和补贴、政府项目资金。政府将资金的控制权委托给商会，并将所有权中的剩余索取权移交给社会公众或者特定的某类群体，只保留部分的剩余控制权，即委托权，有权对商会进行监督，主要包括财务审计和行政监管。由于政府的资金来自于纳税人，因此社会公众也拥有对获得政府资助的商会的监督权。社会公众或不特定的某类群体有权享用商会提供的公共产品或服务，但保留了一些委托权以及对商会的财政和行政监督权。

以上商会组织治理和治理结构的“理想类型”，并非要以一套人工设计的制度安排植入到现实的商会组织中去，而只是为了提供一个理论分析框架，以解释各种动态因素怎样持续地影响着商会治理，并促使其朝理性化方向逐步演进。

（三）组织能力模块化与组织边界商会组织治理新分析框架在我国的应用

根据我国商会组织治理的新分析框架，根据行业企业、会员和政府之间的良性互动模式以及商会内部的各种因素，并结合商会组织目前所存在的各种突出的问题，可以通过以下几种途径使得我国的商会组织治理得到有效的提高：

一是要通过立法的形式健全我国商会的法律法规，同时建立一个有效的监督机制。我国应该根据社会的需求尽快出台针对商会性质、职能等活动的相关法律法规，完善商会内部治理机制，使我国商会的健康运行有一个安全可靠的政治法律环境，让商会有一个明确的法律地位，使我国的商会在经济社会上有一定的权威性与影响力，并使其得到政府以及企业和商会会员的重视。另外，政府应该放宽商会成立的条件，放低门槛，并建立一个有效的商会组织治理的监督机制，及时把握好商会的运行状况，引导商会走上健康的发展之路。

二是通过调整商会内部的人事制度和财务制度，保证商会的基础设施建设能得到可靠的资金来源。商会管理需要人才的支撑，因此应在不同的时段对商会内部的会员进行不定期的有针对性的培训；会员应积极参与商会各个方面的制度性建设，加强与社会其他组织或个人的合作联系，从而从整体上提高我国商会组织的综合素质。在组织结构上，可以建立一些跨行业的商会联合会，对商会实行统一分类的信息管理，从而集合资金，健全商会的财务制度，综合管理会费，减少人力与物力的浪费，使商会的基础设施有充足的资金支持，并能得到最大化的利用。

三是加强我国商会组织的协调能力和服务功能，构建一个可持续的商会发展机制。商会能否长久地发展下去，关键在于商会服务功能能否优化，因此商会应该在明确企业与政府之间的角色定位的前提下，平衡好商会提供的俱乐部产品以及公共服务产品的供给比例，强化对会员的服务功能，给会员有效的吸引或者激励机制，从而保证会员对商会的忠诚度。另外，商会可采取理事共同出资经营，然后把部分的利润捐赠给商会的策略，从而使商会有足够的资金支撑逐步完善商会的服务功能，进而构建一个可持续的商会发展机制。

四是外部退出机制的建立使我国商会在不断推陈出新的变革中生生不息。要知道，世界上任何事物都是发展变化的，凝固、僵死、一成不变的东西根本就不存在，商会也是。在商会的不同发展阶段，商会对会员企业的要求会有所变化，同时随着时间的变化商会会员无论在资本上还是在能力上都开始参差不齐，这就需要商会在不同的时段对商会会员进行淘汰式的外部退出机制，把那些绩效狂跌的无发展潜力的会员企业淘汰。其次，对于一些在整体上处于瘫痪状态的商会也应该实行商会整体淘汰出局的规则，从而使商会得到有效的治理。

五是逐步引入精英商会治理模式，加强对民间商会的引导和培育。商会精英治理模式在商会成立初期的表现尤为明显，然而随着商会的逐步普及，怎样超越精英治理模式成为当务之急。我们应该从制度上对商会管理者的行为进行重新定位定性，加强对商会管理参与人员的法律监督与行政监督，还可引入一些专业的第三方监督机构，使商会管理摆脱精英控制的束缚，加强对民间商会管理，放松对民间商会成立在行政方面的管制，破除一些制度上的障碍，使民间商会能在公平的社会公共环境下健康成长。

三、民间商会与地方治理

“治理”已经成为社会科学研究中一个热门话题，地方治理作为治理理论的一个分支，它以充分发挥社会多元主体的作用作为研究重点之一。对于民间商会与政府的互动方式和具体途径的探讨，不仅为地方治理的研究提供了新的视角，也为改善地方政府的治理提供了经验。

无论是在民族国家内部还是在国际社会中，非政府组织或公民社会组织都以惊人的速度蓬勃兴起，已在各国形成一个与政府部门、私营企业部门相并立的“第三部门”。第三部门研究的权威学者赛拉蒙教授称之为一场全球性的“结社革命”。这些非政府组织不仅深刻改变了发达资本主义世界，促进了社会的多元化、民主化发展，而且在很大程度上推动了治理理论的形成。“治理”成为社会科学研究中一个引人注目的分析概念，地方治理作为治理理论的一个分支，遂成为讨论公共事务的一种新的分析框架。作为地方治理的一支力量，民间商会的发展，既是市场经济发展的需要，也是政府职能转变的需要。它的发展反映了政府、市场与社会之间深刻的结构性变迁，涉及政府权力、市场边界和社会自治的多重关系调整。

（一）治理与地方治理的兴起

20 世纪 70、80 年代以来，由英国启其端绪，西方各国的公共行政一直处在改革之中，并在理论和实践两个层次上均表现出了相当大的共性：70 年代，其主要问题是重新界定政府与市场的关系，提倡公共服务的民营化、市场化；80 年代，普遍关注科层组织运行机制的有效性，提出了“重塑政府”的口号；进入 90 年代后，则重新探索国家和社会公共事务的管理模式，打出了“善治”的旗帜。“治理”问题逐渐引发世人的关注，它的兴起是在全球化、市场化和分权化的背景下展开的，同时也是对 20 世纪 70、80 年代社会科学领域的某些范式危机的回应。

在 20 世纪 70 年代晚期，国家的生存环境发生了根本变化。首先，全球化促进了经济世界的变革：信息技术加速了生产要素的流通，发达的通讯和交通销蚀了市场的边界，生产和金融的国际化成为不可阻拦的趋势。

这种新的经济关系改变了国家经济政策可能展开的范围。其次，全球化中成长起来的跨国组织和国际组织无时不在积极谋求影响主权国家的职能。最后，国家还要跟他国协同解决全球化带来的一系列问题，最典型的如环境、单一国家税收、移民与公民身份等问题。全球化在要求国家权力向超国家机构让渡的同时，也突出了地方分权的趋势。在世界大部分地区都不同程度地存在政治、行政以及财政权力从国家层次向亚国家层次的转移。相应的，20 世纪 80 年代以后，在西方发达国家出现了方兴未艾的地方治理的变革。比如，面对国家限制对地方拨款的压力，地方政府开始“努力使自己的日常管理更加企业化，从而更有效地使用财政资源”。总之，20 世纪 80 年代开始，地方政府面对的是一种分权与政府形式更加多样化的趋向。

全球化、市场化、地方化激化了福利国家的危机，不断增加的社会需要使政府已到了入不敷出的境地，财政赤字高悬，国家提供福利导致了资源浪费与低效率，福利制度没有减少贫困，反而降低了一国经济的国际竞争力。基于“福利危机”的出现，新右派自然要提出福利回缩计划，但一味地追求社会开支的减少并不是解决之道。20 世纪 80 年代以来，以提高国家能力、适应新的全球市场、解决中央政府的财政问题为口号的国家私有化改革尽管一度缓解了福利危机，促进了经济发展，但也付出了沉重代价。突出的表现之一是新自由主义政策造成了最为不平等的增长，而由国家控制的企业数量的减少也使国家很难实现充分就业的传统福利目标，此时，在国家主义和自由主义之间的治理理论成为“第三条道路”，试图通过调整公共权力的结构与运行机制，满足经济增长新形式的需要，避免政治合法性危机，为国家的未来指明道路。

20 世纪七八十年代，许多学科领域的原有范式越来越难以解释与描述现实世界，这跟现实的环境变化与社会危机相对应，治理理论的兴起正是对社会科学出现的某些范式危机的回应。长期以来，许多学科研究陷入了过度简单化的二分法，如经济学中的市场对等级制、政治学中的私人对公共、国际关系中的无政府对主权等。近年来，学界对这种拘泥于二元对立的世界观批评迭起，在公共行政学领域，公私部门泾渭分明的传统观念已经不能很好地处理公共事务。由于国家—社会—市场之间的关系发生变化，随之出现的一系列新情况、新问题不再能够简单地借助于国家计划或市场方式寻求解决，有些相互依存形式也不适于以市场机制或自上而下发号施令的方式进行协调。这样，从许多问题的解决中，人们重新认识到自组织治理是一种最自然的协调方式，对治理机制的研究也随之兴起。兴起的治理理论呈现出了多层次的治理内涵，如公司治理（见图3－18）、国家治理、跨国跨地区治理和全球治理等，其中从政府治理结构的角度出发，最为引人关注的且与全球治理相对应的就是地方治理。

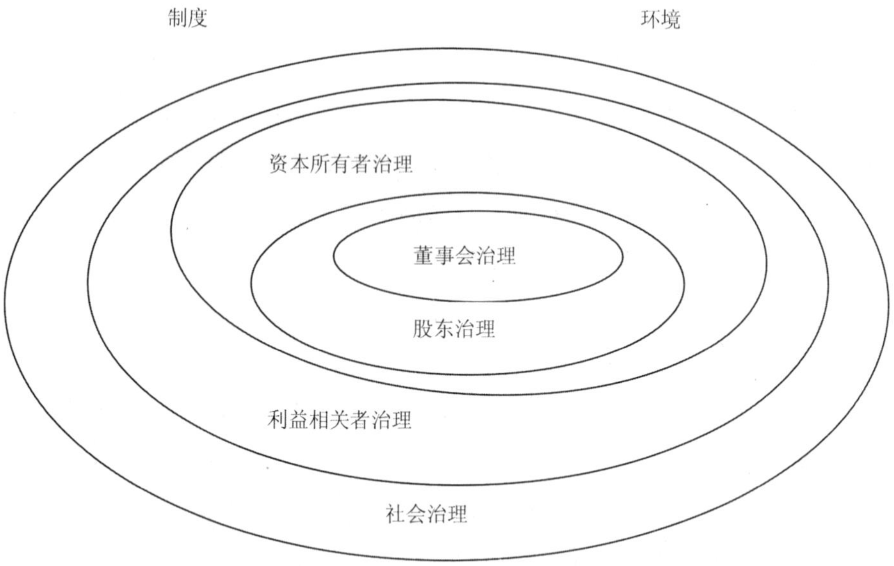

图3－18　公司治理的层次

以“地方治理”为主的运动，主要有两大目标。

一是依靠治理机制，调动整个社会的资源，发挥各种社会有生力量的作用，共同解决地方的公共问题，从而改善与提高公民生活的质量，形成地方可持续发展的能力。

二是改革地方政府的现有管理机制，重新定位地方政府的管理功能，调整政府与社会的关系，建立政府和企业、公民组织之间的战略合作伙伴关系，提升地方政府管理社会公共事务的能力。由此可以看出，地方政府不是地方治理中唯一的主体，它只是诸多主体之一。

从某种角度讲，地方治理转型就是从地方统治走向地方治理。行为主体的多元化与权力运行方式的改变，使得地方政府不再是公共职能的唯一承担者，现代文明的发展也不再仅通过经济或政治的过程加以推进，“社会力”的强大，社会生活领域的成熟，使得以民间商会为代表的社会组织力量在社会经济问题上与公共机构之间的界限和责任变得日益模糊。对民间商会及政府的互动方式与具体途径的探讨，不仅为地方治理的研究提供了新的视角，也为改善地方政府的治理提供经验。

（二）民间商会的研究现状

有关治理方面的法律法规和政策有力地促进了社会中介组织的发展。充分发挥社会多元主体的作用，加强相互合作，实现国家、市场与公民社会三者之间的平衡，成为人们普遍关注的研究。作为公民社会组成之一的民间商会等行业组织的发展对地方治理的运作无疑起到了重要作用。如果说地方治理是指多种多样的地方团体完成地方服务功能，那么，在西方国家地方治理并不是新事物，比如，19 世纪的英国地方政府管理就具有地方治理的许多特征。类似北美地方政府，尤其是城市地区的地方政府多数也是以任命团体及其分裂结构的使用为特征的，一些地方的经验表明专门目的群体很容易建立，而且可以使某些努力和资源集中用于专门问题的解决，比如，服务承包和私有化倾向加上强制的竞争性招标可以使任务、合同和行动措施很容易具体化。

但是，现代地方治理的兴起也带来了一系列的问题，尤其重要的是，地方服务提供体制与地方治理体制总是比以前单一机构体制要复杂得多。通常，消费者很难理解各种各样的服务提供团体。更重要的是，提供地方服务的各种各样的机构存在越来越多的责任性问题，同时用消费者至上的价值观代替公民价值观的总体趋势是跟治理的趋势相联系的，这种价值观使得制度与过程的合法性进一步被削弱。对于消费者来说，当服务得不到满足时，进行有效的选择或者获得赔偿可能也是很困难的。

中国从 20 世纪 80 年代开始在经济和政治体制方面进行改革，公民社会赖以生存和发展的经济、政治、法律以及文化环境发生了根本变迁，在中国历史上第一次大规模地催生了民间组织。作为民间组织重要力量的商会的迅速增加从价值取向、行为主体、行为网络、行为方式等各个方面影响了地方政府的社会管理，使之从“管理”趋向于“治理”，并且对这些商会的研究也始终与政府改革和治理变迁联系在一起。

“功能定位”、“交易费用”、“自主治理”、“合法性研究”等领域与角度，是现在学界对民间商会的主要研究所在，这些研究从不同层次与侧面反映了民间商会与地方治理之间的关系。

第一，从“功能定位”角度进行考察，商会作为一种组织化的“私序”出现，与政府建立的“公序”形成相对的力量，是对“公序”进行补充、对“公序”产生影响甚至在一定条件下转化为“公序”。这种说法认可了商会对政府治理的意义。几年来，商会协助政府在行业管理方面做了大量基础性、服务性工作，成为政府实施行业管理不可缺少的力量。但也存在不少问题：没有把行业管理作为工业管理的一种体制，而是异化为政府部门管理中的一项职能。对此，有学者指出，商会作为一种民间中介组织的独立地位尚未得到完全确立，带有明显的官办色彩和行政性气息。定位不准、职能不明、体制不顺，直接影响了它在政府和企业之间桥梁和纽带作用的充分发挥。

第二，从交易费用角度进行考察，主要涉及民间商会在降低交易成本、提高资源配置效率方面的作用，其研究内容是深化商会的组织特征和激励机制，以说明商会在管理服务市场方面相对单纯的市场组织（以企业为主体）和非市场组织（以政府为主体）是可以有效节约交易成本的，从而说明在以市场经济为主的国家中政府不应代替商会进行商会产品和服务的生产或提供，以避免高昂的交易成本，不过商会自身也存在交易成本，因此，商会和政府间加强联系，以实现两者的密切分工与良性互动，已成为此类发达国家中商会发展的主要趋势，这也是这些国家政府当前进行自身改革调整的一个重要方向。

第三，从“自主治理”的角度考察，这是指特定的群体能自己组织起来，在不依赖外部代理人的情况下，为解决群体所面临的共同问题、获得共同利益而进行自主协调，并由此设立相应有效的制度安排。温州商会正是这样一种组织机制，一方面，温州商会组织（见图 3 – 19）具有较强的自治性，但在许多非制度化领域，行业组织往往会主动寻求政府的支持和保护，自治化的推进还得依赖各项改革措施的完善。另一方面，跟行业组织自治相连的配套措施尚未完善，有的行业组织自身还处于成长期，政府一些本来可以转给行业组织的职能还未转移，因此，许多领域还不可能完全自主开展活动。

第四，从合法性的角度考察，这是针对运用政治社会学理论与方法而言，还是以温州商会为研究对象，从商会对社会合法性、法律合法性、行政合法性和政治合法性获取途径以及状况等几方面进行探讨，分别揭示出温州商会的存在基础与权力来源、法律对商会承认与规范及约束、与政府行政层面的关系以及商会的政治内涵。研究者认为，温州商会在发展过程中，跟政府、企业实现了某种程度的互动与合作，逐渐形成了“市场主导、政府推动、行业自主”的发展雏形，从某些方面生动体现了温州地方政府治理的转型。

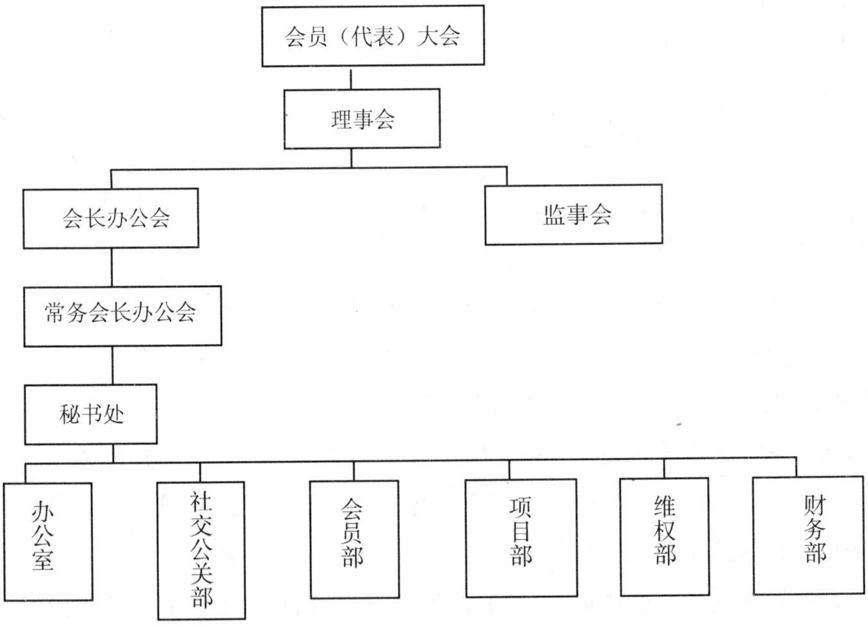

图 3－19　温州商会组织机构

由此可见，当前对民间商会的研究比较多，并明确地将民间商会作为地方治理的一支力量，着重对民间商会和地方政府的互动进行分析，而指出民间商会与地方经济发展关系的研究还比较少。我们的研究正是在此基础上，着重对民间商会与地方政府治理转型的关系加以研究。要对民间商会和地方政府治理之间的关系作出阐释，这需要对西方发达国家的民间商会及其在地方治理中的角色作出分析，从而为我们定义民间商会的性质、梳理地方政府的治理变迁、归纳民间商会和地方政府治理的互动机制提供借鉴和基础。

（三）国外民间商会在地方治理中的角色

按照民间商会与地方政府治理的关系，一般可分为三类：英美的自由市场模式和法德的指导性模式、日本的政企合作模式。

英美的自由市场模式。这种模式主要是指20世纪70年代末期以后，里根、撒切尔夫人在美国、英国开展“新保守主义革命”而发展起来的市场经济模式。它以新自由主义为理论基础，崇尚市场机制的自发作用，反对凯恩斯主义的政府干预论，认为国家干预不仅不能消除经济发展的不利因素，而且会限制市场经济的功能发挥和自我调节。英美的文化传统强调追求个人利益，最大限度地发挥市场竞争的优势，因而其商会是地位独立、行为自主、经费自理、自愿参加的组织，这些组织偏向于反对政府干预。比如美国商会的职能反映其较多利用市场规则进行行业规范和发展，以及体现企业利益重要性来影响政府决策的特色。

法德的指导性模式。欧洲大陆历史悠久，经历过长期开发，维持众多人口生存的压力较大，在强调追求个人最大利益自由的同时也很重视民族的团结与社会的平衡，在民族工业发展的过程中有着政府干预经济的历史传统，属于混合市场经济，政府干预作用明显。

日本的政企合作模式。日本有着较强的团队合作精神，政府、商会、企业之间的交流比较充分，其商会属于“中间型”，借鉴了欧洲大陆和英美商会的特征，其自由入会原则跟英美相似，政府监管多于英美而更接近于欧洲大陆的行会，政企之间的合作也比英美更为密切。日本的商会在运作中，既将市场竞争引入组织内部，充分调动基层的积极性与创造性，又保持了整体的凝聚力、制定重大战略决策的协调能力。

从以上三种商会，我们发现，它们在地方治理中的角色一般表现为以下几个方面：

1. 商会是一种自治的社会组织

商会一经产生，就具有自治的特征。其治理机制的基本特征是：一定数量的企业形成一种结构性的对话机制，它使企业相互了解对方的地位和权利，在寻求各自利益中达成一定形式并相对稳定的和解。在欧洲历史上，商人行会是各商人为防止经商风险而自发形成的。商人行会的出现，解决了过去的许多管理弊病，如改变了过去城市分区管理的形式，使城市商业成为一个整体，并监督特定地域的海外商人的活动。商人行会因此促进了商业的发展。一般认为，商会组织是由具有同一、相似或相近市场地位的特殊部门的经济行为人组织起来的，从事界定和促进本部门公共利益的集体性组织。

2. 商会服务于市场经济

商会是市场经济发展的产物，在市场经济的运行过程中，有些社会经济职能是政府和企业两者都不可能高效完成的，有些甚至是政府和企业根本就不能完成的。于是，这些社会经济职能只能由民间商会来完成。商会也是适应企业需要的产物。企业在自己的发展进程中会有多层次的需要，随着企业的成长，企业对俱乐部产品的需求就会出现，即需要商会向本行业的企业提供一些行业秩序、行业信息、组织维权等特殊产品。一般来说，中等规模的企业最需要商会或商会提供俱乐部产品（见图3－20）。

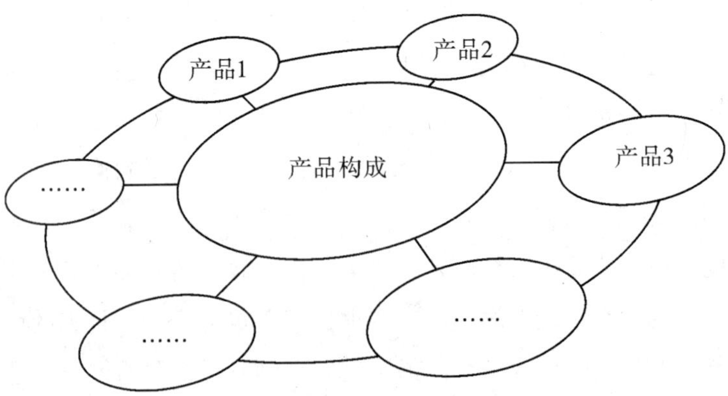

图3－20　产品构成

3. 商会推动公共管理的社会化

社会组织、社会力量与社会运动的壮大为公共管理改革创造了条件，并从外部与公共管理的政治层面丰富和界定了其内涵，使政府管理不再停留于政府内部机制以及政府和市场的关系，而是引入了政府和社会关系这一维度来探讨解决问题的途径。此种引入具有重要意义。

其一，它区分了公共管理的类型，除了区分中央和地方外，还区别了政府管理和社区管理、社会组织管理及社会自组织等层次，管理主体实现了多元化。

其二，它使公共管理的方式发生了根本性的转变，它表明“它所要创造的结构或秩序不能由外部强加；它之发挥作用，是要依靠多种进行统治的以及相互发生影响的行为者的互动”。如此就实现了公共管理由单向度管理方式向双向度互动方式的转变，建立了一种基于谈判与协商的基础之上的新管理模式。

其三，公共管理职能的下放与管理的多层次化，不仅使政府由公共服务的提供者角色逐步转变到监督和在中立的前提下充当裁判者的角色，而且也更有利于社会管理主体和公民对公共管理的监督。

其四，公共管理的分散导致公共资源与公共权威的分散，如此有利于减少政府失效的风险，同时强化了公共管理各主体之间的竞争。

总之，政府借助于非官方机构来实施公共政策。从国外商会的三种类型，我们也从三个角度看出政府和非官方机构，特别是跟行业组织的互动形式。对大陆型商会的研究侧重于政府是怎样影响商会发展的，对市场主导型商会的研究侧重于商会怎样影响政府决策，对于政府主导型商会则侧重于政府、行业、企业的合作。

第六节　国际与历史经验

在国际经济极发达国家，政府并没有包揽一切社会事务管理，恰恰相反，它是通过积极培育和推动非政府组织的发展来承担许多具体的社会服务和社会管理工作的。在国际舞台上，主要由三大部门在唱主角，就是政府、营利部门（企业或者公司）和非营利部门，其中非营利部门又称为非政府组织，非政府组织主要致力于社会服务和管理，政府是在两者之间站在更高层次上，通过政策调节、法律制定和财政支持来实施宏观调控和宏观管理。国际的这种政府管理模式，既体现了政企分离，又体现了政事、政社分离的双重要求。

一、国外民间商会发展的一般经验

通过对西方发达市场经济国家民间商会的考察，以及其在地方治理中的角色的分析，我们总结了以下几点经验：

（一）商会的法律地位

20 世纪以来，商会在社会经济生活中扮演着重要角色，以至有学者认为20 世纪的一大特色即是商会革命。在市场经济发达的国家，商会组织的性质在法律上一般是有明确规定的，都把商会在法律上界定为一种法人。至于是规定为公法人或公益法人，还是规定为社会团体法人，各国因其所属法系不同而互有差别。虽然各国把商会在法律上规定为何种法人有所不同，但有一点是共同的，就是没有一个国家的法律把商会在法律上规定为以营利为目的的私法人或企业法人。这意味着商会不同于以营利为目的的企业或公司，在某种程度或某个领域，商会具有受政府委托的某种行政上的管理职能。因此，商会是否是一个官方的机构或者完全是一个民间组织，首先取决于国家法律对商会的法人性质的严格界定。假如没有这种前提，商会的官方或民间性也无从谈起。另外，由于国家法律对商会性质的界定直接影响到商会本身的组织结构与职能作用，因此，如何在法律上规定商会的性质就尤为重要。

发展和规范民间商会组织，其关键在于政府。考虑到建立商会的必要性与可行性，德国政府通过立法、设置框架条件明确商会的各项职务；德国政府要求商会向政府反映经济方面的问题，为政府提供咨询与承担任务，以及作为企业主利益的代表给企业提供服务，如此，商会这个机构就有了实质性和权威性；德国政府在资金方面以多种方式给商会以支持。国家不仅为这些培训机构的设立提供补贴，而且还在设备配置、材料消耗、课程培训等方面提供补助。此外，政府还通过给商会的某个项目提供补贴的形式来支持商会工作。

总之，在德国，政府只要认为商会在这些领域的活动对企业发展是有益的，都会给予支持与鼓励。

（二）商会的一般功能

商会的一般功能主要包括以下几个方面：

其一，影响国家立法与决策。作为一个有组织的利益群体，商会组织是政府立法的重要依据之一，许多法律条款都是按照这种利益群体的意见修改的；西方议会中对某项法案的反对，实际上是有关社会团体的反对，甚至是一些行业社团的反对。如在芬兰，许多法律法规的草案在政府正式提交议会审议之前，都要听取协会或其他社会组织的意见和建议，行业自律组织可以提出修改意见甚至重新提出自己的法律草案。此外，西方议会中对某项法案的反对，实际上就是相关社会团体的反对，甚至就是一些商会的反对。如欧洲农民协会，无论在关贸总协定方面还是在世贸组织方面，它一直对欧盟各成员国及欧盟有关部门进行着强大而有效的游说，所以欧盟农业市场至今还是一个受到充分保护的领域。在世贸组织的每次谈判中，欧盟各类商会组成的利益集团每次都在场，它们迅速、有效地根据情况的变化向政府谈判代表提供咨询，施加压力。因此，政府甚至经常主动找一些商会征求其对决策的意见和看法，政府和行政部门的许多决策的重要来源之一就是商会。社团组织影响决策似乎已经成了一种惯例，社会团体通过正式的联络渠道向政府表达自己的看法后，政府参考这些意见制定有关决策。在某些情况下，商会的参政、议政过程，常常可以自动地为政府或其执行机构解决棘手的问题。

美国商会是如何对政府决策产生影响的？在美国，保障措施决策程序所依赖的法律法规是由商会协助政府制定的。美国商会虽就性质上而言不是政府机构，但所起的作用有时并不亚于政府机构。在立法活动中，商会向政府提供本行业发展趋势报告，负责有关贸易保护、市场损害的调查，并在必要时参与协调贸易纠纷，代表本行业向政府反映本行业企业的共同要求，提出行业经济政策，制定行业标准。美国商会的积极活动，其效果是显著的，特别是在协助政府制定和实施有关法规政策的职能方面。比如，美国半导体商会起草的《半导体知识产权保护法》由美国国会讨论通过后，最终成为世贸组织《贸易相关知识产权协议》的重要组成部分之一。

那么，政府、行会、企业是如何合作制定产业政策的？各国行业组织各具特色，但有一点是完全一致的，即商会应该为企业服务，代表企业利益。同时，行会和政府之间是互动的。一般而言，政府会先在行会或本商会中征求汇集企业成员的意见，行业组织和企业通过充分讨论和协调磋商，就各种问题达成相对一致的意见，向政府反映更为成熟的综合意见，让政府更为全面地了解实际情况，从而更好地兼顾各行业的利益，制定出能获得各行业支持的政策，确保在实施过程中能获得各行业的支持合作。并且，一般商会网站上都有“政府关系”一栏，以方便政府和国际贸易行业之间的沟通。行会的成员将影响和参与政府政策的制定，并且会相应调整业务结构。行会制定内部制度时，也会参照国家法律、法规和政策。

总而言之，商会代表着本行业成员的集体性利益，其决策和管理者来自会员，它们一切行动的出发点是本团体利益的最大化，对会员负责，而不向政府或其他社会组织或个人负责。这就为商会代表会员利益为其服务提供了制度保障。同时，相对于政府，行业组织不是消极地服务于政府，而是形成了对政府的影响能力，影响能力的形成不是因为政府简单地“退出”某个领域，而是因为政府在行使职能时，需要行业组织的帮助，所以无论是德国还是美国，行业组织都得到了政府的支持。对政府的影响力使行业组织借此获得了对行业的领导地位，因此行业组织和政府、企业之间才形成了有效的互动。

其二，加强行业自律，协调利益关系。行业社团的出现，必然会有行业规章的制定，商会规章制度虽然是随经验而出现的，但它们在行业内部是以正规方式发挥作用并被强制执行的。商会内在地创造大量规定并以有组织的方式在其中执行该“法律”，它有利于引导企业自律与改善经济社会风气。与此同时，商会为缓解行业内部、行业和行业之间、政府和行业之间的利益冲突发挥了重要作用。

其三，推进社会的民主法治化进程。商会组织不是致力于分配利润给股东或董事，而是在正式的国家机关之外追求公共的目标，它以小型而又灵活的方式实现着公众的愿望。正是包括商会在内的各种社会团体，带来了一场全球性的社会革命，并因此而永久地改变了国家和公民的关系，使在社团推动和影响下的社会运动得到了发展，逐步形成了特色鲜明的公民社会。在美国，诸如民权运动、环保运动、消费者运动等几乎所有主要的社会运动都是以民间社团组织为根基的。在这些社团政治的倡导下，组织成员的社会参与、政治参与的积极性得到了充分发挥，民主法治意识得到了极大增强。

其四，促进了国际经济交流。商会打破了部门、行业之间的界限。同时，促进国际经济交流。在国际市场竞争中，商会在保护国内产业、支持国内企业增强国际竞争力方面，起着十分重要的协调作用。主要表现在以下几方面：一是价格协调。为了避免出现企业竞相压价，从而遭到进口国的反倾销或反补贴诉讼，不少国家的商会严格控制其行业产品价格，确定最低限价，以保护本国产品在国际市场上的合理价格，减少国际贸易中的摩擦。二是利用 WTO 的保障条款，维护本国经贸利益。世贸组织的保障条款规定：当某种商品的进口对国内的相关商品造成严重损害或形成严重损害的威胁时，该进口国可以采取临时性的限制措施来保护国内的产业，例如提高关税、实施进口数量限制等措施。在利用保障条款时，必须提供全面、详细和可靠的证据，商会此时可以代表行业提出报告。三是可以作为反倾销、反补贴申诉的起诉人。从各国的实践来看，商会作为起诉人的案件占绝大多数，而以政府反倾销机构或单个企业作为起诉人的情况却十分罕见。四是帮助企业应诉。因应诉中的各种费用相对较高，而商会对国内外企业的生产与销售情况都比较熟悉，因此可以由商会出面，要求费用由有关企业分摊，由此减轻企业的经济负担。商会采取联合行动，对反倾销行为的对抗能力明显增强。

其五，培训与咨询服务。商会在对企业员工的培训中发挥着重要的作用。另外，由于行业社团集中了有关方面的专家学者，因此，为会员提供咨询服务就成为其普遍职能。如德国的工业协会聘请了关税、外贸和大型跨国集团的一些专家，成立对外贸易咨询机构，向会员提供外贸咨询服务。

（三）商会的自我管理能力

国外民间商会一般具有良好的自我管理能力。主要体现在：

其一，领导者具有良好的号召力与组织能力。一般商会会长、副会长大都由本行业知名大企业的董事长或总经理担任，他们都具有很高的威信，对社会与组织本身有着极大的影响力。

其二，中介组织的从业人员素质高，中介组织要建立社会公信力，最重要的是要提供高效、优质的公共服务，对此，各中介机构都有自己的专家咨询组织。同时，专家集团的卓越工作使中介组织提出的要求或建议都有充分的理由与法律依据，这不能不引起政府的重视，以至于政府每一项经济政策的出台，都要事先经过各中介组织的专家论证。

其三，为了使会员企业的利益最大合法化，商会组织都制定章程与必要的组织制度，以规范其成员行为，维护与强化市场秩序。

二、各国商会发展经验分述

（一）美国

美国作为世界头号经济大国，生产力极其发达，其商会（协会）的发展也相对比较成熟，在世界经济舞台上起着主导的作用。但是，美国的政府管理模式，用我们当今中国改革的话来讲，就是既体现政企分离，又体现了政事、政社分离的双重要求。美国的商会可以通过影响商会团体去争取到竞选捐款以及竞选的票源。所以美国的政府官员与国会议员对美国商会团体从来都不敢小看一眼。下面我们主要讲一下美国商会的一些经验成果及美国商会主要负责的工作。

1. 与政府沟通

美国的商会团体代表会员企业的利益，因此会影响国会立法和政府政策的制定。美国政治制度使国会议员和政府比较重视商会团体的意见，美国的商会团体利用靠近政府、贴近会员的特殊地位，密切关注立法和政策信息，根据会员的需要，游说国会和政府，反映会员的要求，并提供相关说明资料，使得新出台的法规、政策对会员有利。美国很多商会都在华盛顿设立商会总部或办事处，在国会中设有联络员，跟国会、政府的联系非常密切。比如，中美贸易全国委员会为了保护美国企业在中国的利益，在2000年国会讨论是否给予中国最惠国待遇法案时做了大量的工作。他们派出代表在国会进行游说，同时发动大公司的CEO写信给国会，又联系其他协会一起做国会的工作，最后使得中国永久性最惠国待遇法律在国会通过。

国与国之间不正当竞争及反倾销的应诉和起诉也往往是由美国的商会出面应对。比如一些美国纺织品、家具、打火机企业，联合搜集了行业受损害的材料，通过商会向国会提出对中国产品反倾销的指控，并在听证会上作证，要求政府给予解决。

另外，美国的商会团体对能否在当地设工厂、开商店、建大楼、修马路等都有相当大的影响力。他们会参加当地政府的听证会，研究这些项目对其会员企业有什么利弊。没有他们的认可，以上这些事是很难进行的。

2. 举办商展与研讨会

美国许多商展与研讨会都是在美国商会团体的参与及支持下进行的，在国际市场竞争中开拓国际市场时，能够形成从整体加强国内企业竞争力的方案。例如，与美国不同，中国农民不仅要从事农业生产，还要负责销售。美国农民结成的协会代表他们的利益，负责推广其农产品，与经销商打交道，农民只需专注于种植。据上海市社团管理局提供的资料显示，我国自正式加入世贸组织以来，包括阿拉斯加海产品协会、美国马铃薯协会、新奇士橙协会、加州杏仁协会、加州餐酒协会、美国森林协会、美国硬木协会、美国葡萄协会、美国乳制品协会、美国棉花协会、美国肉类出口协会、美国家禽出口协会和美国花生协会等在内的31家商会在上海设立代表处。在中国刚刚加入世贸组织的背景下，新奇士橙子成为中美农产品第一次“交火”的试验品，强势登陆中国，对此，美国新奇士橙协会功不可没。有资料显示，已有108年历史的新奇士是美国十大农业协会之一，也是世界上最大的水果蔬菜类合作社，其总部设在洛杉矶，6 000多个成员涵盖了美国西部加利福尼亚州和亚利桑那州的大部分果农，其成员生产的脐橙、柠檬、葡萄柚、柑橘等水果，统一用新奇士商标。协会对成员单位的每一棵果树都建有电子档案，包括果树的种植时间、地处方位、生长情况、果实采摘记录等。这些电子档案都存在协会的电脑里，协会根据全球的市场变化，统一确定种植计划，统一价格，统一进行广告宣传。协会对成员提供全套服务，协会内部实行专业化分工，有近百家包装厂、饮料加工厂和副产品加工厂，同时拥有一批专职从事各种服务的专业队伍，因此果农种果很轻松。水果成熟了，只要打个电话，协会就会派出专门采摘的人员上门摘果，然后送包装厂包装。包装好后，质量检验人员要贴上标签，一旦出了问题可以查出责任人。不符合尺寸要求的水果，则加工成饮料，果皮也不浪费，加工成饲料等副产品，剩下的废料送到电厂作为燃料。新奇士的商标价值目前在全世界排名第47位，其品牌的无形资产高达10亿美元。百年新奇士，作为一个民间的商会之所以运作得这么成功，其中一条重要经验就是协会不以赚钱为目的，而是真正为了服务成员单位，在服务中发展，在服务中壮大。美国新奇士每年销售水果约8 000万箱，协会拥有长期工作人员300人，临时工程技术人员500人。他们为果农做了这么多的事，收取的费用却很少。协会每销一箱橙子，约18公斤，包装厂得3.5美元的包装费，协会提取市场销售管理费45美分、广告费20美分。协会所有人员的工资和各种费用都在这里支出，不再向成员另收其他费用。已经在北京、广州、成都等地设立代表处的美国马铃薯协会，是一个由7 000位马铃薯种植者所赞助的推广组织。为增加美国冷冻、脱水及生鲜马铃薯的消费量，该协会以“特殊项目资金”的方式，从亚洲以至拉丁美洲寻求合作伙伴，研究推广美国产品的新方法。

3. 向会员提供信息服务

美国的商会将信息搜集功能发挥得非常出色，而且美国商会及协会都把信息服务当作向会员提供服务的重要内容，美国主要商会都会有自己的出版物。除一些地区性的商会（如一个小镇上的商会）外，大多数美国商会都有自己的网站，网站介绍商会的成员，为会员提供贸易商机、政策变化方面的信息以及国际市场动态与贸易指南。商会还接受会员委托，对其合作者的信用状况作调查评估，甚至提供员工薪金标准的咨询。这些工作都充分表明美国商会具有出色的行业数据统计和信息搜集功能。

4. 帮助会员企业开拓市场

帮助会员企业开拓市场，主要是指国外市场。对此，美国商会经常向会员单位介绍国际经商与投资环境，组织专题报告会，帮助会员企业“走出去”。比如，“怎样到中国做生意”就是一个十分受欢迎的题目，大多是由已在中国投资做生意的会员企业现身说法谈体会，内容比较翔实。美国商会也经常会组团到国外考察，其工作准备都比较充分，对考察地的各种背景资料早就向考察团成员提供，所以，组团往往要提前6～9个月做准备工作。

在对外推广方面，美国大豆协会的做法也值得借鉴。美国大豆协会为防止中国大豆进入美国市场，损害美国农民的利益，就在中国大力推广大豆食品深加工技术和设备，宣传大豆食品的好处，尽量使中国的大豆在中国国内消耗。而且随着中国大豆加工能力的提高，中国又不得不从美国进口大豆满足自身的需要。这样，它们不但保护了美国豆农的利益，还开拓了中国的大豆市场。

美国企业在国外都会成立商会，比如在中国有“中国美国商会”，在德国有“德国美国商会”，在香港有“香港美国商会”。它们的商会为会员企业提供服务，维护会员的利益，负责与所驻地区的政府进行沟通和协调，为美资企业在经商环境方面争取最大限度的优惠待遇。它们每年还会出一本“白皮书”，即企业进入该国的“商务指南”，也是美国政府与该国经贸关系谈判的重要参考文件。它们做了美国驻外使领馆难以做到与难以做好的事。美国商会向美国政府提供的咨询服务也是作为政府委托项目的有偿服务。

5. 发展会员企业

发展会员企业是美国商会的一项重要工作。美国商会自我介绍时有三个基本内容：一是成立了多少年，二是有多少会员企业，三是曾向会员提供过哪些值得夸耀、与众不同的服务。这些也都会在其出版物与网站上重点地介绍。会员数量与质量是一个商会团体实力的具体体现。会员费也是商会活动资金的重要来源，因此，美国商会团体十分重视发展新会员的工作，而且大多有专人负责，作为每年的业绩指标。

6. 协调各种关系

协调各种关系。美国商会团体不是工会，不是一般的企业家俱乐部，它不仅代表雇员的利益，也代表雇主的利益。当二者发生冲突时，商会站在比较客观、公正、公平的角度给予协调，做好服务。例如，为了渡过暂时经济不景气的难关，员工会接受或自愿提出减薪计划。商会扮演“公证人”的角色，督促双方落实承诺，维护双方的权益。

7. 职业培训

美国的商会也非常重视职业培训工作，认为这是教育以外不可或缺的课程，于是把它作为服务的一项重要内容。比如美国制造业协会通过培训，培养了一批目前十分稀缺的高级技工。它们还推广非强制性的从业标准，与社区、大学联合起来培训劳工。还有一些商会则进行执业资格的培训项目，为年轻人提供助学金，吸引年轻人进入这个行业。

（二）法国

法国商会为会员企业提供货币、金融和法律等方面的服务。法国有200多个税务委托管理中心，均是按照协会法成立的协会组织，其主要职能是向中、小企业派遣会计人员、建立账目、提供行业信息等，会员企业可以享受20%的免税优惠；税务委托管理中心的另一个功能是协助国家掌握中、小企业经营状况，防止偷税漏税。

企业商会则是按地区成立的半官方性质的中介组织，当地的企业都会加入，各省都有省商会，22个大区有商会联合会，全国成立一个商会总联合会。商会的职能是代表工商界的利益，向国家提出立法建议；参加地区的基础设施建设；创办学校，培养人才，商会已成为法国第二大人才培养基地；向会员企业提供咨询服务。可以看出，法国的企业商会不仅为企业提供服务，而且做了很多协助政府的工作。它是在政府和企业、企业和企业之间发挥沟通作用的重要的社会中介组织。

（三）澳大利亚

澳大利亚商会提供协调、沟通、搜集信息、咨询、培训等专项服务，经费主要来源于会费和咨询服务费。澳大利亚金属贸易工业协会就是一个典型的综合商会。它成立于1873年，代表着7 000多家工程、制造业、建筑业等分商会，涉及金属、锻造、航空、计算机等广泛的领域，为会员企业提供咨询、搜集信息、培训和开拓市场方面的服务，向政府反映会员企业的意见和建议，以影响政府政策的制定。

在商会更大范围内组织起来的、以工商企业为基础的产业性组织，就是综合性商会。综合性商会实行会员制，从会员企业中产生商会的会长或理事长，负责商会的组织管理工作，从社会上招聘专职工作人员担负日常业务和管理工作。商会总共有160多位专职工作人员。

（四）德国

德国商会的职能主要是提供协调、搜集信息、咨询和培训等几个方面的服务，特别是对中小企业起着很重要的作用。商会的协调服务，对内是协调同行业企业间的利益关系，缓和矛盾，减少纠纷；对外是协调会员企业与其他行业企业的利益关系，维护本行业的利益，与其他行业建立良好的经济联系。信息服务主要是由协会将各种信息搜集起来，并进行分析、评估和整理，再提供给企业作为决策的依据，这对提高企业决策水平有很重要的作用。咨询服务主要是以中小企业为对象，因为中小企业在激烈的市场竞争中受人力、物力和财力的限制，很难有自己的决策咨询机构和专家组织。为降低决策风险，所以就求助于商会，商会则为其出谋划策。培训服务是商会通过定期或不定期的职业教育，进行技术、市场和管理等方面的培训，以提高企业职工的素质。

按照德国法律规定，只要有六个以上的会员，并经过地方法院登记，就可以成立协会或联合会从事中介活动。有关资料表明，德国现有各种中介机构30多万个。在社会中介组织中，商会是很有特色的。德国的商会有三种类型。第一种是德国雇主协会，全德国现有800多个基层行业雇主协会，在此基础上组成了43个联邦雇主协会，再由这些协会联合成立德国雇主协会联邦联合会，总部设在科隆。它涵盖了全国的工商企业业主，代表业主的利益，与社会其他主体进行沟通与协调，是作为工会组织的对立组织而产生和运作的。第二类是工业联合会及其所属商会。这是由德国私营企业参加的自律性组织，由行业性协会和地方性协会组成，共有500多个。

在此基础上组成了100多个州一级的工业联合会，34个联邦中央一级的商会，最后组成德国工业联邦联合会，总部设在科隆。第三类是工商会，是按地区建立的具有强制性的行业管理中介组织，所有工商企业必须参加，具有合法地位，现有72个工商会和32个外贸商会，代表着150万个工商企业，最高权力机构是德国工商大会，总部设在波恩。

（五）日本

日本工业会向会员企业传达政府法令、政策，提出本行业的要求、意见和建议，受政府委托，它负责制定本行业的产品规格、标准，协调本行业内部的生产和销售，进行技术交流和国际合作等。

日本的社会中介组织很健全，数量也很多，这跟日本的市场经济发展水平有很大关系。日本的行业管理由工业会等中介机构来承担。日本政府不直接管理企业，它主要是利用法规、政策引导，通过产业工业会、各种协会等中介机构加强与企业的联系，使企业的发展目标与社会发展总目标保持一致。工业会是民间组织，由本行业的企业自愿参加，90%以上的企业基本上都参加了本行业工业会，因而具有广泛的代表性。工业会的会长、副会长大都由本行业的知名大企业的董事长或总经理担任，具有很高的号召力和吸引力，可以胜任对本行业的自律性管理。日本有几个很有影响的全国性经济团体，比如经济团体联合会、日本经营者团体联盟、经济同友会等，不仅对日本的经济发展有影响，而且具有一定的政治影响力。

（六）奥地利

奥地利有商会、工会、农会和职工协会，它们是具有法定地位的非官方组织，沟通政府和企业职工之间的关系，协调并解决相互之间的利益冲突。

奥地利中介组织有以下四个特点。

第一，法律地位明确。商会、职工协会、工会和农会四大中介组织都通过立法程序，为联邦宪法所承认。此种明确的法律地位，使中介组织不至于变成政府的附庸，不为政府所左右，却能积极帮助政府管理经济和社会。有法律作保证，中介组织能够大胆反映自己所属利益集团的利益要求，经常、及时地为政府的政策走向提出建议和忠告。

第二，强制会员制。独立自主的领导模式使中介组织有强大的活力，可以跟政府建立稳定的“伙伴关系”。中介组织的选举依法进行，政府不介入，没有任何行政干预。

第三，从业人员素质高。各中介机构都有自己的专家咨询组织，以保证中介组织提供的服务优质高效。同时，由于专家集团的卓越工作，中介组织提出的要求或建议都有充分的理由和法律依据，会引起政府的重视，以至于政府每一项经济政策的出台，都要事先经过各中介组织的专家论证。

第四，和政府的关系非常融洽。由政府作为一方，商会、工会、职协和农会作为另一方，平等地组成“协调委员会”。政府总理任协调委员会主席，协调委员会下设工资协调委员会和物价协调委员会，分别协调解决工资的争端和物价调整中的各方利益关系。由于中介组织直接介入，关系居民切身利益的工资和物价高速增长中的摩擦与冲突得到了缓和，这对保持奥地利社会的稳定起着重要的作用。

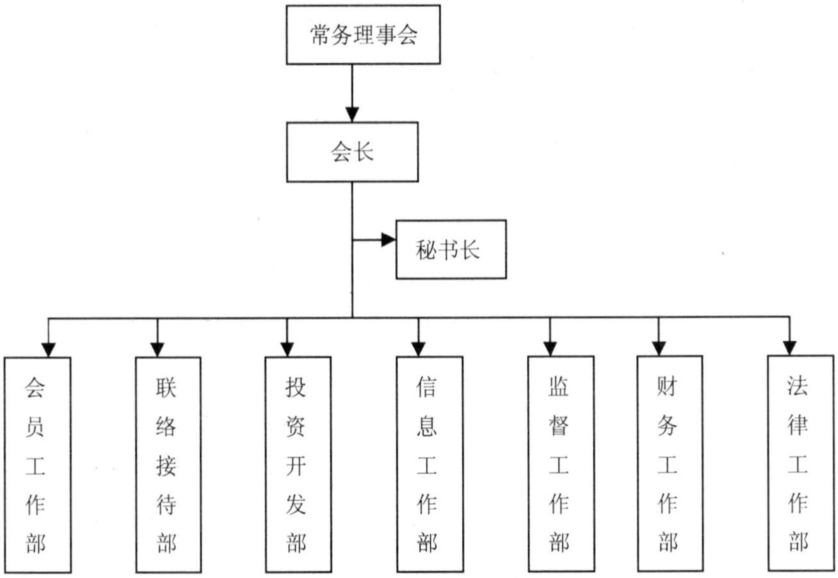

图 3－21　国外商会架构

三、对我国具有商会性质的中介组织运作的建议

根据上面六个国家的经验，笔者对我国具有商会性质的中介组织的运作有以下几点建议：

一是商会可以形成由政府出资组建、官员由政府任命、受政府授权行使授权范围的行政管理职能的官方组织形式，这样商会可以成为政府进行宏观管理的助手和伙伴。这种中介组织数量不宜多，只能在十分必要的领域内组建并运行。国家级的协会可采用这种形式。在行业管理层次上的中介组织，比如协会、商会可以是半官方的组织，由政府出资予以支持，业务上予以指导，也可委派领导人。但商会应能相对独立地开展业务，向社会提供的服务有相当的权威性，并可作为决策依据。大量的中介机构应该是民间性的独立的法人经济实体，领导自选，人员自聘，经费自筹，经营自主，盈亏自负，以平等地位与政府有关部门对话，没有隶属关系，也没有领导关系。民营中介机构接受商会的自律管理，依据有关法律、法规开展业务。

二是行业自律性质的协会、商会应该自下而上组建全国性管理系统，其具体做法可以是组建小商会和市、县协会。在此基础上组建省的和全国性的商会联合会。各级协会分别与各级政府有关行政管理部门协调和对话，向政府和会员提供双向服务。

三是在社会主义市场经济体制下，政府不应该直接管理企业，也不直接管理事业单位和社会团体，只能在宏观层次上通过法律和经济参数进行引导和调控。这种调控的支撑点恰恰是商会性质的中介组织。若没有政府的宏观管理，单单依靠市场的自我调节，会使许多问题无法得到解决。另外，我国的各类企业都已经建立了自己的商会，形成了行业管理的组织系统。这种自下而上建立的各级商会，为协会实施行业管理提供了组织基础和制度保证。这对提高我国社会组织化程度、提高社会管理效率、增进社会的安定团结都会有重要的意义和促进作用。

第四章

商会的经济及社会价值

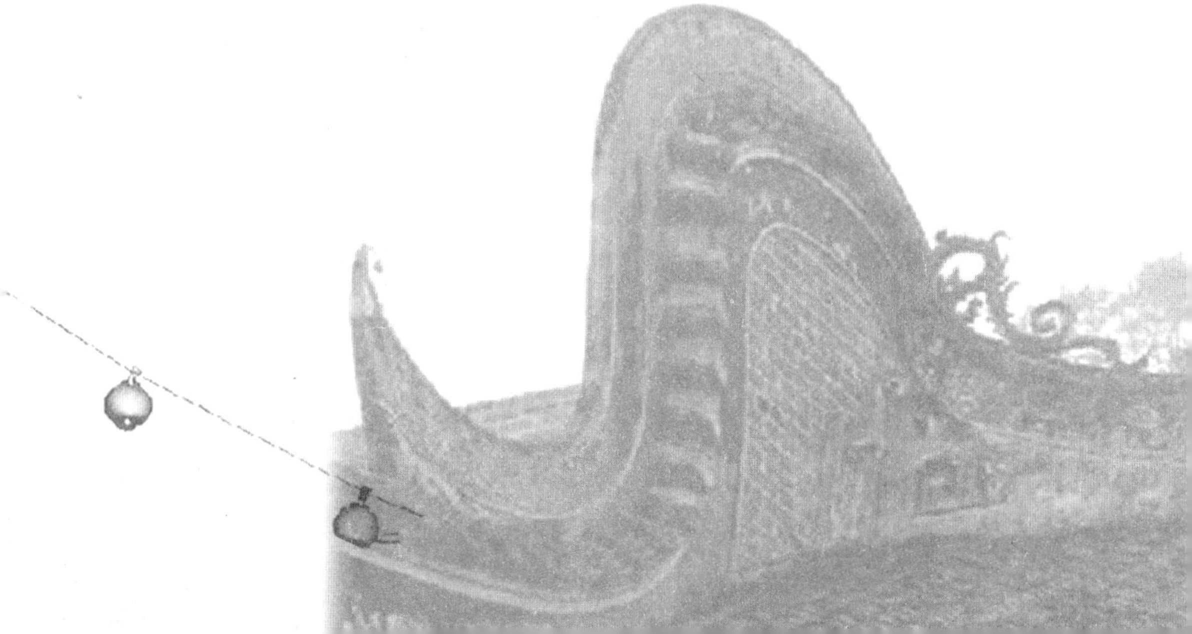

第一节　行业发展的动力

作为行业发展的动力，商会正扮演着不可替代的角色。其重要作用就是让每个会员企业的盈利更上一层楼。而商会这一传统组织本身并不能产生经济效益，也不能直接产生经济价值，但通过商会作用，在行业发展中所形成的动力却已引起了人们的广泛关注。

商会是市场经济发展的产物，也是社会分工的产物。商会经济的兴起是商会服务职能升级的必然结果。世界浙商联合总会秘书长周庆会认为，以前的商会是“一间办公室，两个老同志，喝喝茶，看看报纸，找找饭吃”，商会没有体现出其内在的服务职能。随着市场经济的发展，商会这个平台对推动行业活动所形成的力量已经引起了政府和社会的足够重视，并被寄予厚望。伴随着商会在世界经济舞台的地位和作用的提高，商会经济的产生已成必然。因而可以说，商会是行业发展的动力。

在各大经济学派中，制度学派、凯思斯学派、东欧经济学派、发展经济学派和熊彼德学派都有对行业经济发展推动力进行过论述。总之，影响经济发展或增长的核心因素主要包括从事经济活动的愿望、社会经济制度、知识、资本、人口与资源、政府、企业家和创新、科技进步等。从许多社会的实践中，我们可以看出，商会自始至终对以上的因素都存在着不同程度的影响。

一是在成熟的市场经济社会，资本、技术和管理的转移会带来资本的增值，或者说转移是资本增值的内在要求，而这种转移往往依托于一定的载体或中介。当然，投资主体的本身也可以实现自我增值。但从成本最低原则来看，商会推动转移无疑是最好的方式。如当前我国各地都在招商引资，发展当地经济，各地的商会起到的作用应该是最大的，现在各地招商完全改变了找政府要转移的方式，在国外更是如此。因为成熟的商会不仅要具备相当的组织能力，同时对投资环境的优劣及合适与否都能进行专业性判断。

二是商会作为传播公共知识、信息和技术的最好而且最快的平台之一，经常举办各种跟经济发展相关的论坛或者讲座，它不仅极大地降低企业在获取信息、知识与技术上的成本，还能以极快的速度推动新知识、新技术的流动与传播，使以上资源得到优化配置。同时，还能提高知识与技术的运用能力。

三是制度经济学（制度经济学是把制度作为研究对象的一门经济学分支学科）认为，经济制度是促进或阻碍经济发展的最直接或最终的原因，如分配制度、所有权制度、社会制度、经济立法等。从表面上看，这似乎与商会无直接关系，但从深层次看，这些制度的制定与创新以及制度安排是否最有利于经济的发展，与商会有着千丝万缕的关系。政府的任何一种科学的有利于推动行业经济发展的制度或政策的制定，都必须经过调查、分析、论证。这些工作在市场经济发达的国家都是由政府和商会合作完成，而这些制度在实施过程中好坏与否，除企业以外，商会是最直接、最敏感的反映者，也是能提出最全面、最合理修改意见的主体之一。如前几年“保护合法私有财产”被纳入我国的宪法，就是全国工商联长期推动的结果，它极大地释放了民间资本的投资能量，增强了人们从事经济活动的愿望和热情，进一步解放了生产力，对经济发展的推动起到了积极的作用。

商会对推动行业经济发展的作用和影响方式是立体式、多元化的，产生的力量也是不可估量的，如降低企业成本、营造诚信环境、创新经营文化、传播管理经验、协调经济秩序等。总之，直接推动行业发展的动力可归纳为三种：第一种，内动力，就是企业通过加强经营管理、不断降低成本，提升其核心竞争力，营造其竞争优势的环境；第二种，政府力，就是政府通过营造公正的社会经济秩序，通过对有前瞻性的、高附加值的产业的引导并给以相应政策倾斜，间接推动企业发展；第三种，社团力，就是商会所产生的力量。由于商会协会的特殊性，它们能做企业做不了而政府又难以持续做的事，而商会这个动力更多的是通过推动企业内动力和政府力来推动经济发展的。

随着市场经济的不断发展和改革的不断深化，商会可以通过推动政府力的作用来推动经济发展。比如，各地潮涌般的招商活动基本上是由政府组织，而不是像港台地区那样由商会协会来牵头，这样的招商虽然看起来声势浩大，但招商成本很高，且事倍功半。若通过商会协会招商，由于它们身处行业中，熟悉企业，可以变企业招商为行业招商，变单体企业招商为集团招商，从而大大降低招商成本。

商会作为市场经济体系中的“中介组织”，可以通过推动企业内动力来推动经济发展。商会协会经常举行研讨会、座谈会等活动，同一商会协会的企业家长期聚在一起，能相互激发一种创业的热情与发展的动力，因为一个人会不断以对方为自己的参照系，从而激励他向优秀的企业家学习，不断地超越自己与他人，这样就容易形成一种创业、敬业、百折不挠的精神，形成一种在合作中竞争、在竞争中合作的和平共处的共赢文化。

【案例】在福建三明市徐碧新城中央商务区，由福清、兴化、长乐、浙江、江西、泉州、梅列商会建设的5幢商会大厦拔地而起，建设工地一片繁忙。施工进度最快的福清商会大厦已建到第8层，预计2012年10月可封顶。这5幢大厦最低为25层，最高为28层，总投资4.8亿元，总面积为18.5万平方米。三明市工商联负责人说：“除刚成立不久的漳州商会外，三明市属11个区域性商会都在加快建设自己的商会大厦，加快完成推进抱团发展的省市级重点建设项目，彰显了三明商会经济的蓬勃发展态势与实力。”商会经济已成为三明市经济发展新动力。一组数据显示：2009年，三明市非公有制企业总数12 286家，净增1 309家，完成产值648亿元，完成税收45.36亿元，增幅分别达到22.49%和16.05%；新增产值超亿元的非公有制企业65家，新增纳税百万元以上的非公有制企业68家；全市非公有制企业缴纳的税收占全市总税收的60.45%。2012年2月，三明市委书记黄琪玉主持召开市委常委会议，就更加有力地促进商会经济加快发展提出3点要求：一要壮大商会队伍，二要做强商会经济，三要做活招商引智文章。最近，三明市出台了《关于扶持培育百亿十亿重点工业企业的若干意见》，鼓励商会企业大力引进大项目和重点项目，扩大民间投资，扶持和培育重点企业。从2002年开始，三明市先后组建了南安、长乐、福清、兴化、浙江、江西、闽东、安溪、泉州、漳州等11个市属商会和上海、北京、广东、深圳、温州、厦门、泉州等7个异地三明商会，还有机械、纺织、钢材等3个行业协会。全市共有商会会员5 700多家。商会被经济学家称为地方经济发展的第三推动力。商会的功能是以乡情、亲情、友情为纽带，凝聚会员企业的力量，在集聚民资、整合资源、开拓市场、联合投资中发挥重要作用，成为招商引资新载体。在三明市委、市政府的助推下，商会会员企业加强合作、整合资源，打造资本“大船”。三元区在建的海西金属制品市场，其中海鑫五金机电城、海鑫金属市场、建材家具城、福建名城股份有限公司的食品综合冷库，就是长乐商会会员企业“抱团”投资的。海鑫五金机电城总投资4.5亿元，面积为13.5万平方米，今年年底可竣工，目前已报名入驻的企业有200多家；海鑫金属市场占地100亩，总投资9 000万元，已签约入驻企业100多家。据统计，去年三明市工商联（商会）会员企业新上项目502个，总投资445亿元，实际完成投资286.6亿元。其中，各市属商会共实施项目286个，总投资377.95亿元，实际完成投资132.03亿元。2005年以来，市属各区域性商会累计实施项目674个，总投资达504.34亿元。三明市借助异地三明商会平台的优势，大力实施“回归工程”，引导在外乡亲回乡投资兴业。全市现有7个异地三明商会，有企业会员1 000多家。自2003年以来，异地三明商会累计在三明市实施项目41个，总投资48.5亿元，实际引进资金36.4亿元。上海三明商会副会长周道芳先生创办的泰宁南方林业科技公司2008年在法国上市，他相继又在泰宁、建宁、梅列、大田、永安等地投资24个项目，总投资达30多亿元，实际到资13亿元。广东三明商会副会长林丽珠女士在泰宁先后投资4个酒店，总投资7.5亿元，完成投资近4亿元。最近，三明市委统战部、市工商联牵头组织，由7个异地三明商会和城区商会联合发起组建的“明商集团”已有实质性进展，前期认股资金突破2亿元，计划于4月25日挂牌成立。这将是三明市“回归工程”和招商引资的新突破。①

① 来源于海南省工商联。

第二节 经济助推器

商会是发展民营经济的助推器，是民营企业的娘家人。若要继续发展壮大民营经济，引入民间资本，就必须改变目前商会发展不足的问题，培育好商会组织。笔者认为，政府应放宽条件、放松管制、放活机制、放手发展、放胆使用、放心让权，取消商会必须有业务主管单位的限制条件，应在不涉及意识形态和国家安全的领域实现直接到民政部门申请注册。

一、商会组织是节省交易费用、改善经商环境的重要力量

近几年，商会组织的迅速发展已成为市场经济运行机制的重要组成部分。多种专业的商会应运而生，中国商会组织体系不断完善，这是市场经济快速发展的客观需要和必然结果，是市场经济主体运作的基础条件，是降低交易成本的有效手段，尤其是其中的信息搜寻费用。发达市场经济国家的一个优势在于，众多的中介组织帮助市场主体降低交易成本，其商会的职能体现在：维护权益、行业自律、公共服务、政策建议、调查研究、信息提供、行业咨询、协调监督、经营指导、接受委托、教育培训、会议展览、书籍出版、资格认证、优劣评估、协作交流16个方面。

二、民间性是商会的本质属性，是商会的动力源泉

商会本是民间组织，是相关企业自愿的联合。自愿组建的商会天然具备最基本的合法性——社会合法性，其必然拥有最本质的生命力和最强烈的发展动力。对于自发成立的商会应放宽条件鼓励发展，而不是以过时的规定束缚一些新型协会的发展，甚至将其扼杀于摇篮。

另外，商会的健康发展必须顺应五个发展趋势：从挂靠政府部门到逐渐走向社会，自主发展；从目前的双重管理体制走向单一的负责管理体制；从政府部门主导设立走向企业自主设立；从政府官员挂帅走向龙头企

业家挂帅；从政府部门指导型走向市场服务型。只有这样，才能还商会以“民间性”本质，从而真正发挥其服务企业的作用。

三、放权给商会组织是促进社会建设的重要手段

放权给商会组织是促进社会建设的重要手段，是当今世界的大势所趋。企业是重要的社会组织，我国绝大部分就业问题依靠企业解决，在有些地区，企业人口占总人口的60%以上。商会组织是企业的娘家人，让商会为企业服务是促进社会建设的工作，不仅仅是经济行为。放权给商会，如下放登记注册初审、企业年检初审等权限给协会，可以减轻政府办事压力，更能减少企业与政府之间的交易费用，是一举多得之好事。发达国家与地区已经在此方面作出了榜样。

总之，商会是发展民营经济的助推器。

【案例】福建省古田县凤埔乡商会从多层面着手，成为当地经济发展的助推器。一是充分发挥桥梁纽带作用，联系会员、组织会员互助合作，交流业务信息，加强与兄弟商会的横向联系，取长补短，积极探索商会的有效运行机制。二是不断增强凝聚力和创新性，加快商会建设步伐，引导企业加快发展，做“创业之星”；引导企业回馈社会，做“光彩之星”；引导企业德行兼备，做“诚信之星”；引导企业义利兼顾，做“关爱之星”。三是推进行业发展，切实强化服务职能。深入温州等地开展调研，认真探索新思路、新途径，帮助会员企业积极推广新技术、新工艺，提高全行业的科技含量和市场竞争能力，为我乡各行业的发展办好事，办实事。①

第三节　社会稳压器

本节主要以广州商会为例来说明商会的社会稳压器作用。广州商会通

① 来源于福建省古田县人民政府。

过协助政府落实政策、作好经济咨询、开展好商会对外联络工作和积极发展新会员这“四大法宝”，着力构建和谐社会“稳压器”。

一、协助政府落实政策

商会应按照国家法律法规运作，并有责任认真协助政府落实政策，研究和推动形成新的扶持政策，以促进社会的发展。

中共十一届三中全会后，党中央加快平反冤假错案。广州市商会和民建广州市委会联合组织力量，通过调查研究、反映情况、协助落实政策，共接待要求落实政策的来访会员 2 713 人，处理来信 1 298 件。1981 年，根据民建中央和全国商会《关于协助中共和政府做好对原工商业者安排使用的工作决议》，市两会联合成立工作组，按照“广开才路，合理安排，各得其所，人尽其才”的原则，对原企业合营后担任过领导职务的会员资料作详细的调查分析，提出建议，使人员得到合理安排。272 人担任各级领导职务；73 人被授予各种技术职称，大家各司其职，人尽其才。至 1984 年初，会员中的冤假错案和错划右派问题基本得到平反和改正，恢复了工作和获得适当安排。由于商会的会员数量多，落实政策遗留问题也较多，1984 年至 1992 年，市商会继续安排力量协助解决遗留问题，结办申诉案件共 358 件。此类案件多属“老大难”问题，其中取得效果后影响力较大的，当数为定居加拿大的市商会前副主委潘永刚先生办理收回自有房产业权和使用权，这是经长达四年的不懈努力而取得的突破，在海外引起良好的反响。至此，市商会会员、执委和机关干部对在“文化大革命”期间的冤假错案已全部平反改正。市商会还协助进行区别小商、小手工业、小业主的工作，把小商、小贩和手工业者 16 000 人从工商业者中区别开来，恢复原来劳动者的身份。

二、作好经济咨询

从 1979 年到 1989 年，广州商会“咨询十年”的成果有：政策咨询方面，包括政策性、综合性、专业性、行业性的咨询，共计完成 138 项；单项咨询方面，包括城区企业、乡镇企业、“老少边穷”的企业微观咨询，完成 1 316 项。可计算的经济效益有：利用外资 2 136 万美元，引进设备 1 296万美元，创汇收入 2 936 万美元，节汇支出 43. 1 万美元，提高经济效益 9 696 万元人民币；挽回经济损失 350 万元人民币，解决就业 5 007 人，专业培训 6. 4 万人，组织听课 3. 5 万人，岗位“练兵”882 人，编写培训教材 248 万字。此外，为企业提供改善经营管理咨询项目 121 项。商会的会员绝大多数从事工商业的经营，对工商企业的经营管理、生产技术有一定的了解。为了配合社会主义现代化建设，市商会和民建会紧密合作，自 1979 年开始，推动会员积极开展经济咨询服务，帮助会员企业搞好技术改造、改善经营管理，并提供培训咨询、市场信息、产销信息、人才需求信息等有效服务。

在总结十年咨询工作成果和经验后，广州市商会在经济咨询和工商专业培训工作方面，以会员企业、工商行业、县区乡镇企业为主要服务对象，围绕发展生产、改善经营管理、研究市场经济、加强横向联系、促进协作交流等主要内容，与市属各局、行业总公司的咨询中心等单位加强协作，使咨询工作出现新局面。仅 1990 年至 1994 年，广州市商会完成咨询培训项目 1 016 项，可计算经济效益 4 147 万元，帮助企业会员引进资金 6 676 万美元，举办各类培训班培训专业人员 16 464 人。

三、开展好商会对外联络工作

广州市地处祖国南大门，毗邻港澳，华侨众多，又是对外交往和出口贸易的重要口岸，历史上省、港、澳工商界有悠久的经济贸易关系，不少会员跟港澳和海外有一定的联系，市工商联利用这一优势，加强与港澳台地区和世界各国工商社团及工商经济界人士的联系。在爱国统一战线政策和改革开放方针的指引下，市商会的对外联络工作从恢复与港澳工商界老朋友的往来开始，联络接待对象由过去以经营国货为主的港澳工商界朋友，逐步发展到两地工商界中上层、知名人士、代表性人士，随即扩大到结识一些外国籍侨胞和外国工商界人士，并接触来自台湾地区或与台湾地区有密切关系的工商界朋友。从 1978 年到 1990 年，市商会接待来参加中国进出口商品交易会、洽谈业务、交流技术、参观访问、旅游探亲的港澳台和海外工商界朋友 6 752 批，共计 1.73 万人。先后跟加拿大、马来西亚、澳大利亚、泰国、新加坡、日本、朝鲜等国家的一些工商社团建立了联系。

当前，随着我国改革开放进一步深入，商会的对外联络工作迎来了新的发展机遇，同时也面临更高的要求。如何做好新形势下的民间商会的对外联络工作？这应该是商会中从事对外联络工作的同志要考虑的问题。为此，市商会在对外联络工作中，大力配合有关部门，为引进资金、技术和人才做穿针引线、铺路搭桥以及协调关系的工作。从 1980 年到 1990 年，市商会协助引介成功的项目共有 117 项，金额多达 12.4 亿美元。在引介项目中，较著名的有建设中国大酒店、穗深珠高速公路、深圳火车站联检大楼、广州机械化养鸡场、沙角发电厂 B 厂等。市工商联主委梁尚立引介的中国大酒店是中国第一家利用外资、聘用外国人任总经理的中外合作企业，它既引进国际先进的施工机械技术，又引进国际高级酒店的经营管理方法，并培养了一大批旅游酒店的管理人才，成为引进项目中一个非常成功的范例。

四、积极发展新会员

为了更好地建立企业之间互助、互补、互利的良好关系，壮大商会力量，打造商会行业品牌，促进企业更有成效地发展，商会敞开大门，积极地发展新会员。为此，广州市商会从 1985 年开始发展新会员，从国有企业、集体企业、乡镇企业、私营企业、“三资”企业中分批发展、吸收一部分企业会员；从商会、私营企业协会、个体劳动者协会、外商公会、外商投资企业协会以及与商会工作有联系的经济团体中吸收一批团体会员；从工商企业经营者、个体工商户的代表人士中吸收一部分个人会员；发展部分与商会工作有联系的经济工作者、经济理论工作者和其他有关人士，如港澳同胞、台湾同胞、海外侨胞中的工商界知名人士为个人会员。至 1990 年，市商会发展新会员 3 052 个，其中企业会员 2 124 个，团体会员 65 个，个人会员 863 个。大批新会员的入会，为商会添注了新鲜血液，为拓展会务工作打下良好的基础。

广州市工商联自1987年开始组建同业会以来，先后成立了纺织、制衣、医药等5个市属行业同业会。同业会是由相同行业的企业联合组成的组织，有工商贸结合、工商结合、工贸结合，也有以服务业为主的企业。根据其组织形式和活动内容，它不同于过去任何时期的同业公会，并非过去的同业公会的恢复，而是以行业经济活动为主的新的民间性行业商会组织。1989年10月，市工商联成立了两个跨行业的民间商会，其一是广州外商投资企业商会，是由广州地区批准开设的由外商投资企业及中外方的投资者、经营者、管理者自愿组成的民营商会；其二是广州市民营企业商会，是由广州市的民营企业及其经营人员共同组成的跨行业的民间性商会。到1990年底，广州市共建立商会、同业会27个，其中市属商会、同业会7个，区、县同业会20个。

第四节　政府职能的延伸

在谈政府职能的延伸之前，我们有必要先来谈一下政府职能的承接。

一、承接职能

社会主义市场经济体制下，政府承担了全部经济职能，现随着我国政府职能转变的加快，原来的一些职能需要逐步移交，比如，原属于商会的管理职能即要交还商会。因为在市场经济条件下，需要商会等中介组织来填补政府职能转变所带来的空白，避免因政府职能转变而形成“真空”，引发无序竞争。

（一）商会可承接的职能

按照政府的有关精神，商会可承担的职能如下：

1. *规范行为方面*

政府部门如将行业规划、行规的制定与监督、行业标准的制定与修订、行业生产经营许可证发放等职能移交给商会，商会则有义务加强行业和会员自律，促进会员守法经营、照章纳税；强化行业价格自律，制止垄断市场的行为，维护市场公平竞争和社会公共利益；积极开展行业诚信自律活动，建立行业信用服务机制，增强会员约束力，提高行业公信力；强化产品和服务质量自律，配合政府监督管理，打击制售假冒伪劣产品的违法行为。

2. 协调争议方面

商会可以对会员企业之间、会员企业与非会员企业之间或者与消费者之间就行业经营活动产生的争议事项进行协调，对本商会与其他商会或者其他经济组织的相关经营事宜进行协调，并加强与政府有关部门的沟通协调，维护行业和会员的合法权益。

3. 提供服务方面

根据会员企业需求，为它们提供优质服务。商会的中介性特点决定了商会必须建立自己的服务性机构，为会员企业提供信息、出具各类证明、开展市场调查、举办展销会等。

4. 反映诉求方面

为了维护行业的整体利益，保护会员企业的权益不受侵犯，商会可代表本行业向有关政府部门反映涉及行业和会员利益的诉求，参与涉及行业利益的决策、立法的论证咨询，维护行业和会员的合法权益；参加政府举行的有关听证会，在政府制定涉及行业利益的政策规定时，代表本行业向政府反映行业和会员的意见；组织行业企业积极应对国际国内贸易纠纷，代表行业内相关经济组织提出反倾销、反补贴调查和采取保障措施等对外贸易救济措施的申请，并协助政府开展相关工作，组织开展相关诉讼。

总之，要把部分市场准入权交给商会。为了维护市场竞争秩序，把好市场准入关是非常必要的。发达国家的企业在进入市场时要向当地商会提出申请，并接受商会的约束与保护。

（二）承接政府有关职能的标准、条件

一是有相当数量的专职工作人员和办公设施或者设备。在配备的专职工作人员中，具有专业技术或职称的人员，有本行业5年以上工作经验的

人员应不少于80%。

二是有健全的组织机构和财务治理制度。

三是多年来开展活动正常有序，有公平、公正、公开的办事制度和良好的社会诚信记录，无违法乱纪行为和无被社团登记部门、社会监管部门处罚的记录，会员和社会反映良好。

四是对经有关部门评估被评定为3A以上的商会予以优先推荐。

五是具有广泛代表性与权威性，会员行业覆盖面达50%以上。

（三）商会应承接好政府转移的职能

在政府职能转变的过程中，商会要切实加强自身建设，增强凝聚力，才有可能承接政府经济职能的部分转移。我国商会发育程度非常低，专业人才特别是熟知世贸组织贸易规则的人才缺口较大，加上资金短缺等因素，商会在短时间内还缺乏承接政府转移职能的能力。因此，在政府职能转变过程中，商会必须加强自身建设，提高承接政府转移职能的能力，并建立良性的政府与商会之间的互动机制。具体来看包括以下几个方面：

一是商会应加强独立性和自主性建设。商会在其本质规定性上应属于一种独立的民间社团法人组织，独立性和自主性是商会充分发挥其职能的前提。目前我国商会的独立性和自主性欠缺，对政府的依赖性很强，其职能的发挥很大程度上还要依靠政府。在此情况下，即使政府要把职能转交给商会，商会也没有能力承接好。

二是商会在自身组织建设中应尽快实现民间化，卸下“官服”、改掉“官腔”、去掉“官气”，要以为企业服务为最高宗旨。如果商会仅仅是政府机构和权力的延伸，就失去了存在的意义，也不可能很好地承接政府转交的职能。

三是加强商会制度建设。商会要进一步建立健全其选举制度、议事制度、财务制度，靠制度办会，靠制度管人。

四是加大人才队伍建设。当今世界，谁拥有一批门类齐全、结构合理、德才兼备的高素质人才，谁就能使企业立于不败之地，保持长盛不衰的生机与活力。人才是第一资源，人才是第一生产力。因此，要采取多种措施，通过多种途径培养高素质的、熟悉具体业务和世贸组织规则的人才，从而更好地保护会员企业的利益并为会员企业提供良好的服务。

五是政府应为商会的发展创造良好的法制环境与空间，规范商会的行为。我国现在还没有《商会法》，为此应尽快参照各国的有关立法和规章，制定适合我国国情的《商会法》。在国家尚未出台商会法之前，各地要尽快建立起商会的相应管理法规和章程，待时机成熟再出台全国统一的《商会法》。政府对商会的发展要予以适当扶持，双方形成互动机制，但关键还是要增强商会自身的服务能力，这样，商会才能成为真正有益于市场经济秩序建设的中介服务组织，最终赢得市场经济主体的支持。

二、延伸职能

相对于政府部门而言，商会运行灵活，贴近民众，在各种复杂的民生问题上，商会不仅能替政府解决好一些棘手问题，也能把政府一时无暇顾及或难以办好的事情办得有条不紊。从这个意义上讲，商会是政府公共服务职能在社会领域的延伸，可以成为政府管理的“左膀右臂”。

事实上，一个服务型政府不可能是大包大揽的全能政府。而从社会需求的视角看，其多样化的诉求，也需要商会来承担。

尽管商会管理被证明是行之有效的社会管理方式，但要真正让商会挑大梁，发挥更大的公共服务作用，绝非易事，还有很多工作要做。

首先要对商会进行松绑。根据现行《社团管理条例》，要成立一个民间组织，需要迈过两道关口，一个是在政府中找一个“主管部门”审批挂靠，才能合法注册，另外还必须得到民政部门的审核批准。显然，这样一种制度安排，实际上暗含了行政万能的思维，商会不能起到自我组织和自我负责的应有作用。

在给商会松绑的同时，也应给予政策倾斜。比如，美国仅夏威夷一个州，就有上千个商会，当地政府对非营利性、公益性的商会予以税收上的扶持，因此，那里的商会很愿意替政府做事，这体现了双赢的智慧。在香港，像义务教育、医疗、养老这样重要的民生大事，都由商会主导实施，政府通过公共预算给予补贴。反观内地，由于缺少政策和资金支持，商会发育迟缓、运营困难，参与公共服务的积极性也不高。所以，应架构起商

会政策激励驱动机制，以调动其积极性和能动性。

总之，激活商会，可以说是一举两得的事情。既能让政府从一些难以全面顾及的公共服务领域内抽身，减轻政府部门负担，也能让商会获得茁壮成长的空间，提高其服务质量和效率，满足人们的期待和愿望。

第五节　社会的中流砥柱

随着社会主义市场经济体制的建立，特别是在目前，非公有制经济已成为公有制经济的重要组成部分，将会在相当长的历史时期内存在与发展。民间商会作为基层组织，如何发挥其亦官亦民的桥梁作用就显得尤为重要，特别是在非公有制经济飞速发展的今天，商会怎样对非公有制经济进行指导、服务，使自己成为社会的中流砥柱，成为管理非公有制经济的助手，更显得十分重要。

那么，怎样才能更好地发挥民间商会在社会的中流砥柱作用？中央有文件明确指出，商会是党和政府联系非公有制企业和非公有制经济人士的桥梁、纽带，是政府管理非公有制经济的助手。这也就明确地定位了商会的桥梁、纽带作用，商会在新世纪、新阶段应该充分发挥在社会的中流砥柱作用。为此，笔者就怎样发挥商会在社会的中流砥柱作用，促进地区经济的快速发展谈几点粗浅的想法。

一、发挥商会中流砥柱作用的前提是党委政府的支持

商会是亦官亦民、亦政亦商的中介组织，因此说它是官就应视之为官来进行管理和规范，说它是民就应视之为民来爱护和支持。如何发挥商会的中流砥柱作用是摆在党委政府面前的一个重要课题。对此，政府要确保商会职能能够真正体现，才能发挥其作用。

一是党委政府的主要领导要定期听取商会的工作汇报，分管领导要经常出席商会的工作会议，对商会提出的合理性意见和建议认真研究并采取积极措施加以落实。

二是党委政府要与商会保持经常性的联系，与商会中的非公有制经济代表人士多交流，经常了解他们的思想状况和企业经营动态，听取他们对当地经济社会发展的意见和建议。

三是党委政府在研究制定有关经济政策、扶持措施时，应当征求商会的意见；在组织的招商、会展等经济活动中，要吸收商会参与举办；对各级政府颁发的经济政策性文件，要给予商会阅知的权利和条件。

四是要为商会的可持续发展提供必要的条件，有条件的地区可帮助商会建立永久性会址，不断改善商会的工作条件，提高专职人员的素质，确保商会工作的顺利开展。

五是切实转变政府职能，强化商会的服务功能，有条件的地区可尝试把一些服务企业的技术性、事务性职能逐步委托、转移给商会履行，增强商会的吸引力。

二、发挥商会中流砥柱作用的基础是商会自身优势的体现

商会的优势就在于它是联系政府与非公有制经济人士的桥梁，管理、指导、服务非公有制经济的抓手，而怎样充分体现这一优势是发挥其作用的根本基础。

一是要充分认识自身政治优势之所在，认真贯彻落实国务院《关于鼓励支持和引导个体私营等非公有制经济发展的若干意见》精神，努力践行“三个代表”重要思想，积极谋划在新形势下最大限度地发挥自身作用的新举措，积极协助党委和政府做好协调关系、化解矛盾、凝聚人心的工作，把发展是解决中国一切问题的关键这一思想变成商会广大会员的共识和自觉行动，把方方面面的智慧和力量引导到聚精会神搞建设、一心一意谋发展上来。

二是充分认识“光彩事业”（光彩事业是我国民营企业家响应《国家八七扶贫攻坚计划》所发起并实施的一项以扶贫开发为主题的事业）的重要性，这不仅能够塑造新一代非公有制企业家的形象，也是商会发挥统战组织的政治优势，扩大社会影响，团结、教育非公有制经济人士争当“优秀社会主义建设者”的形象工程。商会要进一步确立以义利兼顾的理念为

基础，以提高企业的诚信程度为主题，以开发式扶贫为重点的工作思路，通过多渠道的思想政治工作，组织动员更多的有一定经济实力的企业家参与到“光彩事业”中来，让“光彩事业”有声势、有规模、有成效，在推进全面建设小康、构建和谐社会中发挥更大的作用。

三是要在工作思路上创新。随着社会主义市场经济体制的不断完善，我国的对外开放进入一个新阶段，参与经济全球化的进程明显加快。政府在今后的国内外贸易活动中，直接干预的机会越来越少，由商会组织出面解决的问题会越来越多。在新的形势下，工商联组织应以新思维、新视角，理智地观察分析自身工作所面临的机遇与挑战，以认识上的高站位审时度势，适应活动空间增大的趋势，为职能发挥定好位。要坚持以统战性为主的根本属性，强化工作机制，充分发挥协商与服务作用，加强体现经济性的载体探索，充分扩展民间性的优势，围绕服务非公有制经济界人士思想进步和企业发展作文章，努力把工商联的事情干好，干得更能体现工商联组织的特色。

四是充分发挥商会优势，真正突出商会的经济性。要围绕创造良好的政策环境、市场环境、社会环境深入调查研究，适时向党委和政府提出有价值的意见和建议，真正为非公有制经济发展创造良好环境。

五是充分发挥商会促进再就业的优势。商会作为党和政府的参谋和助手，在促进就业方面有着独特的优势，要发动社会力量广泛参与，拓宽就业渠道，创建就业岗位，引导民营企业吸纳就业困难人员，充分发挥市场导向就业的功能，为企业和求职者建立一个就业平台。

三、发挥商会组织中流砥柱作用的关键是非公有制人士广泛参与

坚持党的领导，才能充分发挥商会在非公有制经济界人士参与政治和社会事务中的主渠道作用。统战性是商会最基本、最重要的属性，是商会的政治优势所在。商会作为党领导的统一战线性质的人民团体和民间组织，在国家的政治和经济生活中具有参政议政、民主监督的职能。随着非

公有制经济的不断发展，非公有制经济界人士要求参与社会政治事务的愿望越来越强烈。商会只有正确引导广大非公有制经济界人士开展政治协商、参政议政、民主监督，帮助会员既熟悉工商界情况，又熟悉社会经济工作，才能够围绕中心，积极而有效地参政议政。

以上是笔者对发挥商会中流砥柱作用、促进经济发展这一问题的粗浅看法和建议，希望商会在今后的工作中，不断从实践中摸索和总结经验教训，不断完善商会的功能，加强发挥其应有作用，使这一独特的中介组织真正为地区经济发展、社会建设发挥出应有的作用。

第六节　经济社会转型的杠杆

商会是企业自愿组织的联合体，熟悉会员企业情况，掌握行业信息和市场动态，因此，商会对企业的服务较其他团体组织更加到位，优势十分明显。政府应高度重视商会的培育与发展工作，大力支持以商会经济为形态的民营经济组织发展方式，充分发挥商会在行业中的重要作用，为企业提供技术、人才、培训、信息、融资等全方位服务，促进企业转型升级。

对此，广东省工商联十分注重培育和发展商会协会，先后扶持组建了省地产商会、水产业商会、创意产业协会等。同时，加大吸收团体会员的力度，尤其是注重吸收驻外省广东商会为团体会员，不断扩大商会工作网络。

近年来，广州市商会在改进与创新政策、培训、引介、维权四项服务的手段与方式方面进行了有益的探索，目前有1/3以上的会员成为人大代表、政协委员。在2004年7月评出的2003年广东“百强民营企业”中，有21名是市民企商会会员，占全市入选企业的91.3%，这成为经济社会转型的标杆。

一、搭建政企沟通平台，促进经济社会转型

2003年9月底，当时的广州市市长张广宁专门约见了新的民企商会会长和副会长座谈，就广州市经济发展、城市建设、政府引导和服务、产业

发展、土地及发挥商会作用等方面，与民营企业家们进行了广泛的交流。会后，民企商会整理归纳了企业家们的意见和建议，先后形成了两篇专题报告，上报给张广宁市长。张市长批示了报告，并指示政府有关部门答复和解决民营企业家们所反映的意见和困难。在构筑政企沟通渠道方面，民企商会起到了举足轻重的作用，有关专家如是说。

二、搭建融资服务平台，提供资金支持

据了解，针对中小企业融资难的问题，多年来，广东省各级工商联积极向当地党委政府建言献策，寻求政策上的支持，同时还积极联系有关金融机构（见表4－1），积极搭建金融机构和商会沟通合作的平台，为商会会员企业融资贷款穿针引线。

表4－1　金融机构贷款情况

年份（年）	地区生产总值（亿元）	金融机构人民币贷款余额（亿元）
1990	69.94	74.16
1991	75.10	89.61
1992	87.52	107.92
1993	109.62	138.09
1994	138.24	177.74
1995	165.31	222.01
1996	183.57	319.10
1997	202.05	320.51
1998	220.16	368.64
1999	238.39	393.73
2000	263.59	365.94
2001	300.95	422.03
2002	341.11	480.02
2003	394.67	564.84
2004	466.10	619.85
2005	543.32	638.59
2006	641.58	723.18

三、搭建技术服务平台，提高企业竞争力

目前，越来越多的民营企业家视培训为提高企业竞争力的法宝。据了解，民企商会已有近一半企业家自费到高校进修 MBA 课程，或参加相关培训课程。

广州有关专家说，为打造“学习型商会”，民企商会也积极为企业创造学习深造的机会，探索新的培训方式。商会除了平时组织会员参加一些有影响的专题讲座和报告会，吸收其他企业先进的经营管理经验，还尝试就会员关心的议题举办专题研讨，邀请专家举办讲座。2004 年 5 月，民企商会与《羊城晚报》“财富沙龙”举办“标杆学习与企业竞争力”专题论坛，用开放讨论的方式探讨如何向“标杆”企业学习，提高自身企业的竞争力，受到会员的欢迎。

2010 年，民企商会还跟广州市委统战部、市工商联、团市委等单位合作，分别在广州大学、广州医学院举办了“民营企业家与高校学子面对面”交流会，一批来自不同行业的民企代表与大学生共同分享了他们创业的成功经验与体会，为面临就业、择业困难的学子们析疑解惑。这次活动为民营企业择才、大学生择业建立了一个互动的平台，在会员企业中引起强烈反响。

四、维护行业利益，为企业提供维权帮助

我国正处于社会转型期，民营企业仍然会遭受一些不公平的待遇，因此，商会还要做企业与政府有关部门的桥梁，维护它们的合法权益。维权说起来容易做起来难，怎样把维护会员的合法权益贯穿在平时工作的始终，商会颇费了一番头脑。

商会深入会员企业，了解企业的经营情况，及时帮助其解决实际问题。近年来，商会协调解决会员申办企业、税务、劳动等方面的个案 10 多宗。这充分表明，商会在引领企业家增强法律意识、合法经营方面发挥着越来越重要的作用。

五、宣传政策提供信息，助力会员寻找商机

行业商会通过经常性地向民营企业通报发展的环境状况、相关政策法规和行业信息，为民营企业实施根本性的转型升级提供必要的信息服务，避免无序竞争和盲目发展。会员企业当然希望商会能够组织会员企业寻找更多的信息，并找到商机。有关专家介绍说，近一年来，民企商会几乎每个月都组织会员参加全国各地举办的招商引资推介活动，帮助会员企业开拓市场。

第七节　企业家政治诉求的价值取向

民营企业主必须具备一定的条件，如有一定的经济实力、在本地有较大的影响力，并表现出对党和政府的热情支持与拥护等。民营企业主阶层的阶层意识在逐渐产生。民营企业主普遍关心自己在社会阶层结构中的政治地位，实质上也就是关心自己的前途和命运，关心自己的合法权益，特别是他们私有财产的安全。在十六大之后，此种势态正以惊人的速度发展。民营企业主在政治参与过程中所期待的往往只是获得党和政府的某种政治安排。他们的政治参与主要是为了维护自己的经济利益、寻求反映其利益的渠道与保护其利益的场所。因此，他们在现行的政治参与体制内的行为通常非常谨慎、务实，会主动地配合政府、充当政府助手的角色，不会提出任何不利于个人利益的主张。他们的提案多是具体事务层的问题，如拖欠债务、申领经营许可证麻烦等，不涉及民营企业主的组织性活动和集体性政治诉求。民营企业家们称这样做是“少找麻烦、多办实事”，而这恰恰就是政府希望民营企业家参与政治后所发挥的功能。

有学者指出，现阶段民营企业主尚未成为独立的政治势力，其政治参与的目的往往是为了一种名分，为了寻求政治上的认可，获取一定的政治资本，以巩固和扩大自己的经济利益。他们跟政府之间并不存在尖锐的利益对抗或政治分野，因此愿意被现时的政治系统吸纳并获得各种参与政治

的机会，而这正是政府加强其社会控制力的手段。在这样的模式下，民营企业主阶层的政治参与就不可避免地表现出参与的制度渠道不足、参与层次较低和参与有效性不够等问题。

一、企业家的政治诉求

在这一小节里，着重分析一些成功商人的案例。

（一）房地产生涯与“五黄路现象”

伍继延，1964年出生于湖南省湘阴县，15岁考入湖南大学，19岁毕业于湖南大学计算机科学系并留校工作，20岁入党，曾担任湖南大学团委宣传部长、教职工团委书记等职，24岁毕业于清华大学社会科学系并获法学第二学士学位，后赴新建立的海南省委工作，28岁下海。伍继延现任湖南湘商文化投资有限公司董事长、中国杰出湘商评选活动组委会主任等社会职务。即便是伍继延本人，也承认自己这30多年来的经历让人看得有些眼花缭乱。用伍继延自己的话说，“曾经是一个社会主义市场经济的建设者，现在是一个社会主义和谐社会的建设者。”

1992年的春天，伍继延毅然下海。海南是伍继延商人生涯的开始，伍继延的第一个商人身份是房地产商，“做房地产，说伟大点就是搞城市建设，说难听点就是炒地皮。”伍继延对自己做的事从不喜欢“美其名曰”。在海南，在房地产的浪潮里，他完成了从一个男孩到一个男人的蜕变，“要实现理想，要解决问题，必须要有一种物质性的现实力量。我找到了自己安身立命的一些基本的东西。”在现实中他领悟到物质性的力量对现代经济中国的奠基作用。随后他辗转长沙、重庆、北京、大连等多个地方，也曾到美国留学充电。他的经商案例中最令人津津乐道，至今仍被许多商家当作范本学习研究的是“五黄路现象”。“五黄路”如今已经是重庆中央商务区的地标性建筑，伍继延也引起了在渝打拼的湖南籍商人们的注意。

1996年传出重庆要直辖的消息，伍继延嗅到了其中的商机。于是，1997年他参加了全国工商联组织的考察团，赴重庆考察。“那时的重庆又破又乱，人挤人，车挤车。”伍继延回忆道。许多人来了又走了，因为好多人失去了信心，觉得环境太差。而伍继延在海南的磨炼使他积累了创业的经验，他在重庆的第二次创业显得驾轻就熟，胸有成竹。伍继延当时就想，就是因为它不像一个直辖市，所以它才需要建设，才有机会。有一个比喻形象地道出了重庆当时的状况：“天空中到处都是飞机，但就是找不到着陆的跑道。”伍继延却找到了一个独特的跑道——投资道路建设。“要带动一个地区发展，基础设施要先行!”1998 年，伍继延提出“以路换地”模式，在重庆直辖市投资市政重点工程——五黄城市快速干道。1999 年建成通车后，由于极大地改善了区域开发建设条件，五黄路沿线成为重庆高品质住宅的荟萃之地，引起业界内外人士的广泛关注，被媒体称为“五黄路现象”。伍继延名利双收。当他为记者展示时任重庆市委书记贺国强来施工现场考察的照片时，脸上挂满了笑容。

（二）商会建设与公民社会理想

2002 年底，伍继延受邀参加重庆的湖南老乡会活动。这个成立于 1985 年的同乡会组织在举办第 18 次年度聚会时邀请伍继延参加。当天在现场，伍继延见到了老乡会的几个主要发起人，这些当时已经七八十岁的老人家希望伍继延能够担当起组织和主持在渝湖南老乡会工作的重任，而在这之前，伍继延的想法只是“与大家一起吃个午饭”。伍继延说自己虽然下海经商，可总归是从体制内出来的人，于是一心想要实现“老乡会”的合法化，因为老乡会“毕竟不是一个合法组织，我们下海做生意，都有执照的，该交税交税，各项手续齐全，我们那个老乡会连个章都没有。”伍继延随后的主要工作便是为“湖南老乡会”进行注册，按照当时的政策规定，社会组织必须挂靠在一家主管单位下，然后才能到民政部门进行登记。然而，没有一家政府机关愿意为这个组织提供帮助，直到伍继延找到重庆市工商联。重庆市工商联时任主席尹明善愿意接受“老乡会”挂靠，但是提出了一个不容商量的条件——“不要叫老乡会，要叫商会”，伍继延没有犹豫便答应下来：“商会就商会吧，我本身就是做企业的，我也没觉得商会不好。”于是，2002 年底，由伍继延牵头，在重庆开始筹建、注册重庆湖南商会，他说：“随着市场经济的兴起，一大批民营企业兴旺发达起来，但是，政府的管制和市场发展存在脱节，于是商会组织就浮出水面，商会既不是政府的政治组织，也不是企业的市场组织，它是处于政府和市场之间的社会组织。”在2003年的SARS风暴中，伍继延完成了“重庆市湖南商会”的登记手续，这是重庆市第二家外地商会。他在创会之初就明确了“会务公开、管理规范、制度民主”的办会宗旨，在商会的组织建设和文化建设上作出了有益探索，并于2006年4月发起并组织了“首届全国湖南商会协作联谊座谈会”，开始主动对接湖南政府主管部门和各兄弟商会，共同推进湖南异地商会的建设。通过十年的下海实践，伍继延敏锐地发现：“在自由的市场与集权的政治之间，存在一种空白，必须要有一个中间物将其连接起来，而这个中介最有效的就是商会组织。”经过五年的努力，湖南异地商会的发展朝气蓬勃，目前湖南商会已经在全国遍地开花。

大学毕业那一年，伍继延的名字第一次出现在《湖南日报》上，因为他是当年的湖南省大学生演讲比赛的第一名。自从那年名字出现在《湖南日报》上之后，伍继延的名字再一次密集出现在媒体报道中，这次是因为他提出的湘商崛起和商帮向商会的转型，而写在他的名字前面的头衔也变成了“文化学者、商会活动家”。提出湘商概念时，伍继延自己想到的是在市场经济以及全球化商业时代，湖南商人应该引领湖湘文化的又一次崛起，从军事到政治再到文化，直至商业文明，这是伍继延所勾勒出的三湘大地的发展轨迹。当时伍继延无意赋予自己更大的历史使命，而是只想探索解决湖湘文明困境的化解之道。或者对于伍继延来说，倡导湘商文化的兴起，是想将湖南作为一个样本，实现其完美转型之愿，最终跳出湖南一界，进而对整个中国产生影响。这是伍继延的愿望，当然也是他的野心。即使是他自己，也承认大力宣传湘商文化的最终目的其实是为了弘扬整个中华商业文明。另外，伍曾经是中国改革开放初期首批下海弄潮的读书人和“小政府、大社会”的追星族，但此后他的人生追求更加务实，以21世纪湖湘文化的传播者自居。在他的倡导与推动下，湘商“从无到有”，在湖南人的激烈争议中扶摇直上，今年更被列入所谓新十大商帮；但他却喊出了“十大商帮应死，全球华商当立”的口号，旨在推动各地域商帮走向融合，推动华商整体国际竞争力与影响力走向强大。伍继延笑称这个标题使自己成为“罪人”，但是他仍然坚持自己的观点：“尽管现在提商帮，并非毫无合理性，但是想要在现代商业文明中占据一席之地，必须转型为现代商会。”

“湘商最重要的资本是湖湘文化，是湖湘文化所赋予的心忧天下的责任意识、敢为人先的创新精神、经世致用的务实风格、兼容并蓄的开放心态与实事求是的诚信作风。”商会以一种高度社会化的组织形式，把一种文化精神作为一种必不可少的元素，融入到社会主义市场经济与和谐社会的建设之中。伍继延给自己的人生定位是“我曾经是市场经济的建设者，这个工作现在还在做，但现在我把更多的时间放在了和谐社会的建设上，是一个和谐社会的建设者”。这才是伍继延创办商会的真正意义所在。自改革开放以来，伍继延一直是走在政策的最前面甚至先政策而行。

当被问到现在所提倡的商会建设和当初倡导的“湘商”概念是否矛盾时，伍继延用了一个湖南人喜欢用的例子：“当初我上井冈山不是目的，只是步骤与手段。做湘商的目的很清楚，就是通过它来推动湖湘文化这样一种最活跃的，也是最顽固的文化的转型，现在这个实验证明，确实可以做得到，那么我们为什么不推动全国性的整个文化的转型，由湘商的商会建设扩展到整个中国各地的商会建设！”伍继延说自己曾经不遗余力倡导湘商崛起其实是为了给后续的商会建设打造前提，而商会建设则是为他实现公民社会理想铺设路径。自由经济与公民社会构成了他的主要话语体系。自从2007年首届湘商大会以后，湘商在全国商帮中的影响力与日俱增。伍继延将湘商文化装在大脑里，携带湘楚之风骨“周游列省”，传播他的研究、发现、理念、价值观。这种影响方式，已经成为他的生活。

（三）政治心理与参政议政意愿

像很多湖南人一样，伍继延言谈间时常会提及毛泽东并且频繁引用毛语录或者毛词，只是我们无法证实这是否也只是他们的“工具”而非文化。不过可以确定的是，伍继延对于市场经济和现代公民社会有着近乎于执念的兴趣。因为无论是当初的“思想贩子”还是后来的“下海经商”，无不被刻上现代文明的烙印，这使得他的头脑无法逆转向。目前已经“从井冈山上下来”的伍继延尽管说话喜欢引用毛泽东的词句，但是当年在岳麓山脚下的大学校园中读过的那些由思想贩子贩售的新思想，早已经在他的精神世界里生根发芽，并且开出了花。伍继延忆起当时有两类东西在大学校园里最有市场，国外新思潮的翻译著作的引进和中国古典文化的回潮。直到今天，伍继延还记得1980年代那套著名的《走向未来》丛书，并直言其给自己的巨大影响。假如我们翻检历史，会发现那一时期曾经出现了大量“编著”作品，这些曾经使伍继延眼界大开的文化读本，其实并不是署名者写的，也不是署名者编的，而是他们把国外的新思想进行翻译整理再加上自己的理解最终形成的一本书。“经济领域二道贩子”的称谓被引用到学术界，他们被称为思想贩子，这些并非进行原创工作的编著者们所贩售的思想成为伍继延以及与他同时代的人们的最宝贵的精神食粮，后者依此完成了最初的思想启蒙。

像伍继延这样的民营企业家目前具有怎样的政治心理？那就是——摆脱社区和地区性的矮小形象，在全国范围内提高自己的声望，包括大量向有影响的国家级教育机构和公益机构捐资，赞助全国大型文化、教育和体育娱乐节目。近年来，他们纷纷支援贫困地区和“希望工程”等教育事业。这一切都增加了个人和公司的知名度，也是新的特效广告。他们的参政意识和政治地位诉求也日益增强，许多集团实行董事制，社交为夫妇制，夫妇中必有一个从事政治和社会活动。

国家对这类新型人物也采取了相应策略：建立联盟，密切合作，加以规范，树立自身领导权威。据有关专家分析，民营企业家作为拥有较多经济资源而缺乏体制性的政治资源的一个群体，为了争取获得企业发展的政策空间，比当今任何社会群体都更需政治上的后援，因而政治接触成为他们政治参与的一种普遍的形式。同样，各级政府官员对民企保持了高度的关注，视察与调研成为部分领导人的日常工作，对政治形成实质性的影响。毋庸置疑，在民营企业家和官员的政治接触中，也会发生越轨行为，使其演变成对公共利益的侵害者。

据统计，1994年民营企业家在县级以上人民代表大会的委员为5 401人，在县级以上政治协商委员会的委员为8 588人。八届全国人大委员中有8名民营企业家，八届全国政协委员中有23名民营企业家。全国工商联被授权和定性为民间商会，第一届民间商会的140名执行委员全部是新型民营企业家。进入21世纪以来，国家、省、市、县各级政府纷纷推出提高民营企业家政治地位的举措，如2000年4月，北京西城区一批民营企业家与个体工商户成了人大代表和政协委员，其中市人大代表1名，市政协委员4名，区人大代表2名，区政协委员22名，市区特邀监察员4名。2002年，由中央统战部、全国工商联、全国民营经济研究会组织的“中国民企研究”课题组进行了第五次大规模的全国民企抽样调查，获取了大量的数据。在这次抽样调查的2 717名民营企业主中，绝大部分人都参加了人大组织、政协组织和商会组织。在民营企业主中有17.1%的人被选为各级人大代表，有35.1%的人被选为各级政协委员，有79%的人加入了商会组织。

民企作为社会经济的重要组成部分，其代言人进入地方高级领导岗位完全可被预见。2003年，在北京新选出的人大代表和政协委员中，仅民营企业家就分别有15名和47名，大大超过了上届。在上海、辽宁、河北、浙江、江苏等地同样出现了此种现象。无论从哪个角度看，新登上政治舞台的非公经济人士都是新的社会阶层的代言人。而且，新登上政治舞台的非公经济人士表达了强烈的参政议政意愿。

二、企业家的社会价值取向

什么是信仰？信仰是指对圣贤的主张、主义，或对神的信服和尊崇，对鬼、妖、魔或自然气象的恐惧，并把它奉为自己的行为准则。信仰与崇拜经常联系在一起，但是与崇拜还是有不同的。概括地说，信仰是人对人生观、价值观和世界观等的选择和持有，也包括相关的歌曲、书籍、影视作品。

而字典对信仰的定义是，对于真理和价值的坚定信念，或者对某个人、某种思想、某种事物的信任。其实信仰就是坚定地信奉某人或某事物。现实生活中，人们的信仰无处不在。有人每日起床他相信太阳也会“起床”。有人吃的早餐麦片，由长在不知名的土地里的小麦加工而成，由不知名的人包装，而他相信它是健康有益的食品。有人坐进汽车，行驶在路上，相信路上其他驾车人会遵守交通规则。有人对他所坐的椅子一无所知，但他却相信它足以支撑他的体重，这也是一种信仰。

当尼采喊“上帝死了”（这里的上帝并不是基督教的上帝，而是指“价值体系”。尼采认为人类固有的价值体系几近崩溃，所以他发出“上帝死了”的呐喊，就是希望能建立一个新的价值体系）的时候，传统的以宗教为核心的价值观被彻底打碎，新兴的理性主义统治则达到了其顶峰时代，然而物极必反，随后就有了两次世界大战。随后的反理性主义、反科学主义，都是对理性主义的一种反动，人们又开始了新的探索。纵观历史，人类总是在不断地建构——解构——再建构他们的价值观，埃及神话中太阳神拉从生老病死到复活；希腊神话中宙斯从战胜生父克罗洛斯到建立起奥林匹斯诸神统治；摩西从带领犹太人历经险阻出埃及到颁布摩西十戒建立起一神教；耶稣的基督教可以说是犹太教的宗教改革，但是他没有想到千年之后马丁·路德将改革指向了基督教。尼采会喊“上帝死了”，其实就是对上帝的“信仰”已经死了。原来我们的价值观也是不断地新陈代谢的，那么有没有一种信仰是永恒的呢？许多人用实际行动来回答了这个问题。一战中建立起的苏联代表了一种新兴的信仰——共产主义，但即使随着柏林墙的推倒有人说“再见，列宁”，人们仍然还在探索着，建构着……可以说信仰就是以实现自己的目标为责任，用奉献、牺牲甚至崇拜去进行不懈的奋斗。

信仰在中国人眼里似乎并不陌生，不过可能有些疏远。我们知道中国有博大精深的儒教、佛教、道教，我们也有几千万共产党人信仰的马克思主义，基督教、伊斯兰教在中国也占有一席之地。然而，近来一些有识之士纷纷抱怨国人缺乏信仰。

人类智慧的不断提高，需要有一个更健康的思想基础。一个正确的信仰对人的伦理和道德建设是起到积极的作用的。信仰包含着信仰者对未来美好理想的追求。在笔者看来，佛教信仰在很大程度上可以让人清楚地意识到因果关系的重要性。有了信仰，我们想要做的每一件事，都是朝着积极、健康的方向去发展，而不会去做损人利己、伤天害理的事情。

作为一个商会或者企业，“商业道德”是每一个企业都应该恪守的。如果不遵守商业道德，就会毁掉一个企业或者商会。因此，企业或者商会对企业理念的认知就显得非常重要。这时佛教信仰就会体现出积极的作

用。“诸恶莫作，众善奉行”是佛教文化的宗旨，这是应该在社会生活的方方面面以及做人做事中弘扬的。比如，做企业应该以诚信为本，待人接物应不急不躁、理智礼貌等，这些使人积极奋发向上的佛教文化，对规范企业或者商会的道德行为都是起到促进作用的。

2011 年 6 月 22 日，浙江省江西商会组织会员中部分党员和积极要求入党的会员来到红色发源地——嘉兴南湖，追寻中国共产党的发展历程，接受深刻的革命传统教育。浙江省江西商会副会长张建平、肖雯、谢炳松，秘书长陈元谷，副秘书长吴伟智等20 多名会员参加了本次活动。活动围绕“游南湖，温党史，谈发展”的主题，对嘉兴南湖革命教育基地进行了参观学习。会员们怀着崇敬的心情，先后瞻仰了革命红船、参观了南湖革命纪念馆，游览了美丽的南湖风景区。在南湖革命纪念馆里，听取了有关党的“一大”召开情况的介绍。一幅幅珍贵的照片，一篇篇翔实的史料，一件件先烈的遗物，革命先驱的丰功伟绩历历在目。烟雨楼前“一大”代表董必武书写的对联“烟雨楼台革命萌生此间曾著星星火，风云世界逢春蛰起到处皆闻殷殷雷”，寓意深刻。会员们从党的发展历史中深深地体会到党的伟大，更加坚定了已是党员的会员的政治信仰，也坚定了许多会员争取早日加入党组织的决心。大家表示一定要时刻牢记党的教导，努力经营好自己的企业，为社会主义建设贡献自己的力量。①

第八节　动力机制：财富的发动机

商会是由某一行业或地区的工商企业自发组成的民间社会团体，代表该行业或地区企业的共同利益，它与政府及外界交往，为会员企业发展提供服务，并用国家法律和政府规章来约束和规范会员企业的行为。商会是市场结构的重要组成部分，是一种特殊的中介组织，可以承接一些政府做不到、做不好或不便去做的事，能办成许多单个民营企业想办而难以办成的事，因此，“商会经济”已经越来越成为城市经济发展的主角，成为民

---

① 《江西赣商联合总会工作简报》，2011 - 06 - 24（28）.

营经济发展的新动力。

一、商会经济成为民营经济发展的新动力

改革开放以后，随着我国市场经济的建立和逐步完善，现代行业管理体制正在形成，商会组织得到了快速发展，并以其独特的影响力，在我国民营经济生活中发挥着越来越重要的作用，成为民营经济发展的新动力。

（一）维护市场秩序、保护会员企业利益

在市场经济条件下，国家不再以行政手段直接管理企业，但单个企业经常会受到各种风险的影响，还面临着无序的竞争，市场的有效性时常遭到破坏，公务员“经济人”的角色以及寻租现象的存在有时导致政府决策失误、行政行为偏离目标，使企业受到不公平对待，这些都需要由商会来维护市场秩序，保护会员企业的合法利益。

（二）弥补市场的缺陷

市场不是万能的，其有效性经常遭到破坏，市场缺陷时有发生。因此，商会要参与政府的经济性决策，弥补政府的经济职能无法弥补的市场缺陷。如商会可扶持经济实力弱小的会员企业，为其提供技术支持和金融支持，使其迅速成长等。

（三）防止政府失灵

商会能够防止政府失灵。所谓政府失灵，是指因信息不充分或公务员“经济人”的角色以及寻租现象的存在而导致政府决策失误、行政行为偏离目标等情况。此时，商会将会在市场和政府之间，发挥“中观调节”作用，弥补市场失灵与政府缺陷。如商会可参与政府的经济性决策，促进“经济民主化”；可通过自律、竞争等方式，抵制政府对经济事务的过度干预和政府公务员恣意的行政行为。

二、商会在促进民营经济发展中存在的不足

在计划经济向社会主义市场经济体制转换的过程中，政府正在由直接管理向间接管理过渡。但目前有一些企业还不能完全脱离政府而独立成为市场竞争的主体。原因很多，其中很重要的一条就是商会不发达，或者说商会的作用还未充分发挥出来。如果商会的作用不能很好地发挥，政府职能的转换和企业真正走向市场参与国际竞争就还有一段很长的路要走。当前，商会在促进民营经济发展中存在的不足表现在以下几个方面。

（一）行政色彩较浓厚，民间色彩较弱

目前我国经济体制正处于转型时期，由于旧体制的影响依然存在，我国现有商会不可避免地带有某些行政色彩，与行政部门有着千丝万缕的联系。我国目前的商会大多由政府部门牵头组建，并被赋予一定的行政职权。有人把这种类型的商会戏称为“民间政府”或“二政府”。政府对商会的严格审批制度，更加重了商会的“官办”色彩。有些地方政府希望商会成为它们行业管理的辅助工具，并通过部分转移其原有职能，使自己对行业管理的权力得到延伸。因此，从形成机制来看，民间自发建立的商会并不多见。而我国市场经济建立较早、发展较好的温州，对行业中介组织的建立在认识上具有相当的前瞻性。他们建立的商会一般都按照市场经济的要求，不带有任何行政色彩，完全由企业家办会，有效地摆脱了政府部门的干预。通过把同行组织起来，企业有了依靠，对提高产品质量、打响品牌，开拓国内外市场起到了巨大的促进作用。

（二）职能不到位，服务不健全

早在 1999 年，国家经贸委就颁布了《关于加快培育和发展工商领域协会的若干意见》，然而，商会为会员提供的服务面窄，自律、协调的作用表现不足，对民营企业的利益需求表达不够，保护会员企业的合法权益的力度不强，引导民营企业的功能还远远没有发挥出来。

（三）受政府的牵制多，自我发展、壮大的能力弱

商会自身建设不完善，管理不规范，因而不能为民营企业的发展提供良好的服务，也不能很好地帮助民营企业解决其发展中存在的诸多问题。如反倾销应诉、行业管理、参与经济政策的咨询指导等，都需要政府的授权或放权，但从实际情况来看，却存在严重的授权不足，再加上商会自身的建设很不完善，管理不够规范，规章制度不健全，特别是人员素质的良莠不齐，不少商会在成立的时候便成为政府官员分流的一条重要渠道，自我发展、壮大的能力欠缺，使得商会无法为民营企业发展提供良好的服务。其结果是影响了商会与民营企业之间的良性互动，如某些商会缺乏对民企的奖惩权，民企往往因此对商会组织的集体活动缺乏参与的积极性，而这必然影响商会发挥其协调民企利益和作为信誉中介的作用。

（四）有待法律支持推动

商会的困境被普遍认为是其法律身份的不明确。早在2001年，冯笠等33名全国人大代表就联名向全国人大提出要尽快制定与社会主义市场经济相适应的《商会法》，但时至今日，该法律仍迟迟没有出台。这样，商会的性质、功能及其实现方式，其组织机制和机构，政府对其授权范围，以及具有违法行为的规制结构等就难以做出明确的规定。立法的缺失导致法律适用的混乱，商会在对民营企业的扶持、支持、保护和服务等方面没有“尚方宝剑”作后盾，因而不能为民营企业的发展提供宽松的法律环境，同时影响到商会与政府的权力和职能划分，从而在相当程度上制约了权力从政府向商会的转移。

三、商会促进民营经济发展的对策

商会是市场经济的产物，是社会主义市场经济活动中连接政府与企业的一个重要中介组织，发展商会是市场经济发展到一定阶段的客观要求。随着我国加入世贸组织和全面推进社会主义市场经济，商会必将承担起政府转换的某些职能，承担起行业代言人与国际经济组织对话、连接、协

调、合作的角色。因此，加快商会建设是适应入世需要，同时也是规范市场经济秩序，促进政府加快转变职能的重要举措。以下是商会促进民营经济发展的对策。

（一）转变观念，提高认识

要充分认识到作为中介组织的商会在市场经济中处于中观调控的地位，起着承上启下的作用，是市场经济中不可或缺的部分。第一，提高认识。商会是市场经济发展到一定时期的产物，它的存在有利于市场的发育和完善，因此，商会绝不是可有可无的，它在市场经济中的作用和地位正在随着市场经济的发展而变得越来越重要。对商会的认识转变得越快，就能越快掌握市场竞争的主动权、占领市场竞争的制高点。第二，转变观念，树立有所“为”才能有所“位”的观念，多为会员企业办实事，在工作中求开拓，在开拓中求发展，以服务立会，以服务兴会。第三，要把提高认识、转变观念作为一项思想上的攻坚战役来抓。对政府部门而言，提高认识、转变观念就是要把加快转换职能步伐与加快扶持和培育一批商会结合起来，按照不分所有制、覆盖面要广、行业分工要细的原则，加大试点力度，顺应市场经济发展要求，改造和改组现有商会，使之符合市场经济发展的要求。要切实转变商会是政府附属部门的传统观念，树立商会既是相对独立的民事主体，也是联系政府与企业的桥梁的新观念。从企业角度讲，随着市场竞争形势的日趋激烈，企业仍旧靠单打独斗闯天下将会变得越来越困难，尤其是我国加入 WTO 以后，企业不仅面对国内市场，而且要应对国际市场的竞争，单靠自身力量将难以应付。

（二）加强制度建设，完善工作机制

着眼未来，从我国国情出发，党和政府还必须通过各种有效的方式，继续推动商会加强自身建设，确保商会“搞得活、管得住、不失控”；引导商会进一步建立健全的选举制度、议事制度、财务制度，靠制度办会，靠制度管人，使商会沿着健康的轨道发展。只有这样，才能防止商会被少数人操纵、为少数人谋取私利，才能防止商会成为“帮会”或行业垄断组织，才能使商会为更好地服务会员企业奠定良好的基础。

（三）要着力培养一批善于从事商会工作的人员队伍

建立一支善于从事商会工作的专业人员队伍是开展商会工作的基础。商会工作的好坏、工作人员的水平高低、服务质量的优劣，将直接影响到商会的生命力。因此，要注意着力培养一支有专业水平和热心商会工作的队伍。通过选调与培训的有机结合，着力提高工作人员水平，提升工作人员素质，只有从组织上保证有一批精通业务、懂政策、有亲和力的专业人才，才能保持商会的旺盛生命力和凝聚力，从而发挥商会的真正作用。

（四）加强商会立法，督促商会依法办事

随着市场经济的发展，商会在民营经济发展中的作用与日俱增，作为民间商会，必须遵守国家的各项法律法规。现在我国的商会（协会）组织已经有了相当规模，《商会法》应该尽快出台。立法的探索可以自下而上、逐级推进。由地方先行制定地方性法规，待条件成熟，再制定全国性的《商会法》。

（五）赋予职能、强化功能，明确商会的地位

政府要做好职能的转交，把本应由商会组织承担的社会职能归还给商会。从目前来看，组织行业统计调查，搜集发布行业信息，制定行规行约和行业性的技术、质量标准，组织展销、招商等活动，协调会员关系、开展培训和咨询、组织行业技术职称评定、参与国内外的行业协作与交流、发展行业公益事业，以及行业性的荣誉评选等职能，可以尽早地赋予商会。这有利于商会的发展和商会职能的充分发挥，从而推动民营经济的健康发展。另外，随着经济全球一体化的趋势，按照国际惯例，一些商业谈判将由商会出面直接与国外的商会交涉。商会定位应该是一个相对独立的非政府机构，它是政府联系企业的桥梁和纽带。在我国由计划经济向社会主义市场经济转换的过程中，政府对经济的管理将由“大政府、小社会”向“小政府、大社会”转变，这意味着政府的职能转换和商会的建立要同步进行。要逐步理顺政府执法管理与行业组织服务管理的关系，使商会随着政府职能的转换，逐步承担起相应的职责，强化商会功能，弱化政府具

体的行政职能。使商会性质真正由政府领导、直接管理型向政府引导、民间自治型的群众团体转变。按照“自愿入会、自选领导、自聘人员、自筹经费、自理会务”的组织愿则，开展“自我管理、自我教育、自我服务、自我约束、自求发展”的活动。在商会承担政府委托的管理事项时，政府应按照市场经济要求，从公共资金中支付一定费用给商会，以支持商会开展工作，履行职能。商会领导班子中的政府部门领导人不宜再兼任其他领导职位。

（六）借鉴国外商会先进做法，取长补短

商会的路要走长远，必须借鉴国外商会先进做法，取长补短。如英美型商会、欧洲大陆型商会、日韩型商会等，无论是哪种类型的国外商会，它们在为中小企业提供信息服务咨询、培训教育、开展国际贸易活动等方面都起到了政府、企业和其他中介组织不可替代的中间作用。

总之，培育和发展商会，虽然在目前还是一项探索性、试点性工作，但是，它的发展和完善需要得到政府的重视和扶持，需要得到社会的帮助和理解，更需要得到企业的支持。我们相信，随着社会主义市场经济的不断完善，政府职能的不断转换，商会必将会发挥出更重要的作用，成为政府与企业联系沟通的媒介物，以及企业与市场和社会联系的一个重要载体。

第五章

商会经济的探索及其走势

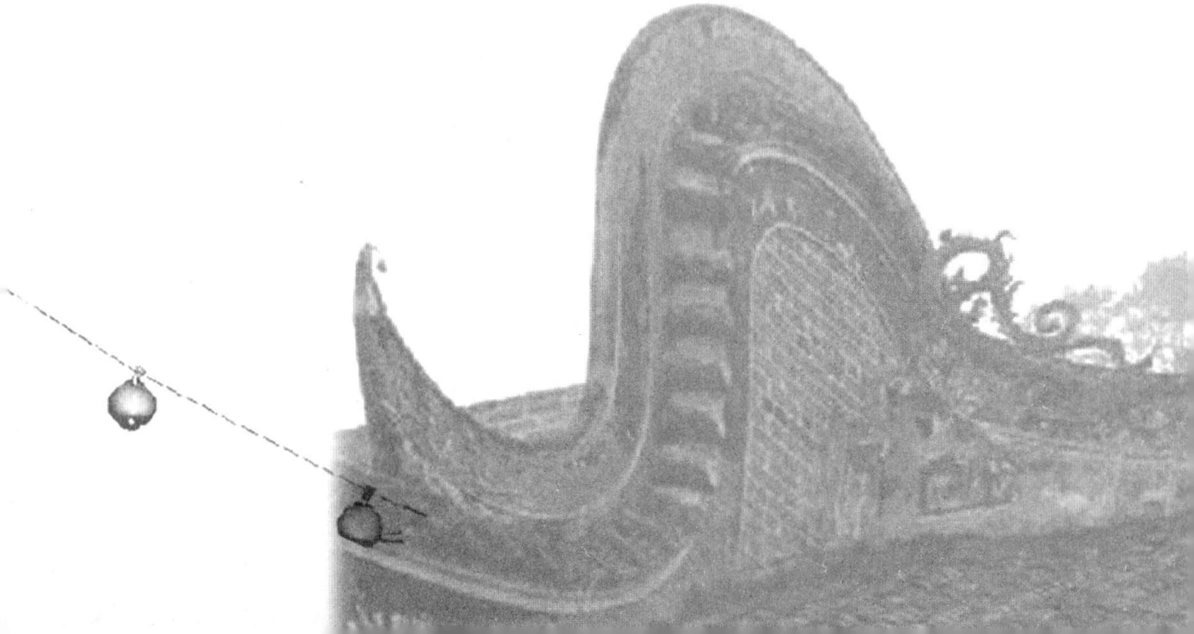

第一节　商会论坛

一、商会论坛

论坛是一种为某个主题或某类主题而召开的会议，通常都由高层人员参加。其表现形式通常有两种：一是多人在讲台按次序发表演讲，阐述各自的观点和看法；二是以多人围坐或围圈的形式发表言论并进行讨论。

商会组织在我国城市发展和经济运行中，特别是在市场机制的建立和运行当中，发挥着越来越大的作用，这既包括本土的商会，也包括各个国家（地区）在国内设立的商会。

商会利用其在对外经济贸易与文化交流合作中的资源优势，积极搭建平台，商会举办的论坛具有影响力大、信息量大等独特优势，能及时、精准地为参与者提供相关市场及价格信息。高水平的商会论坛作为经济贸易与文化交流的平台，它建立起一种讨论机制，能对论坛与会者起到指路明灯的作用。首先，它作为传递信息的“使者”，能及时为广大论坛参与者提供相互交流各自的文化、经验，共同讨论、分析行情的机会。通过交流，一方面，这些参与方可以交流在商会工作方面、商会组织方面各自的优势和经验；另一方面，他们也可以理解不同的企业文化、不同的商会组织形式，以及运作模式之间的差别。其次，商会组织者可以此为契机，借助论坛为参与者搭建相互合作的平台，充分发挥商会作用，也能使参与者们得到更多实惠。最后，参与者们可以借助论坛这个平台，与全国、全球各地商家开展更广泛的合作。

二、商会论坛与商业合作

（一）促进信息共享

商会之间及商会会员之间的交流很重要。一方面，尽管中外商会在形式上都被称作商会，尽管它们的基本功能相同，都肩负着同政府沟通与服务企业的双重责任，然而实际上，两者在组织方式、办会理念以及文化背景、价值观方面都存在很大差异。国外商会有其自身特点，特别是它们在为会员争取利益方面更具特点。而国内的商会也有联系面广、社会活动能力强、不局限于本行业或者本区域范围等特点。

图 5－1　马来西亚中华总商会中央理事梁家兴在首届中国—东盟商会领袖论坛上

马来西亚中华总商会中央理事梁家兴（见图 5－1）介绍，马来西亚在全国有 17 个商会，这些全国性商会组织经常以举办论坛或讲座的形式帮助商家了解中国—东盟自贸区的准则，并进一步帮助商家发现商机。马来西亚中华总商会长期扮演着这个角色，包括组织贸易投资访问团到中国，或者到东盟各国访问考察，开拓商机，也接待各国商会组织的访问团，安排本国的商家和来访的商家参加商会论坛，参与国际信息交流和洽谈合作，在接待过程中商会还会提供各种商业咨询。

另一方面，国内的大多数企业，规模小，实力不强，这个时候，商会可以组织国内相关行业的企业家，或者由商会之间组织企业家，大家相互进行深入沟通。特别是市场处于低迷的状态下，大家都很迷茫，急需专家指点，急需彼此之间相互交流和学习、协同发展，在这种情况下组织的商会论坛，更能引起共鸣。大家借助这个商会论坛平台获取有效信息，选择适当的时机，根据自身情况采取相应的对策，以便在商战中保全自身利益，发挥自身优势。“一个团体的力量有限，结合多个团体共同寻找机会”成为了本土众多商会的选择。如上海是中国近代商会的发源地，这里汇集了中国本土和各个国家的企业。2008 年 6 月 18 日，上海市工商业联合会与上海商报社联合举办了“2008 首届中外商会高峰论坛”（见图 5 –2），该次论坛是国内首次举办的大规模商会论坛，包括美国、英国、德国、日本及国内浙江、广东、四川、湖北、重庆、安徽等地的 50 余家在沪商会，围绕“构建中外商会沟通合作平台”这一主题展开交流。通过这样的论坛，不少商会积极主动与国际接轨，以提升自己的活力。

图 5 – 2　2008 首届中外商会高峰论坛

近年来，广西壮族自治区“百企入桂”取得了实质性的进展，一批产业关联度大、产业集聚效应明显的大型企业集团相继落户广西，对当地经济的拉动能力和引擎作用不断增强。

为了在现阶段抓住多区域合作的新机遇，加快中外在多个领域的经济合作，在积极推进经济合作的过程中，还需要力促区域间各类生产要素的良性互动。广西壮族自治区精心策划异地商会的各类经贸论坛，推进异地商会与东盟国家及全球商会的有效互动。南宁市委统战部在广泛调研的基础上，积极筹备邀请东盟10国的华商商会会长齐聚南宁，举办泛北部湾城市商会论坛等，吸引更多客商落户广西（南宁），使“百企入桂”向纵深推进。在2007年12月28—29日举行的“首届南宁—东盟城市商会经济合作与发展论坛暨南宁商会百年庆典”（见图5－3）上，近千名来自中国和东盟各国的商界代表就南宁—东盟城市商会的合作内容、机制、平台等进行了深入探讨和交流，达成了多项共识，其中就包括积极筹建“南宁—东盟城市商会联合会”，为中国及东盟国家城市商会合作搭建新的平台。

图5－3　首届南宁—东盟城市商会经济合作与发展论坛暨南宁商会百年庆典

（二）推动经贸合作

除此之外，商会论坛的举办有利于参与者之间的互动，推动商机向合作项目转化。海外商会可提供大量商机，成就彼此之间实质性的合作，众多的外国企业也一直试图透过商会了解中国市场，并不断在寻找与国内企业合作的机会。

成立于1995年的德国中小企业联合总会同全国工商联和上海、江苏、浙江、安徽等46个省市的商会成为合作伙伴。至今已经开展了包括培训研究会、交流、欧盟国际合作项目等830余个。目前德国中小企业联合总会有3 000多家会员企业在中国有投资项目。2008年6月17日，由上海市工商业联合会和上海商报社联合主办的“2008首届中外商会高峰论坛”于上海举行。“吸纳投资商，通过中方降低生产成本、拓展新的销售渠道和市场，成为中国吸引德国和欧洲企业的重要因素。”欧亚并购董事长、德国中小企业联合总会首席代表托马斯在论坛中发表演讲时表示。相反，中国企业也可以通过德国商会在德国以低成本得到高价值的不动产，取得成熟的高新技术、研发能力，掌握欧洲市场、客户关系网络、品牌等发展机遇。统计数据显示，有75%的德国企业愿意与中国企业合作，10%愿意中方入股，10%愿意全部出售，5%愿意收购中方企业。而这些合作的促成，双方商会在其中应发挥重要作用。

三、商会论坛与文化交流

（一）文化与文化交流

文化是交流情感、沟通心灵的最佳手段，有着人们喜闻乐见、易于接受的丰富表现形式，在满足人们精神享受的同时达到潜移默化地影响人们的效果。

文化是一种浸润性的软力量，文化交流具有“润物细无声”的特点，它在沟通心灵，加深理解，构架友谊桥梁方面，起着其他交流难以起到的作用。原文化部部长孙家正曾说，文化作为一种软实力，其特质似水，柔而有力，沁透人心，潜移默化，具有其他交流无法替代的作用。

文化交流是人类心灵的交流，它具有穿越时空的永恒魅力，包括不同国家、民族之间情感的沟通。它可以淡化政治色彩，突破社会制度和意识

形态差异造成的鸿沟，以“寓教于乐”的方式使不同信仰、不同种族的人加深对中国的了解。

（二）新中国成立以来文化交流的几个阶段

伴随着新中国外交和国家改革开放的进程，我国的对外文化交流可分为3个时期，即开创时期（1949—1966年），遭受“文革”严重干扰时期（1966—1976年）和改革开放以来逐步发展、空前活跃时期。

在开创时期，我国与35个国家签订了政府间文化协定。这些国家主要是承认新中国的社会主义国家性质和友好国家，平均每年有100余起近2 000人的文化交流项目。与友好国家的文化交流加强了我与兄弟国家的友谊，巩固了社会主义新中国的国际地位。

“文化大革命”期间，对外文化交流遭到“四人帮”的严重干扰和破坏。但是，在周恩来总理的领导下，文化交流并没有中断。1971年联合国恢复中国的合法地位后，与中国建交的国家成倍地增长，各种交流团体包括艺术团的互访也逐步增加。据统计，从1971年到1976年，中国先后接待了近30起外国艺术团和艺术家，派出40个艺术表演艺术团组，近3 000人，访问了50多个国家。

改革开放以来，中国自强图新，综合国力大为提升，国际地位日益提高，世界了解中国的愿望日益强烈。人们不仅希望从经贸角度，还希望从人文角度更深刻地认识和理解中国。顺应这种要求，在国家实施“走出去”战略的过程中，中华文化迎着八面来风，走向世界。中国的文化交流活动也在这个过程中生气勃勃，初具规模。

（三）商会论坛与文化交流

今天，在经济全球化的背景下，中国正面临着重要战略机遇期，文化交流在国际关系中的作用和地位越来越突出，它对展示本国文化，宣传本国形象，扩大本国影响，都有很大作用。我国当前阶段文化交流的任务是一方面紧紧围绕国家改革发展稳定和对外整体工作大局，通过文化艺术、科学技术、政治经济、民族宗教、教育管理、新闻出版、学术研究等多个领域，采取多种多样的交流形式，举办文艺演出和各类展览、召开国际会议和学术研讨、组织考察访问和专题讲座，以及合作拍片、书刊交流等，发展与世界各国的文化关系，巩固友谊、增进了解、促进合作、共谋发展；另一方面牢牢抓住战略机遇期，大力发展对外文化产业，以创新体制、转换机制、面向市场、增强活力为基本方向，破除体制性障碍，支持和鼓励我国文化产品的出口，推动中国文化产品参与国际竞争。埃及、瑞典等国近些年出现的“中国热”、“汉语热”是中华文明恒久魅力的真实写照，更是中国国际地位显著提高的充分体现。它表明世界在用积极、善意的目光注视中国，关心中国；“中国热”还是弘扬中华优秀文化传统，促进文化繁荣发展的良好契机。

这一时期，我国商会也正加大力度，在举办展会的同时，举办各种相关的论坛活动，提高行业的文化内涵与发展，总结现有行业成果，扩大行业国际文化交流，推动国际文化交流与合作，加强中国人民与世界各国、各地区人民相互深入的了解和友好合作，为我国经济发展、科学进步、文化繁荣服务，为促进世界和平作出贡献。除此之外，还可邀请官方或民间机构访问中国，感受中国的发展，以及积极响应党中央、国务院关于“走出去”的战略，积极组织部分国内相关机构出国参展、出访他国，向他国人民展示我中华文化，通过各种形式的交流活动向各国人民介绍中华民族悠久的历史文化和中国改革开放以来社会主义建设取得的伟大成就，让世界人民深入了解中国，了解什么才是真正的中华文化，借此加强彼此之间的文明对接，加强彼此之间的文化联系和交往，中国的影响力也因此逐步得到了提升。同时，为丰富、繁荣我国人民的文化、科技、经济生活，也应积极引进各国、各地区的优秀文化和先进科技，使我国人民开阔眼界、认识世界。

1. 专业的国际商会论坛

为落实中欧领导人共识，推动中欧经贸向纵深发展，共商合作大计，同时为更好地促进中外企业和谐发展，2008 年 4 月 18—19 日，由商务部欧洲司、中国欧盟商会等驻华外国商会和欧洲各国在华商会、协会共同发起的“中欧企业与商会国际论坛”（见图 5 – 4）在北京举办，为中外企业搭建交流互动的直接平台。该论坛旨在联合发挥商协会、社会团体的服务作用，诠释中欧经济发展趋势，帮助中外企业提高自身创新能力，加强国际事务中的“中国制造”形象，积极协助企业解决合作中的问题，为中外企业提供平等竞争的商业环境。在此次会议上，中外企业提出“正确对待中国制造”，“坚持对话与合作，增进互信与互利”的倡议。

图 5－4　中欧企业与商会国际论坛

随着全球气候变暖和各国对于能源环境问题的日臻重视，环境和资源的合理规划和有效管理将成为各国、各地区在全球经济一体化中彰显可持续发展优势的核心竞争力。其中，可持续城市发展是解决未来发展问题的重中之重。特别是随着 2008 年以来新一轮经济危机在全球范围的蔓延，对环境、能源相关领域的项目政策和投资力度的加大更成为官方积极应对的有力举措。在此背景下，具有行业影响力和竞争力的中国德国商会—德中生态商务平台与中国瑞士商会、中国法国商会、中国意大利商会、中国西班牙商会和 ECEB 网络于 2009 年 4 月 24 日在上海环境能源交易所联合主办了聚焦中国可持续城市发展领域的首届国际商会论坛（见图 5－5）。

图 5－5　多家著名跨国公司和中外机构参加中国可持续发展首届国际商会论坛

作为行业领域的首届国际盛会，中国可持续发展首届国际商会论坛开启了“可持续城市发展在中国”的第一个由世界多国商会组织——由西门子、霍尔希姆、EDF Trading、克林顿基金会、亚施德邦、上虞市政府、上海环境能源交易所、上海鹏晨联合实业有限公司和同济大学等多家著名跨国公司和中外机构参加的行业达沃斯。论坛以达沃斯研讨辩论的形式展开，目的是将在行业领域具有先进技术和发展经验的国外公司、机构对中国可持续城市发展领域的理解和关注与国内经济发展及市场需求相结合，从政策建议直至市场运作层面，寻求适合中国国情和发展需要的解决方案。

首届国际商会论坛同时启动 ECEB Network——全球第一个将互联网技术应用于“可持续城市发展”领域的社会网络平台。ECEB 网络作为一个创新的在线和离线互动工具，联合并协同供应商、机构和项目开发商，以支持所有的行业倡议与努力为任务，以推进中国的可持续发展为宗旨，以推动在该领域的商业机会为使命。它分为生态城市、城市科技有效循环、碳交易价值链和节能建筑四个以商业机会为导向的主题，吸引了 100 余家中外可持续发展领域方案解决商和项目发展机构的参与。与会专家分别对生态城市的机遇、整个研究规划的过程和评估政府友好化，从政策角度促进可持续城市和能效建筑的市场增长，从碳交易价值链出发规划城市区域和建筑物与既有建筑的翻新改造及推广进行了研究和探讨。

随着 ECEB 网络的正式启动，其在线和离线互动组合的商业模式正在吸引更多业界合作伙伴的关注和参与，该网络将为促动中国可持续城市发展的市场商业机会发挥重要作用，为政策完善和项目发展提供最有价值的信息和资源。

2. 与展览同期举办的系列论坛

中国国际商会浦东商会、国际建筑学会在举办 2005 中国国际建筑文化交流（IACE）第五届上海国际建筑设计与城市规划展览会（见图 5－6）的同时，举办了首届建筑文化与技术的系列论坛，首届论坛活动得到了联合国人居署的大力支持，联合国人居署的丹尼尔·比奥先生与会并作主题演讲。另外，主办方还聘请了国内外业界顶级学者组成专家顾问委员会指导、支持活动的开展。其中英国皇家建筑师协会主席罗德·哈克尼、德国联邦建筑师协会主席阿诺·施密特等十余位国际建筑界大师参会并为论坛作主题报告，演绎建筑文化的内涵。在论坛现场，法国、美国、日本、德国、英国等多家专业机构都大力支持，国内及国外知名专家到场与国内外企业积极参与交流，共同探讨国际建筑业的发展趋势及中国建筑设计业的未来走向，为国内外设计机构展开交流、合作提供了良好的舞台。这是我国建筑设计业向国际同行展现自身形象的一次好机会。

图 5－6　2005 年 6 月 10 日，第五届上海国际建筑设计与城市规划展览会中展出的规划图吸引了很多参观者

第二节 中国商会

一、中国商会发展史

（一）商会的萌芽

商会在我国的萌芽形式是中国古代的“行”，它是随着社会经济的发展，早期的商人、手工业者为了互相帮助，维护同行业的利益而建立的同业性组织。我国的行会组织最早出现于春秋时代（公元前770—公元前476年前后），先秦时代的行会称“肆”，汉代称“行列”、“市列”，隋唐时称“行”，宋代称“团行”。“行”由“行首”或“行头”主持本行的事务，在行内负责贯彻有关官员和市场的规定，向政府上交税收，办理与政府交涉的事项等。封建社会中，手工业者和商人组成行会，一方面是为了限制竞争，另一方面是为了应付官府的差遣，便于行会会员共同承担应尽的义务和分摊各会员应付的份额。从官府的角度看，行会也便于它们统治和管理手工业、商业者，可以简便有效地通过行会征收徭役、派官差和推行各种经济政策。

（二）商帮与商人会馆

明代以前商人的经商活动多是单个的、分散的，还没有出现有特色的商人群体。明代中叶以后，由于商品流通范围的扩大、商品数量和品种的增多，于是，在商业中具有“龙头”地位的一些行业在一些地区兴起，全国各地便先后有了商帮。商帮的出现标志着我国商品经济发展到最后阶段的开始。商帮的活动在我国古代产生了很大的影响。在中国商业史上，山东商帮、山西商帮、陕西商帮、洞庭商帮、江右商帮、宁波商帮、龙游商帮、福建商帮、广东商帮、徽州商帮等，在明清时代都是称雄于商界的群体。

商帮势力发展和扩散的结果是“商人会馆”或“公所”的产生。商人会馆的作用有二：一是要聚焦同乡，在当地政治、经济上占有一定位置，以期在与对手的竞争中获胜；二是照顾同乡人的生活，维护同乡利益；三是按故乡习俗举办各种文化娱乐活动。苏州三晋会馆、河南社旗山陕会馆、北京湖广会馆、山东聊城山陕会馆、天津广东会馆都是具有代表性的商人会馆，是商人们的资财物化、思想文化物化、艺术物化。如河南社旗山陕会馆采用了中轴对称式的传统建筑风格，现已成为国家级文物保护单位。北京湖广会馆体现了两湖主楼高敞、偏院曲折、厅堂隐蔽、厅景精雅的文化特色和《周易》“天人合一”的思想；苏州三晋会馆和天津广东会馆戏楼都精妙绝伦。与会馆同期或稍后的还有公所，公所在成员构成和服务功能方面同于会馆，差别在于同籍商人在他乡建立的一般称“会馆”，同业商人成立的一般为“公所”。会馆与公所的成立，在很大程度上发展了社会经济，维护了商人利益，但它带有封建行会的狭隘性。

图 5－7　潮州会馆

（三）商会的产生

只有商会产生了，中国商人的社会组织才进入全新的现代组织时代。商会是随着中国早期资本主义商品经济的萌芽在商人行会、会馆等基础上产生的，是介于商人与商人、商人与政府、商人与社会之间的协调机构，是法定社会团体。职能相当于现在的经贸、工商、财政、税务、质检、物价等政府部门。它曾一度是清末民初全国最有影响力的经济性组织和最有生命力的新兴社会团体。晚清时，由于情势变迁，商人的地位大为改观，商人组织的性质亦相应有所变化。传统的商人组织，如行会和善堂等形式的早期商人组织根据实际状况开始转化为近代意义上的商会。商会制度从创立时起，就是具有强烈的独立意识的社团组织，与其他形式的社团比较而言，它是当时清政府最为重视的新型商办民间社团。

光绪二十一年（1895 年），郑观应、康有为等力图变法的爱国绅商和知识分子，上奏朝廷设立商会。光绪二十五年（1899 年），出现了第一个有关商会的民间拟定章程《拟中国建立商业会章程》；光绪二十八年正月十五日（1902 年 2 月 22 日），上海通商银行的严信厚组织成立了上海商业会议公所，这是中国近代商会的雏形；光绪二十九年（1903 年），清政府设立了商部，作为统辖农工商实业的最高管理机构。光绪二十九年十一月二十四日（1903 年）又颁布《察定商会简明章程》、《商会章程附则六条》。到 1908 年，全国已有 58 个总商会（其中 9 个建于海外）和 223 个分会。

图 5－8　四明公所

（四）辛亥革命后商会的发展

1911年辛亥革命后，国民党政府和各地商界不承认由清政府委任的商务总会，纷纷改组成立总商会。1912年，上海、杭州分别改组称“上海总商会”、“杭州总商会”。到这一年，全国工商业较发达的城镇绝大部分都建立了商会组织，总计达998个，会员达20万人。1914年，北洋政府工商部公布了《商会法》60条，规定各省城、各商埠及其他商务繁盛之区域要设立商会。清末民初，天津拥有各类同行公会30余个。同年上海召开了中华全国商会第一次代表大会，成立了中国历史上第一个全国性的商会总机构——中华全国商会联合会。这一年，全国各地建立的商会、总商会计1 099个。1915年激增到1 262个。1915年，参议院代行立法院职权，于第二期常会议定《商会法》，并于12月予以公布。1916年2月，又颁布了《修正商会法施行细则》。

1927年，南京国民政府成立后，继续推动商会的发展：重新修订了《商会法》草案（同年8月15日公布施行）和《商会法实施细则》。

1929年，国民党政府重新修订了北洋政府颁布的《商会法》和《商会法实施细则》，颁布了新的《商会法》，规定：凡是一个地方有5家以上的同业工会，就可以组织商会；一个县城的同业商号少于7家，但是所有的粮店、油店、酒店、饭店等共计50家时也可以建立商会。因此，当时的商会的成员就有两种，一种是同业工会的会员，另一种是独立的商号。《商会法》对商会的职能有了进一步的界定，强调了商会的商事共断权，并从法律上使得工商社团在社会上的地位有了很大的提高，使其组织和运作更加规范。1929年，国民党政府还颁布了《工商同业公会法》，这已经是行业协会的本质形式。该法规定：凡一个地方有7家以上的同行业商号就必须组建同业公会。除了受到除名的公司外，凡是在同一个区域的同业公司、行号都可以成为同业公会的成员。该法颁布以后，国内各地纷纷成立新型的同业公会，原有的会馆、公所也纷纷改组为新型的同业公会。

1933年，全国共有6000多家同业公会，到1938年时，总计13 000多家。抗战时期，国民党政府修订了《工商同业公会法》，强制没有入会的企业入会，规定“逾期不加入同业公会的企业将受到政府的直接制裁”，无论是国营企业还是民营企业。

1943 年 3 月 18 日，四川、江西、湖南及云南各地工厂会员代表百余人聚集重庆江家巷迁川大厦，决定成立全国工业协会。天津的同业公会有 262 个，其中商会系统有同业公会 117 个，工业会系统有同业公会 145 个。抗日战争胜利后，各地又纷纷接收、改组、恢复或重建商会。1946 年成立的北平市商会，1947 年依照国民政府《工商会法》，北平市商会划分出机器制造业、面粉制造业、印刷业、制革业等 17 个工业公会，建立了“北平市工业公会”。上海市由于工商业比较发达，1948 年下半年，其同业公会多达 337 个，其中工业会系统有同业公会 86 个，商业会系统有同业公会 251 个。

（五）新中国成立后的商会发展

随着新中国的成立，1949 年 8 月，中共中央作出《关于组织工商业联合会的指示》，预备成立共产党领导下的工商业联合会，把旧的商会和同业公会都纳入其范畴，将同业公会作为团体会员参加工商联，但是工商联的各项工作都是通过这些同业公会贯彻执行的。1952 年 6 月全国工商联筹备代表会议在京召开，1952 年 8 月 1 日政务院第一百四十七次会议通过《工商联合会组织通则》。

1953 年，同业公会改为工商联领导下的专业组织。这时的这种专业组织与原来的行会或同业公会相比就出现了两个变化：一是改变后的这种专业组织不再或基本不再具有代表本行业企业利益和要求的义务，而是逐渐形成代表工商联与这个行业进行联系的渠道；二是这种变化使参加工商联的同业公会只是以个人身份直接加入工商联，而不再作为团体会员开展活动。1953 年 10 月 23 日至 11 月 12 日，中华全国工商业联合会第一届会员代表大会在北京召开（见图 5－9）。建国后工商业联合会（工商联）的成立，标志着中华全国工商业联合会取代了旧有的商会，旧中国工商界的社会团体组织退出了历史舞台。

图 5-9　中华全国工商业联合会第一届会员代表大会

中华全国工商业联合会成立之后，各级工商联组织根据国家的过渡时期总路线、总任务以及和平改造资本主义工商业的方针、政策，接受爱国主义、社会主义教育，协助党和政府逐步通过赎买政策把私营企业纳入到国家资本主义的轨道。到 1956 年春，在全国范围内顺利实现了资本主义工商业的全行业公私合营，同业公会的职能则由政府各行业管理部门所取代。政府按照国民经济分类体系设立对应的职能部门，对经济活动实行“归口管理”，专业管理部门运用行政手段对行业和企业实施全面管理，从此我国开始步入计划经济体制时代。这一时期，工商联的性质与职能是不能与市场经济条件下的商会同日而语的。社会团体的生存空间极其狭小，无论在数量上还是功能上都非常有限。1965 年，中国内地有全国性社团不到 100 个，地方性社团 6 000 余个。而行业协会直到改革开放前基本上不存在。

改革开放后，各地根据自身的实际情况，纷纷把工商联组织恢复和健全起来，经过近 10 年的努力，到 1988 年，各省、市、自治区县级以上的工商联组织发展到 1 495 个。进入上世纪 90 年代，改革开放的步伐进一步加快，工商联的组织建设步伐也相应加快。到 1993 年全国工商联“七大”召开时，工商联县级以上的地方组织已经增加到了 2 299 个，同时一些乡镇也建立了分会，一些地区的行业也建立了同业公会，各级工商联的组织网络进一步健全起来。东北、西北、华北、西南等地区的工商联还建立了协作制度。1997 年全国工商联“八大”召开时，恢复和建立的县级工商联组织达到了 2 913 个，占全国行政区划总数的 90.4%。随着民营经济的发展和市场经济体制的确立，以及“政企分开，政社分开”的大力推行，各地商会组织开始出现并发展，党和政府开始重新重视培养商会的民间性质和自律性职能，2001 年全国工商联正式在国家民政部登记注册为“中国民间商会”。

二、中国异地商会

在我国，凡是由工商业者组成的社会团体都可以称作“商会”，因此，从类别上来看，十分繁多而复杂。统计数据显示，目前中国共有各类商会 41 551 个（2011 年 11 月 7 日全国工商联公布的数据），全国范围内乡镇商会和街道商会覆盖率已达 51.4% 和 61.5%。商会正日渐成为创新社会管理方式、承接政府转型职能的重要载体。

一种典型的商会是行业协会（行业商会），是由同一行业的企业法人、相关的事业法人和其他组织依法自愿组成的、不以营利为目的的社会团体。其宗旨是加强同行业企业间的联系，沟通本行业企业与政府间的关系，协调同行业利益，维护会员企业的合法权益，促进行业发展。据民政部民间组织管理局社团管理处处长王文介绍，截至 2005 年，全国登记的社团有 14 万多，其中行业协会占到 1/4 左右，而且近几年新批的社团，基本上都是行业协会。但是当时的这些协会大部分属于政府管理体系，被称为“二政府”，并不是真正的行业协会。全国性的行业商会现在达到了 29 个，在县级以下工商联有乡镇商会，甚至有的地方还有村商会。

另一种商会是地域性的，通常由某地区的企业公司、公务人员、自由职业者和热心公益的公民自愿组成的组织。我们这里先看中国异地商会。

（一）中国异地商会概况

2011 年 2 月 19 日，全球领先的投融资研究机构中资研究集团发布《中国异地商会研究报告》。报告显示，截至 2010 年 12 月，在各地民政部门登记的异地商会数量超过 9 103 家。据来自广东民间组织信息网的公开资料显示，仅 2011 年至 2012 年，广东先后成立了 26 家全省性异地商会。粗略估算，广东全省性异地商会超过 70 家，是全国名副其实的异地商会集聚大户。

（二）中国异地商会的类别

按照地域情况来划分，异地商会可以分为跨境异地商会、跨省异地商会、跨市异地商会等。

跨境异地商会是由在成立商会所在地的境外籍企业家自愿参加、以非谋利为宗旨的具有独立法人资格的社会群众团体，比如上海美国商会、北京德国商会等。

跨省商会是由在成立商会所在地的外省籍企业家自愿参加、以非谋利为宗旨的具有独立法人资格的社会群众团体，如广东四川商会、广东重庆商会、广东湖南商会、天津重庆商会、北京黑龙江商会、广西福建总商会等。

跨市商会是由在成立商会所在地的异地城市籍企业家自愿参加、以非谋利为宗旨的具有独立法人资格的社会群众团体，如广东云浮商会、广东五华商会、郑州泉州商会、南宁茂名商会等。

（三）中国异地商会的作用

异地商会已经成为推动跨省经贸合作、促进招商引资和捐资助学的重要力量。

《中国异地商会研究报告》显示：仅山东省浙江商会历年与山东省各地市签订的投资项目就有 1 200 多个，投资总额达 3 500 多亿元，山东省浙江商会已经成了连接鲁浙两省经济合作与交流的桥梁和纽带。异地商会对于促进区域招商引资发挥了重要作用。

异地商会都普遍将投融资担保作为重要的会员服务内容。《中国异地商会研究报告》显示：云南省湖北商会已经和多家商业银行进行磋商洽谈，计划融资 10 亿元以上，为商会会员提供投融资项目担保。

三、中国商会的诚信建设与诚信文化

诚信是商会的基石，建设诚信商会是时代发展的需要。因此，商会作为广大会员企业与政府之间的桥梁，在商会建设过程中应大力开展诚信教育、倡导诚信理念、增强诚信意识、形成诚信风尚。

天津山西商会建立诚信经营管理机制，推动会员的商务诚信上水平。天津山西商会和每个会员之间都签订“诚信经营责任书”，规定了商会和会员之间的责任和义务，并规定了奖惩机制。为把诚信经营落在实处，天津山西商会在去年开展了有力度的“诚信经营三查”活动。对每个会员企业是否污染环境，是否存在安全事故隐患，产品是否有对人民群众健康负责的质量保证体系，与客户消费者是否诚信履约，是否依法纳税，广告宣传品是否真实以及是否依法给职工上保险等七个方面进行三查，即会员自查、会员互查、商会抽查，检查率100%。商会的重点检查对象是：对涉及人民群众健康的食品、医药、保健品企业，对涉及民工的企业以及与社会公共安全相关的企业，由商会组织专业人士一个一个地深入检查。商会深入会员企业现场，看资料、搞座谈、发现问题和隐患立即监督、推动整改。天津山西商会还树立了一批诚信经营的会员模范标兵作为身边的典型。这项诚信建设工程工作量大、难度高，但是经过坚持扎实推进，取得了明显成效。在商会和会员的共同努力下，天津山西商会的会员没有一例因为上述问题受到相关部门的处罚、被曝光、罚款或因诚信问题当了被告，获得省级、国家级诚信类荣誉的会员企业越来越多。诚信经营已成了天津山西商会会员的自觉行动。由于会员诚信经营的先进事迹不断得到媒体的报道，天津晋商的诚信美誉度也在天津形成广泛的影响。按常理，商会不是执法部门，这样对会员进行检查，民营企业老总是否能接受？能！这是因为他们有了两项基础，一个是素质培育在先，会员真正理解了诚信是企业生命的道理；二是天津山西商会还特别注重及时解决会员个人难题，比如子女上学、看病难、大龄员工婚姻等等，天津山西商会和会员们建立了深厚的友谊和感情，会员了解商会的诚信三查活动，不是查和罚，而是帮其又好又快发展。

又如在广东的湖北商人群体广东省湖北商会，于2006年创会之初就制定了《广东省湖北商会诚信守则》，始终坚持以“诚信为基、发展立本、服务树德”为理念，以乡音、乡亲为纽带，以“凝聚湖北商界精英，保护企业合法权益，提升湖北商人形象，构筑政商沟通平台，谋求企业共同发展，促进湖北广东两地经济繁荣”为宗旨，成为在广东湖北商人温暖、温情、共享、共赢的“大家庭”，致力于打造逐鹿商界的鄂商群体。广东省湖北商会坚持靠诚信凝聚会员智慧和力量。商会倡导会员诚信经营，树立“质量第一、诚信至上”理念，在商会中塑造了一批诚信经营的会员模范标兵作为典型。当得知湖北黄陂“信义兄弟”生死接力为农民工送薪金的感人事迹后，商会迅速派会员代表日夜兼程赶到黄陂，向英雄母亲表达敬意并送上了慰问金，在商会会员中对这种诚信守义的精神进行广泛宣传。对于不合法经营的会员，在商会网站、杂志及大会上进行除名，倡导在守信、尚义的基础上再取利，塑造以诚待商、以义兴商的良好商业氛围。广东省湖北商会影响力不断增大，现有4 050家会员单位，在广东省内设有16个区域分会和1个行业分会。会员企业注册资金规模超过300亿元人民币，会员企业年总产值达3 500多亿元人民币，年创利税达400多亿元人民币，年提供就业岗位超过200万个。广东省湖北商会坚持靠诚信回报社会，提升湖北商人形象，坚持靠诚信促进两省经济发展。几年来，商会积极响应中共湖北省委、省政府号召，发挥桥梁和纽带作用，促进湖北广东两地经济合作，为家乡招商引资作出了积极贡献。会员们已在湖北投资项目100多个，投资总额约835亿元人民币，开工项目80多个，解决就业超过4万人，上缴税收超过10亿元人民币。2010年度被湖北省人民政府评为“促进经济协作创业兴鄂先进商会”，2008、2009年度被湖北省工商联、湖北省总商会评为“招商引资优秀组织奖”单位。

第三节　行业商会

一、行业商会概况

商会是促进非公有制经济发展的桥梁和纽带。行业商会是指从事相同性质经济活动的经济组织，为维护共同的合法经济利益而自愿组织的非营利性社会团体，是市场经济深入发展和社会分工在市场领域细化的必然产物，同时是市场经济体系的一个有机组成部分。全国工商联作为行业性社会团体业务主管单位，据其统计，截至 2010 年底，共有会员 271 万多个，已形成覆盖各个行业的组织网络，同世界上 100 多个国家和地区的 400 多个组织、机构、商会、企业等建立了广泛联系和友好合作。

广东是我国最早实行改革开放政策的地区，广东省各类行业商（协）会也从 1988 年起作为社会团体进行登记管理。从那时起一直到现在，在 20 多年的发展历程中，它们利用人才荟萃、交流广泛、信息灵通等优势，为促进全省社会稳定、经济快速健康发展发挥了重要的作用。广东省各类行业商（协）会的覆盖面很宽，涉及家具、陶瓷、食品、纺织、百货、金融、交通运输、石油、化工、五金、机械、电信、经贸、建筑、农林、自来水、科技信息等 60 多个行业。截至 2005 年底，全省经批准登记的行业性社团（行业协会、商会）9 318 个，从社会团体登记管理范围看，省级 812 个，地市级 4 291 个，县（区）级 4 215 个，[①] 截至 2011 年底，湖南工商联系统共有行业商会 873 家[②]。江苏省南通市行业商会建设始于 20 世纪 80 年代后期，截至 2011 年 8 月，已组建各类行业组织 236 家，其中行业商会 208 家，涉及家纺、船舶、建筑等 60 多个行业，覆盖规模以上企业数

---

① 袁友军：《广东省行业协会（商会）发展的现状、问题与对策》，《学理论》，2009 年第 27 期。

② 杨维贤、李超玲、张杰文：《湖南工商联带动会员企业健康成长》，《中华工商时报》，2012 年 2 月 14 日。

的80%。①

二、行业商会的发展

随着我国社会主义商品经济的发展和市场经济体制的逐步建立，企业改革不断深化，与之相适应的行业管理的各种形式也迅速发展起来，行业商会由此应运而生。

由于改革的深入发展和市场经济体制的逐步建立，政府的经济管理职能开始由计划经济时期直接管理企业的特征向市场经济体制下的间接宏观调控的特征转变，政府开始着眼于制定发展规划、方针政策。因而在政府与企业之间需要有一个中介组织，以联系协调，并承担政府部门分解出来的部分行业管理工作。这样，很多地方工商联在当地党和政府的领导下、在有关部门的重视和支持下开始进行组建行业商会的试点。

（一）工商联系统行业商会发展的两个阶段

行业商会的试点工作基本上可分为两个阶段。

以1986年到1991年中共中央15号文件下发之前为第一阶段。工商联在这一阶段提出吸收新会员要反映出我国以公有制经济为主体、多种经济成分并存的特点，并要与当地的经济发展形势相适应。由于各级党委和政府对这个事情都是持积极支持的态度，所以行业商会试点工作在各地都进行得很顺利。到1989年，北京、上海、天津、四川、江苏、广东等地很快就建立了100来个行业工会或同业小组。这时期各地组建的同业公会主要还局限于流通、市场、服务等相关的行业，比如百货、纺织、饮食、服装、医药等。

1991年中共中央15号文件下发之后可作为行业商会试点工作的第二阶段。当年的15号文件明确要求“应选择非公有制经济成分为主的、零星分散的、政府不易照顾的行业”，在县、镇成立同业公会试点。为了落

① 《南通各类行业组织达236家　全国工商联调研商会建设管理情况》，南通网，2011年7月29日。

实15号文件精神，全国各级工商联就相关方面的工作进行了调整，行业商会（同业公会）这一时期得到了很大发展。到2003年底，各级工商联行业商会（同业公会）总数达到4 075个，比1989年增长了近40倍。到2004年第二季度末，全国各级工商联下属的行业商会数为4 916个，比上半年累计增加841个。至2009年底已超过37 000个。

（二）工商联系统行业商会的发展特点

首先，在地域分布方面，全国31个省级行政区域中，除西藏外，都有工商联行业商会（同业公会）组织。经济越发达，非公有制经济发展越快，那么工商联行业商会（同业公会）组织相对发展也更快。

其次，在行业分布方面，按照国家统计局的分类标准来说，全社会95个行业大类中的73个大类都由工商联行业商会（同业公会）组织，占全部行业大类的77%。除了党政机关等非工商领域和国有大中型企业垄断的石油、矿业、航空、银行、地质勘探等行业外，工商联行业商会（同业公会）组织已经遍布各行各业。其中，工商联行业商会（同业公会）组织成立较多的行业就主要集中于零售批发业、饮食业、农副食品加工业、食品制造业、居民服务业、道路运输业、纺织服装鞋帽制造业、非金属矿物制品业等非公有制经济比较集中且政府不易照顾的行业。

再次，在组织层次方面，工商联行业商会（同业公会）组织的80%建立在县和乡镇基层。其中，截至2004年第三季度末，县级有2 189个，占53.7%；乡镇街道有1 020个，占25%。

最后，在登记情况方面，截至2004年第三季度末，工商联行业商会（同业公会）组织中已经获准在民政部门登记的有885个，占总数的33%。其中一部分是2000年民政部第41号文《关于重新确认社会团体业务主管单位的通知》发布之前登记注册的，当地民政部门同意继续维持原状；另有一部分是地方党委和政府根据地方经济发展的需要，按照民政部关于授权社会团体业务主管单位的有关规定，运用指定地方行政法规的权力，授权工商联为行业商会业务主管单位后登记的。

至2010年底，广东全省共有地级市、县级工商联（商会）组织142个，行业商会、同业公会391个。其中，省工商联直属商协会31个。

（三）政府系统行业商会——行业协会的组建与发展概况

我国的政府系统商会——行业协会是伴随着改革开放和建设社会主义市场经济体制而逐步发展起来的。改革开放以来，行业协会从无到有、从少到多、从官办到民办，大体上经历了两个发展阶段：第一，从 1980 年试点至 1992 年确立市场经济体制前为官办阶段，行业协会发展缓慢，一般有事业编制和财政拨款；第二，从 1993 年至今，随着市场经济体制的确立和私营经济的快速发展，同时，随着全国政府机构与职能改革结束，行业协会发展迅速，官办和民办并存。尤其是 2001 年至今，随着中国加入 WTO，在经济全球化浪潮的推动下和世界贸易组织规则的约束下，进行官办行业协会改革、促进民办行业协会发展成为当务之急。

1978 年开始的改革进程首先在经济领域进行，并以农村经济体制改革为突破口。农村联产承包责任制的顺利实施使农村中国家、社会与个人的关系发生了深刻的变化，农户成为农村基本的生产经营单位。独立经营的农户对于发展经济、学习现代农业科学技术、维护自身权益的需求极为迫切，但政府所提供的有关服务十分有限，在这种情况下，中国农村出现了第一批农民自发组织起来的自下而上的专业技术行业协会，如 20 世纪 70 年代末 80 年代初成立的安徽天长县农民科学种田技术协会、四川郫县的养蜂协会、山东济南市中区林果协会（见图 5－10）等，它们是我国第一批基层农技协。农业行业协会因此迅速发展，到 1993 年大约有 9 万多个，到 1996 年底，已发展到 150 万左右。这些农业行业协会是改革以后最早出现的纯民间组织。就工业行业来看，1979 年 3 月组建了我国第一家全国性协会——中国企业管理协会。

图 5－10　山东济南市中区林果协会 30 年科技成果展

从 1980 年到 1992 年的 10 余年是中国市场化经济改革的起步阶段，也是新中国行业协会开始再生的阶段。1980 年，原国家经委批准成立了中国包装技术协会（见图 5－11）。1982 年，国务院提出，工业的调整要从行业搞起，按行业组织，按行业管理，按行业规划。自此，政府经济管理体制改革走上了从部门管理向行业管理转变的道路。1983 年，继农村经济改革进行四年之后，国务院决定对大型经济行业进行由部门管理向行业组织管理的试点，批准成立了中国食品工业协会、中国饲料工业协会、中国煤炭加工利用协会、中国农药工业协会等新中国第一批全国性行业协会。从 1984 年起，城市经济体制改革开始启动，非公有制经济（主要包括个体、私营经济和港、澳、台及外商直接投资经济）在国内生产总值中的比重大幅度上升。1978 年中国非公有制经济仅占国内生产总值的 1%，到 1993 年达到 12.3%，1996 年已高达 24%。无论从非公有企业自身发展的角度看，还是从政府实施行业管理的角度看，发展一批功能健全的行业协会都成为必需。行业协会就是市场经济中企业经常需要的一种合约形式，它能够降低交易成本。其次是提供行规行约、市场信息等互益性公共服务的需要，单个的企业不愿意或不能够解决这些公共事务，但行业协会可以在行业系统内部进行有效的自主管理。随着 1984 年城市经济体制改革的全面启动、1986 年省市级行政性公司的撤销，代之以一批地方性行业协会，到 1987

年，我国已有全国性行业协会71个。

图5-11　中国包装技术协会第六次全国代表大会现场

1988年是中国行业协会广泛发展的又一个转折点。这体现在两个方面：第一，中央政府的二级行政性公司相继撤销，大批行业协会取而代之，部分工业部委的专业司局机构合并，也成立了相应的行业协会；第二，1988年国务院发布了《社会团体登记管理条例》，将社团管理职能明确交给了民政部门，民政部设立了民间组织登记管理机构，从此建立了社团的“双重分层管理”体制，这大大促进了包括行业协会在内的社团组织的发展。1989年在民政部门登记的民间组织（包括社会团体、基金会和民办非企业单位）就有4 446个，其中，全国性社团已经发展到1 600多个，地方性社团增加到20多万个。至1991年，全国性行业协会发展到170多家，约占全国性社团总数的11%。

八届人大四次会议通过的《“九五”计划和2010年远景目标纲要》在提出进一步调整和改革政府机构的方案时，明确把专业经济管理部门逐步改组为不具有政府职能的经济实体，或改为国家授权经营国有资产的单位，或改为行业管理组织。这种行业管理组织的基本形式就是行业协会。1992年中国社会主义市场经济体制的正式确立，为行业协会的发展带来新的契机。1993年，中央决定对经济管理体制再次进行重大改革，撤销了纺织工业部和轻工业部，分别组建中国纺织总会和中国轻工总会。1994 年中共中央作出了《关于建立社会主义市场经济体制若干问题的决定》，强调要在培育和发展市场经济体系的过程中，充分发挥行业协会、商会等组织的作用，这进一步推动了行业协会的发展。到 1994 年，全国正式登记的工业行业协会有 160 多家，其中，由中国轻工总会直接负责业务指导的全国性轻工业商品协会已达 38 个。到 1997 年，全国性行业协会登记注册的已经达到 416 家，约占当时全国性社团总数的 23%。1997 年，国家经贸委印发了《关于选择若干城市进行行业协会试点的方案》的通知，决定在上海、广州、厦门和温州四个城市开展培育行业协会的试点。1998 年 10 月修订的《社会团体登记管理条例》，为行业协会的发展奠定了新的制度基础，行业协会的发展进入了充实、巩固和提高的新阶段。1998 年第九届全国人民代表大会第一次会议批准的国务院机构改革方案，将煤炭工业部、机械工业部、冶金工业部、国内贸易部、轻工总会和纺织总会等 10 个原部级经济部门分别改组为国家局，交由国家经贸委管理。

1999 年 4 月，温州市发布政府令，出台了全国第一个地方性的行业协会管理法规——《温州市行业协会管理办法》。1999 年 11 月，深圳市人大也颁布了《深圳经济特区行业协会条例》。1999 年 10 月，国家经贸委印发《关于加快培育和发展工商领域协会的若干意见》（试行）的通知，对行业协会的性质、功能及其促进措施作了更为明确的表述。2001 年 2 月中旬，国务院发表公告，撤销国家经贸委所辖九个国家局，成立包括机械工业协会、钢铁工业协会等十个工业行业协会和商业联合会等协会，并赋予这些协会部分政府职能。2002 年 4 月，国家经贸委印发《关于加强行业协会规范管理和培育发展工作的通知》，提出按照“调整、规范、培育、提高”的工作方针加强行业协会的规范管理和培育发展。2003 年 10 月召开的党的十六届三中全会《关于完善社会主义市场经济体制若干问题的决定》提出了“要按市场化原则规范和发展各类行业协会、商会等自律性组织”的新要求。

2001 年 2 月，国家纺织工业局宣布撤销，中国纺织工业协会理事会成立，行业管理体制发生重大改革，标志着我国行业管理进入由社会中介组织进行服务协调的行业自律阶段。此后，2001 年早期，国家经贸委的九个产业局改为行业总会，原来由国家纺织工业部、商业部、煤炭部、轻工业部等九个部委接管的近300家行业协会，由国家经贸委实行分行业分层次管理，国家经贸委直接联系中国商业联合会、中国钢铁工业协会、中国轻工业协会联合会、中国工业经济联合会、中国企业联合会、中国质量管理协会、中国包装技术协会、中国中小企业国际合作协会、中国物资流通协会、中国煤炭工业协会、中国机械工业联合会、中国石油和化学工业协会、中国纺织工业协会、中国建筑建材工业协会、中国有色金属工业协会15个综合性行业协会，同时授权这15个协会分别管理其他300多个协会。至此，中国行业协会的等级体制建立起来。通过国务院机构改革，过去由工商领域或国家机关所承担的职能基本上由这些行业协会、联合会来承担。到2002年底，全国行业性社团已经达到39 149个，到2004年底，全国行业协会的数量超过了40 000家，在各省、市、自治区都有分布，占我国社会团体总量的近1/3，是社团的主力军。

表5-1 1983—2012年全国性行业协会发展情况

年份	1983	1991	1997	2004	2012
全国性行业协会数量	2	170	416	700	891
占全国性社团总数的比例	—	11%	23%	40%	48.85%

资料来源：《中国行业协会发展的背景分析》，广东省机构编制委员会办公室2008-09-02及民政部全国性社会组织在线查询页面。

另外，由于历史原因，我国还有其他多个系统的商会，比如隶属于原外经贸部的中国国际贸易促进会、中国国际商会，隶属于原国家经贸委的中国工业经济联合会、全国商业联合会，隶属于国家工商行政管理总局的中国个体劳动者协会，以及由中国五矿化工进出口商会、中国轻工工艺品进出口商会、中国食品土畜进出口商会、中国对外承包工程商会、中国医药保健品进出口商会、中国机电产品进出口商会、中国纺织品进出口商会7大商会组织的中国进出口行业商会等系统。

第四节　客家商会

一、客家商会概况

客家商会是有别于浙商、徽商、潮商等以地域概念发起的商会组织，是迄今为止国内各省（市、自治区）唯一由“无地域”概念的民系群体构成的商会组织。它是由海外和国内各地客属企业家自愿组成的联合性、非营利性社会组织，包括上海客家商会、广东客家商会、海南客家商会、广西客家商会、福建客家商会、广东省五华商会等省级客家商会，柳州客家商会、东莞客家商会、中山客家商会、三明客家商会等市级客家商会，以及闽粤赣边客家商会、广西陆川客家商会两家县级客家商会。

据了解，目前世界各地先后成立了500多个客属社团组织，其中国内有80多个。

二、客家商会与客家文化

（一）客家民系与客家文化

1. 客家民系

客家民系作为汉民族的一个分支，是历史上中原汉民由于战乱等原因，经过千百年的向南辗转迁徙，在与自然和命运的抗争中形成的独立群体，是世界上著名的大迁徙民系之一。

客家人有着灾难深重的历史，他们不堪忍受战乱侵扰，自发地大规模从华夏中原向南迁徙（见图5－12），背井离乡，从“西晋八王之乱”开始，历经了1 600多年的艰难漂泊。而这也造就了客家人求实、重信义、能吃苦的性格。

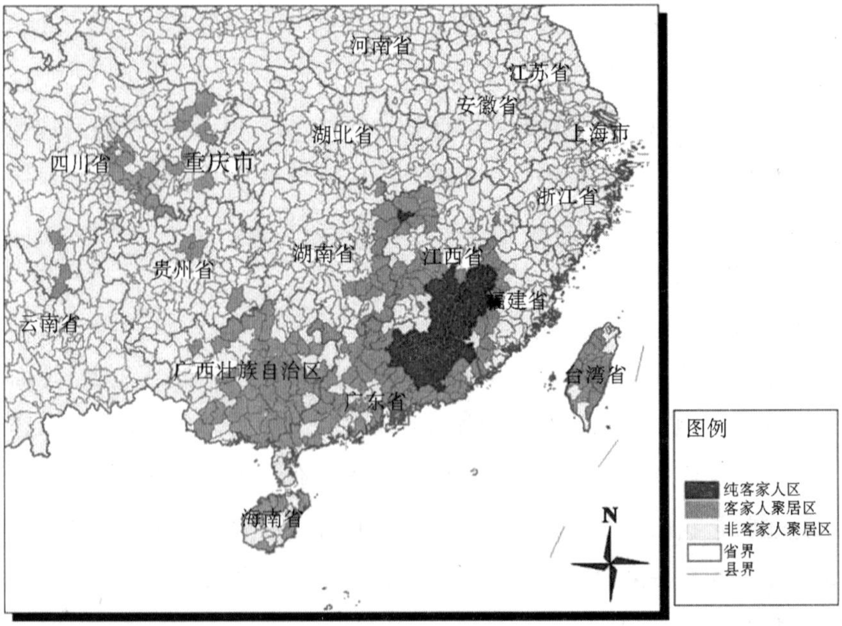

图 5－12　**中国客家人分布图**

为弘扬客家精神、振兴中华，客家人一直在努力奋斗。千百年来，客家商人衍播四海，在不同的历史时期，为发展社会经济、推动社会进步作出了卓越的贡献，为世人所景仰。

目前，汉族客家民系在全球已经发展到 1.3 亿人，分布在世界 170 多个国家和地区。其中有客家人居住的纯客住县市的省级以上行政区域共有广东、江西和福建 3 个：广东省有 15 个纯客住县市，包括梅县、兴宁、大埔、五华、蕉岭、平远、连平、和平、龙川、紫金、新丰、始兴、仁化、翁源、英德等，另有非纯客县 65 个，共计客家人总数达 2 100 万；江西省有纯客住县市 18 个，包括宁都、石城、安远、兴国、瑞金、会昌、赣县、于都、铜鼓、寻乌、定南、龙南、全南、信丰、南康、大余、上犹、崇义等县市，另有非纯客住县 20 个，共计客家人总数达 1 250 万；福建省有纯客住县 8 个，包括永定、上杭、长汀、连城、武平、宁化、清流、明溪等县，另有非纯客住县 16 个，共计客家人总数约 500 万。此外，国内其他省级行政区域如广西壮族自治区、四川省、湖南省、浙江省等尽管没有纯客住县市，但都有客家人 100 万以上。香港特别行政区也有客家人 125 万。

河源是客家先民最早开基之地，是岭南文化发祥地之一。公元前214年龙川建县，南平百越的赵佗接受秦王朝的任命，成为首任龙川县令，也是迄今为止岭南地区所知有名有姓的最早的县令，开始书写岭南文化发祥的恢弘史诗。有“世界客都”之称的梅州，则是世界上客家人的主要聚集地和客商的主要发源地。

2. 客家文化

• 客家围屋

客家先民进入赣南之前，这里的土著居住的多为干栏式（架空地面楼居）居所。而明末清初时期，赣粤边境匪盗四起，社会动荡不安，家客的大户人家为保住自家性命，保住聚集的财产，不惜耗费巨资苦心修筑土围子，这也就是我们现在看到的客家围屋（见图5－13）。其结构形式由粤东客家标准格式——围龙屋发展变化而成。如今的客家人主要聚居地，包括赣南、梅州、龙岩等地，都保留了大量浸润着客家人血与泪的围屋形式。这些围屋也在世人眼里成了客家人的典型家园构造，包容了客家人经历的岁月沧桑，构成漂泊他乡客家人梦牵魂绕的呼唤。

图5－13　客家围屋

● 客家话

客家话是汉藏语系下汉语族内的一种声调语言。它以广东的梅县话为代表。

客家话的主要特点是：语音上多送气音，不论平声仄声，大多变读为送气清音，如“别，步，抱”多读作［p‘ -］，“地，大，弟”读作［t‘ -］，“在，字，坐”读作［ts‘ -］，“旧，舅”读为［k‘ -］。声调上，多数地区是6个声调，少数地区有5个或7个声调。粤东客家话平声入声分阴阳，上去不分阴阳。闽西客家话的永定话、上杭话保留阴入阳入两个声调。①

在词汇语法方面，最明显的是保留了不少古汉语词语。如“禾（稻子），食（吃），索（绳子），面（脸）”。

● 客家山歌

客家山歌是我国著名的民歌之一，它继承了《诗经》的风格，具有鲜明的主题和浓郁的乡土生活气息。客家山歌用客家话唱，基本是四句七字体，第一、二、四句押韵；唱时往往触景生情，即席歌唱，随口而出，情深意切；唱腔丰富多彩，节奏自由又富于变化，同是客家山歌而同中有异，如梅城山歌、松口山歌、石马山歌，腔调不同，仅梅州就有100多种腔调，都是曲调高亢、嘹亮、抒情、悠扬，十分动听；演唱艺术上继承赋比兴的传统手法，又常用直叙、比喻、双关、歇后、夸张、叠字等手法；种类和体裁上有山歌号子、爱情山歌、抒情山歌、尾驳尾、虚玄歌、逞歌、猜调等；唱的形式有独唱、对唱、表演唱等。

① 章炳麟：《岭外三州语》一卷，《章太炎全集》，上海人民出版社1999年版。

图 5－14　第四届中国（梅州）国际客家山歌文化节现场

（二）客商与客商商印

1. 客商

客家人崇商重企，广东“四大商帮”之一的“客家商帮”在明清时期已经跨越省内各县、全国各地到世界许多国家去经商贸易，1840 年以后，客商更是足迹遍布全球，四海为家，闻名遐迩。近代粤商第一人张弼士是客家人杰出的代表，他下南洋、办实业、搞航运、开铁路，创立了历经百年不衰的“张裕葡萄酒”著名品牌，树立了客商商业的文化精神。在客商中，近现代还出现了很多富甲天下的杰出英才，从罗芳伯、叶亚来到姚德胜；从丘燮亭、谢枢泗到丘元荣；从田家炳、曾宪梓到今天活跃在中国乃至世界各地的客籍企业家，客商的崛起是历史的必然，客商商印是这段历史的见证！

2. 客商商印及其价值

客商在形成的过程中遗存了众多的客商文物。其中最能代表客商文化精髓的是客商用印，简称“商印”（见图 5－15）。

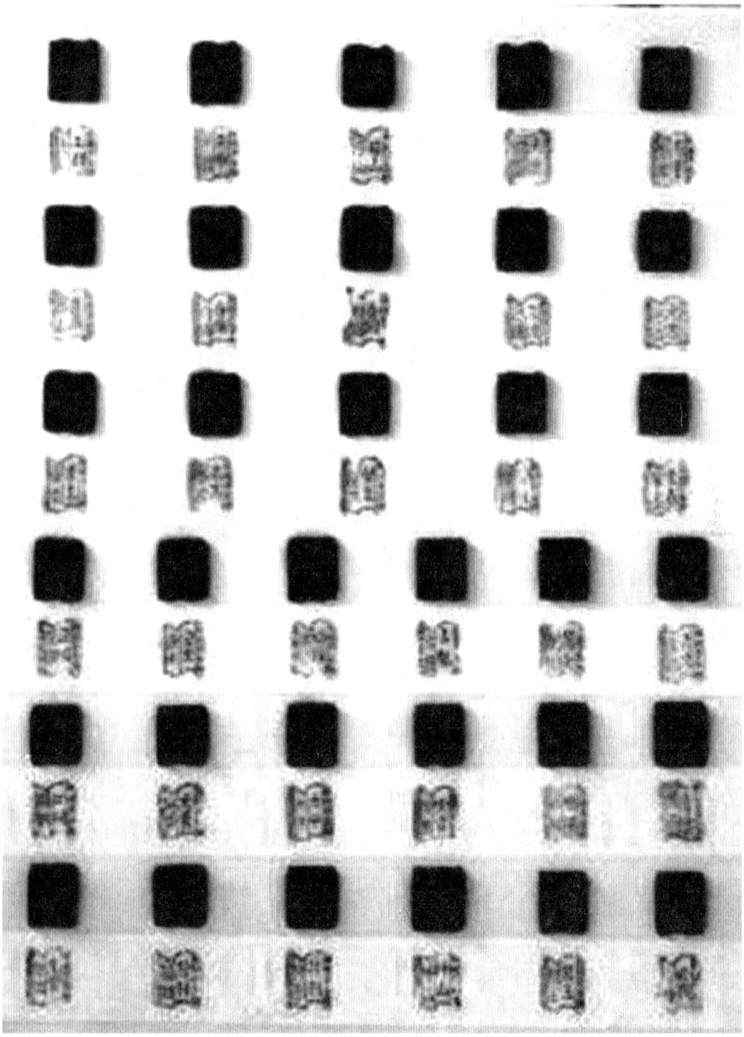

图 5 – 15　客商商印

客商“商印”的流传有千年的历史，从明、清时期发展至近代达到了鼎盛阶段，它是研究客家近代城市史、商业史、印学史的重要文物。这些商印包括了店铺号印、商业广告印、商用告示印、商用装饰印、地名印、水客侨批印、商号名称印、模具印、人名印、外文文字印等；这些商印在商务活动中作为信用凭证，具体表达商铺类别、商业活动的特点，展示商业形象，强化商品标识，追求广告效果，作为体现这些功能的实物，它的历史价值是不言而喻的。

所谓“商印”，就是客籍商人经营商业活动使用的印版、印章的实物遗存。

首先，商印有历史价值。明末清初中国出现了资本主义萌芽，广东沿海地区商贾云集、店铺林立，商业开始崛起，鲜明反映了沿海地区演绎的海洋商业文明史。这以后，随着世界列强的入侵、渗透，自然经济开始分化瓦解，商业在客籍迅速发展，潮盐大量驳运到兴宁，以兴城盐铺街为中转站，转销到粤北各地和赣南13个县，年销量已达250万吨；清末民初客籍商业贸易集市日趋完善，据记载：民国初期梅县有36个堡、30个圩镇和小市，梅城有店铺1 000多间，每逢圩日，市面繁荣，热闹非凡。五华县有36个圩市，水寨镇有店铺、商行1 450间，主要经营服饰、布料、纺织品、日用百货、五金、文化用品、肉类、食品餐饮、钱庄、古玩、典当等，促进了地方经济的不断发展和税务收入，现存的一些客商商印，有不少是那时遗留下来的实物。

其次，商印有研究价值。如在研究水客、侨批封时，信封正面都有“对角”印章（见图5－15），一般位置在侨批封正面的右上角或左下角，内容有：如意、吉祥、吉星、福星等，这就为民俗文化学研究提供了实物依据；水客封、侨批封不仅仅是汇款凭证，它还渗透着海外侨胞对祖国、故里的一片深情，昭示着他们对亲属的关爱和负责任的态度。

再次，商印有收藏价值。雕刻者对商业用印创新的设计、巧妙的构思、刀法的细腻、线条的黑白互补，充分体现了审美情趣，使人产生美的愉悦。这些朴实无华的实物遗存是研究客商文化的珍贵文物。商业用印在商户的日常经营中使用频率高，易造成损坏，而且商户多选用木质、角质、石质等材质作为商印材料，而木易腐、角易蛀、石易碎，商印留存无疑将越来越少，从这点看，藏家应抢救收藏。

（三）客家商会的宗旨与理念

天下客家是一家，同祖、同根、同文化。不可分割的血脉渊源和文化认同，成为维系两岸及海外客家乡亲的重要桥梁和纽带。

1. 广东客家商会的宗旨与理念

图 5-16 原广东省省长黄华华为广东省客家商会授匾

广东客家商会秉承“敬畏感恩，伸缩有度，吃苦耐劳，图强于心”的客家精神，本着“以法建会，以德立会，以责长会，以利兴会”的办会宗旨和“崇商论道，联谊合作，共谋发展，世代传承”的办会方针，以建设客商资讯平台为起点，促进客商信息交流、团结互助；以建设客家资源平台为方向，促进客属地区经济平衡发展；以建设客商联合（投资）实体为目标，促进客商强强联手、以强扶弱、共同发展。广东客家商会以“传客家先进文化，承先贤诚信之道，历经政不违良俗，扬社会更多正气”为核心理念，加强全国乃至全球客商之间的交流与合作，更好地凝聚客家人的智慧和力量，传承客家精神，展示客商风采，加快客商发展，更好地把客家资源融汇到现代经济建设的发展潮流中去，为“发展广东经济、建设幸福客家”贡献自己的力量。

2. 上海客家商会的宗旨与理念

上海客家商会的理念是：服务凝聚力量，智慧探索方向，拼搏开拓新路，团结铸就辉煌。因此，根据这个理念和章程的要求，本着为会员服务的精神，商会将积极促进会员之间的合作交流，互通信息，互惠互利，共同发展；密切会员与政府的联系，维护会员企业的合法权益，引导会员企业合法经营，自觉维护市场经营秩序，树立良好的客家籍企业形象。组织会员企业充分利用商会这个平台，发展自己的事业，充分发挥综合群体优势，承接大项目，办好大事业。为上海及长三角经济发展，为家乡经济发展作出积极的贡献，从而吸引更多的客家创业人士来上海及长三角发展。

3. 福建客家商会的宗旨与理念

福建客家商会作为传承和发扬客家文化的平台，是在闽客家人的服务组织，也是深化海峡两岸民间交流的纽带。福建客家商会将为传承和发扬客家文化提供良好的平台：通过出版刊物、捐资助学、开展慈善活动等方式，体现客家人团结奋进的精神，主动推进闽台客家联谊，积极宣传包括客家文化在内的中国优秀文化，广泛开展海内外客家社团、乡亲联谊活动，使客家群体能够继往开来，生生不息。将秉承客家文化的核心价值理念，充分发挥“服务企业、服务社会、服务发展”的职能作用，加强海峡两岸经济、文化的民间交流，为深化海峡两岸民间交流、构建和谐社会和服务海西建设、促进两岸的共同发展与繁荣作出积极的贡献。

4. 东莞客家商会的宗旨与理念

东莞客家商会的宗旨：坚持以邓小平理论和“三个代表”重要思想为指导，努力贯彻和实践科学发展观，遵守宪法、法律、法规和国家政策，高举“团结、发展”旗帜，紧密联系和团结会员，加强会员之间的交流与合作，帮助会员提高素质，促进会员企业繁荣发展，维护会员企业的合法权益，为建设富裕、文明、和谐新东莞，为建设有中国特色社会主义伟大事业作出贡献。透析客家文化内涵，凝聚东莞客家乡亲，以商会友，合作共赢。

5. 柳州客家商会的宗旨与理念

柳州客家商会（见图5－17）坚持“服务会员，造福社会，开拓进取，抱团发展”的宗旨，认真履行商会职能，充分发挥桥梁纽带作用，积极打造服务平台，团结带领全体会员弘扬“勤劳勇敢、崇文重教、敬祖睦宗、爱国爱乡”的客家精神，抱团取暖，共谋发展，奉献社会，成就人生。柳州客家商会立足柳州，面向全国，放眼世界，与时俱进，科学发展，继续广纳各路俊彦英才，为弘扬客家文化和客家精神，为做大做强商会和客家事业，为创造更加美好幸福的生活，为加快地方发展，为中华民族伟大复兴而奋斗。

图5－17　柳州客家商会

三、客家商会与各地经贸活动

（一）客商与改革开放

客属族系是中华民族大家庭的一支重要族系。客家人辗转迁徙，在世界各地拓荒开埠，建基立业，涌现出一大批杰出客商精英。千百年来，勤劳勇敢的客家人在世界各地勤奋拼搏、锐意进取，涌现出了一大批“商贾巨子”。特别是改革开放以来，各地涌现出了一批又一批事业有成的新一代客商。他们在中国南部沿海地区迅速发展起来，尤其是近年来在各地投资兴业规模日益扩大，涉及工业、农业、商业、科技、教育、城市建设等各大行业和领域，客商企业一举成为客属聚集地和珠三角经济发达地区的纳税大户，为客属地区乃至全国各地经济建设作出了巨大贡献。

（二）客商、客家商会与经贸活动

随着客商经济规模的不断壮大，在客商经济发展的带动下，各地客商组织迅速发展，这既是当代社会经济发展的需要，也是客商组织发展的必然。各地成立客家商会，旨在深化合作、共谋发展，大力弘扬客商艰苦创业、自强不息的精神，大力弘扬客属情系乡梓的文化传统，在积极参与和传承“崇文重教”传统的基础上确立“崇商重企”新理念，通过客商大会之平台，推进各地客商、商会之间的合作，加强经济文化互动、人文商道共荣，实现客家地区和客商新崛起。

商会不仅是企业的娘家，也是商战中的“桥头堡”。和单个企业比起来，商会与政府的联系更为密切，对于经济动向如重大项目需要招商、利好政策出炉等经济信息也更为敏感，可以通过各种办法推动经贸投资合作，实现互助共赢，共谋发展方略的平台。

1. 河南客家商会吸引外商赴豫投资

2011 年 5 月 29 日，河南客家商会成立大会在郑东新区隆重举行。作为河南省政府外事办公室下辖的唯一商会，河南客家商会为吸引外商来豫投资出力不少。商会会长黄晓辉介绍，客家商会筹备之初便受到了省委、省政府的关怀与帮助，并作为民间招商团体为河南引进投资 10 多个亿，并联合投资商建立了安阳、信阳工业园区。

2. 广西首个客家商会互助基金正式成立

2011 年 2 月，广西首个经批准成立的广西客家商会互助基金正式成立。该基金注册资本 5 亿元，获得了广西招商局和民政厅批准，是广西第一家经批准成立的商会资金。广西客家商会互助基金成立后，为广西各地的客家企业及各地在桂的客家企业之间提供了互助发展平台，帮助企业发展壮大。

3. 柳州客家商会投资超 100 亿元

截至 2011 年 9 月，柳州客家商会会员企业在柳州累计投资超过 100 亿元，安排就业 5 万余人，年上缴国家税利 10 多亿元，慈善公益捐赠近 3 000万元。

第五节　潮州商会

一、潮州商会概况

潮州商会是指通过申请经当地民政部门批准，由在海外和国内各地投资、经商的潮州民系（主要包括今天的潮汕地区）的商人自愿加入组成的联合性、非营利性的民间社会团体，是企业家、企业经营管理者自我管理、自我提高的组织。由于历史或其他原因，各地潮州商会的名称并不完全相同。共同的潮汕语言、接近的生活习俗与发展壮大企业的目标使潮州商人彼此心连心，走到一起，成立潮州商会。

内地潮商会也是各有全称，深圳、北京、广东、上海、云南、重庆、四川、江苏、浙江……各有各的叫法，截至2011年6月，在内地各大城市中，叫潮汕商会的就达81个。其他也有诸如深圳市潮汕商会、北京潮人商会、上海潮汕商会。

在海外，有潮州商会、潮汕商会的叫法，有的由中华总商会直接统管，未命名为潮州商会。比如澳大利亚及欧非一些国家就叫潮汕商会，泰国等一些国家直接叫中华总商会，香港美日等地区和国家就叫潮州商会，马来西亚则叫潮州公会联合会，澳门称潮州总商会。

二、潮州商会与潮州文化

（一）中国的犹太人

很久以前，海内外流传着这样一句民谣：“哪里有潮水，哪里就有潮州人。”

上海话说一个人精明，叫“门槛精”，如果形容一个人是精上加精的“人精”，则叫作“潮州门槛”。

而在海外，香港《资本家》杂志曾在1995年发布一份“全球华人富豪榜”，个人资产1亿美元以上的上榜华人富豪有368人。以祖籍划分，包括李嘉诚、林伯欣、谢国民等潮商共有60位，他们的总财富为820.5亿美元，占全球华人富豪总财富的1/4，实力最强。有关资料表明，在世界各地的5 000万华人中，潮州人多达1 500万，占30%！他们遍布世界40多个国家和地区。

多少年来，一代又一代的潮州人走南闯北、漂洋过海，发展成为最强大的华商势力之一。

（二）潮州文化

潮州民系最显著的特征是操潮汕方言。因此，潮州文化是操潮州方言的潮汕民系的文化，是包括海内外约2 000万潮人共同创造、传承和发展的群体文化，是中华文化具有独特的文化面貌的组成部分，是海内外潮州人的根。海内外潮人认同的潮汕地区指潮属八邑，即今天的广东潮州、汕头、揭阳三个地级市以及梅州市的丰顺县，另从民风各方面来看，陆丰东部也为潮州文化的覆盖区。

潮州文化是古代南粤土著文化、中原文化和海外文化相融合而产生和发展的文化。潮汕地方很早就有土著居住，包括越族中的僚、俚、畲等土著。潮州文化在形成的过程中，就吸收了这些土著文化中的优秀成分，如潮剧《苏六娘》中婉转悦耳的《斗畲歌》，就源于畲族民歌。潮汕地区现有居民大多数是由中原地方先后移入的中原人的后裔。潮州文化在长期的形成和发展过程中，吸收了中原文化中的许多优秀成分，如儒家文化和中原的语言、文学、戏剧、音乐中的不少内容。潮汕民众随着樟林港的形成和1860年汕头港的开埠，不断向海外各地移居，同时由于潮汕与海外各地经济贸易的发展，以及中外交往的增加，海外文化（包括西方文化和东南亚文化等）也不断传入潮汕，因此，潮州文化也吸收了海外文化中的优秀成分。如19世纪原汕头小公园一带和潮州府城内太平街等地的骑楼建筑文化，就是吸收西方建筑艺术的营养而建造的。由此看来，潮州文化具有海纳百川的特色，是吸收古代南粤土著文化、中原文化、海外文化中的优秀部分，不断融合和发展而成的。

潮州文化的内容十分丰富，至少包括潮汕方言、潮汕民间文学、潮剧、潮州音乐、潮汕地区民俗、潮汕地区旅游文化等16个方面。

潮州文化历史悠久且独具特色。潮州菜享誉全国，是国内最名贵的菜系之一；潮剧是中国十大地方剧种之一，而迄今已有400多年历史的《重刊五色潮泉插科增入诗词北曲勾栏荔镜记戏文全集》（俗称《荔镜记》）可谓是用潮州话编写的岭南第一本文学巨著。北有秧歌，南有英歌，粗犷豪迈的英歌舞是南方艺林一朵奇葩；“潮州厝，皇宫起”，独具特色的潮汕民居别有一番古典雅致。

1. 潮汕方言

潮汕方言又称潮语，即潮州话，属汉语七大方言中的闽方言。它的词汇丰富、幽默生动、富有极强的表现力，并保存着很多古汉语的成分，因而为越来越多的语言学家所重视。潮汕方言有自己的字典《潮州字典》，以及《潮语十五音》等研究地方语言的专著。

从明刻本《摘锦潮调金花女大全》可以看到，这时的潮剧主要用潮汕方言演唱，但其中一些场次的唱腔和道白，标明用“正音”（即“官腔”）演唱，这说明潮剧从南戏演化的过程中，开始可能全用“官腔”，其后才逐渐减少“官腔”的分量，而最终完全地方化。

2. 潮州戏剧音乐

潮剧（见图5－18）又名潮州戏、潮音戏、潮调、白字戏，主要流行于潮州方言区，是用潮汕方言演唱的一个已有430多年历史的地方戏曲剧种。如前文所述，潮剧最初并未完全用潮汕方言演唱，而是经历了一个演变的过程。它是宋元南戏的一个分支，由宋元时期的南戏逐渐演化，吸收了弋阳、昆曲、皮黄、梆子戏的特长，并结合本地民间艺术，如潮州音乐等，最终形成自己独特的艺术形式和风格。

图 5－18　潮州戏《荔镜记》剧照

潮剧有自己的体系和独特的风格。音乐唱腔是曲牌连缀为主的联曲体和板腔体综合体制，至今保留一唱众和，二人以上同唱一曲和合唱曲尾的帮腔形式。唱腔以轻婉抒情见长，多曼声折转，清丽悠扬。潮剧行当由南戏的生、旦、丑、净、外、贴、末发展到现在的十类丑、七类旦、五类生、三类净，其中以丑、旦两行表演较有特色。

潮州音乐源远流长、优美动听、驰名中外，它具有独特的艺术风格和浓郁的地方色彩。其门类有：以三弦为领奏乐器，伴以弹拨、弦索乐器的弦乐；以琵琶、三弦、筝组奏的细乐；以佛场为主要法器，伴以唢呐、横笛领奏的庙堂音乐；以笙、潮州大锣鼓、箫、管、笛为主要乐器的笛套音乐；以潮州大锣鼓伴以唢呐领奏的潮州锣鼓乐等。其表演形式灵活多变，既可表演出千军万马、气势磅礴、壮怀激烈的场面，也可奏出轻快活泼、悠扬悦耳的情调。

千百年来，潮州音乐备受世人喜爱和欢迎。1957年潮州音乐团在“第六届世界青年联欢节”上表演并荣获金质奖章。据传60年代初，周总理访问瑞典时，瑞典国王馈赠的礼物中，便有两张他自己珍藏的潮州音乐唱片。由此可见，潮州音乐已被视为稀世奇珍。

3. 潮汕饮食

潮菜已有数千年的历史。据史料记载，潮菜可追溯到汉代。盛唐之后，受中原烹饪技艺的影响，更是发展迅速。唐代韩愈临潮时，对潮菜的美味赞叹说：“……章举马甲柱，所以怪目呈。其余数十种，莫不可叹。”至明末清初，潮菜进入鼎盛时期，潮州城内名店林立、名师辈出、名菜纷呈。近代，由于潮籍海外华侨的往来，潮州菜博采海内外名食之精华，菜式更加丰富多彩，质量精益求精。时至今日，潮菜已经发展成为独具岭东文化特色、驰名海内外的中国名菜之一。潮州小食，品种繁多、香味可口，让人尝试以后绝对想再尝。信手拈来就有潮州胡荣泉春卷、潮州西马路尾豆干牛肉丸汤、潮州铁铺老银猪脚、潮州铁铺松下集市的老字号“雨记”腐乳饼、汕头西天巷蚝烙、贡咕鹅肉、老姐猪脚饭、汕头老妈宫粽球、膀糕，以及各类粿品、甜品。潮州打冷，主要是各类卤水、腌制河鲜等具有潮州饮食特色的冷菜。潮州功夫茶为中国茶道之集大成者。粿文化和糜文化、也是潮汕饮食的一大特色。

4. 潮汕建筑

潮汕建筑以传统的三合院、四合院为基本布局，最基本形式称“下山虎”和“四点金”（见图5－19）。规模较小的城镇平民居屋有布局狭长的“竹竿厝”。大型民居以四点金为基础横向或纵向扩大规模，称“三厅串”、“八厅相向”、“四马拖车”、“百凤朝阳”，其外部轮廓则保留十分规整的正方形或长方形。大规模的集居式住宅称为“寨”，这是清代潮汕地区乡村居民军事化的产物。从平面上可分为方案和楼寨，从外围方式上可分为围墙和围楼。在潮阳，这种集居式住宅称为“图库”。海滨贫民旧时所居多为四马拖车涂（草）寮，是夯土或以木、草织成墙体的茅屋。潮汕地区的建筑材料因地制宜，就地取材，大量采用贝灰和石材。潮汕祠堂的基本结构，有两厅夹一庭的两进式和三厅两庭的三进式两种。其建筑系统地运用木雕、石雕、嵌瓷这三大潮州建筑工艺，装饰豪华、富丽堂皇、雄伟壮观，具有一定的欣赏价值。潮州祠堂还具有一定的历史文化价值。如普宁市西社乡永思堂存有民国修建的碑记，从中可以了解该祖源流及世系辈序，这对研究该族历史有很大的帮助。澄海市后溪乡芳庄堂堂正中入门处有一祖墓，这一现象在潮汕是极其罕见的。潮汕土楼主要分布于饶平县和潮州市凤凰山区及其余脉，如潮安县铁铺镇平原地区。

图 5－19　潮汕建筑下山虎、四点金

（三）潮商与“中国瓷都”潮州

中国外贸史是从瓷器开始的，所以，“CHINA”（中国）的原意即为“瓷器”。据考证，“CHINA”的英文发音来源于景德镇的古名“昌南”。

景德镇一直是海内外公认的“中国瓷都”，但是，2004 年 4 月，中国轻工业联合会和中国陶瓷工业协会却将“中国瓷都”称号授予了潮州（见图 5 – 20）。

图 5 – 20　中国瓷都（潮州）复评情况反馈会

景德镇当然不服气，一些民间陶瓷协会于是成立了一个由 6 名律师组成的志愿律师团，要状告中国轻工业联合会和中国陶瓷工业协会，要求“收复”景德镇“中国瓷都”名誉。

据报道，潮州陶瓷 2003 年的销售额为 116. 8 亿元，出口额为 6. 43 亿美元，陶瓷企业有 1 万多家；而景德镇陶瓷 2003 年的销售额仅为 10 亿元左右，出口额约为 1 000 万美元，陶瓷企业数量只有 2 400 家。中国轻工业联合会和中国陶瓷工业协会的专家考核组实地考察了潮州市的陶瓷历史文物、瓷土资源和当前全市陶瓷生产的规模、门类、品种、技术水平、档次、出口量等各方面情况，并且考察了一大批龙头骨干企业，认为潮州市的陶瓷行业符合授予“中国瓷都”称号的有关要求。

“中国瓷都”评选活动的评委、中国陶瓷工业协会的工作人员黄芯红说：“我搞了快20年的陶瓷，原来我以为中国的陶瓷不会有什么突破了，但是在潮州考察的那几天里，我每天都处于兴奋的状态中，可以说，在潮州，我看到了中国陶瓷业的希望。我在业内一直提倡但未能实现的陶瓷产业专业化发展的目标在潮州实现了。”

毫无疑问，景德镇是中国陶瓷文化的发祥地之一，早在宋景德元年（1004年），宋真宗就以自己的年号将昌南镇改名为景德镇，并在此设官窑烧御瓷，逐步形成了全世界烧造延续时间最长、规模最大、工艺最精湛的官办瓷厂和民间窑厂。不过，潮州也不仅仅是以产量、规模获得“中国瓷都”称号的，潮州陶瓷有文献记录的历史也有900多年，有实物的历史更长达1 500年。潮州古有“陶瓷换高丽（参）”的俗语，笔架山宋窑前后连亘达两公里，有“百窑村”之称，现为全国重点文物保护单位。

目前，新潮商们以“潮州门槛”特有的市场意识，利用现代化生产手段发展企业，潮汕的陶瓷业已经远远超越了千年瓷都景德镇，形成了拥有工艺瓷、日用瓷、仿古瓷、圣诞瓷、环保瓷、电子陶瓷等门类最齐全的全线产业链条。潮州的卫生洁具占全国总产量的57%，年产3 400多万件（套），出口额占全国一半以上；电子陶瓷年产1 200亿只，占全国70%、世界50%。潮州已成为全国生产规模最大、企业最多、出口量最大、产品门类最齐全的陶瓷生产基地。

（四）潮州商会的宗旨与理念

潮人到哪里，潮州文化就被他们带到哪里，被他们通过各种形式进行有意识或无意识的传播。各地的潮州商会的宗旨和理念就是这种传播信息的表现方式。

1. 上海潮汕商会的宗旨与理念

上海潮汕商会的宗旨和精神理念是“精诚团结、共谋发展”，并将为会员企业在上海创业拓展出力，引导在上海的潮商诚信经营，为繁荣两地的经济发展作出努力。把众多的潮汕籍企业家团结起来，构建在沪工商企业的经济、资讯交流平台，依托上海国际大都市的经济地位，打造潮汕企业品牌，树立潮汕企业家的新形象。上海潮汕商会在为上海的经济建设、为实现我国的四个现代化建设和中华民族的腾飞必将作出更大的贡献。

2. 广东省潮商会的宗旨与理念

广东省潮商会的全称为广东省潮人海外联谊会潮商会。由广东本省（广州为主）具有一定经济实力的潮商人士协商自愿组成，2006 年 6 月 28 日经广东省民政厅批准成立，是一个民间性、独立性、联谊性、经济性、非营利性的合法社会团体。其宗旨为“团结诚信、发展奉献”。广东省潮商会将团结潮商内外企业，沟通政企渠道，积极为潮人企业家充分发挥桥梁纽带作用；发扬奉献社会、奉献家乡的精神，为社会为家乡多做好事实事。

3. 深圳市总商会潮汕商会的宗旨与理念

深圳市总商会潮汕商会（简称深圳潮汕商会），是在深圳潮商工作委员会的基础上，由在深圳潮籍具有一定经济实力的法人企业和优秀企业家组成，是经潮汕四市和深圳市总商会（工商联）批准成立的非营利性社团组织。在深圳市总商会领导下，其致力于搭建企业和政府相关部门沟通平台，反映经商环境和正当诉求，维护企业合法权益，从信息、技术、商务和国际合作等多层面服务于潮商企业。商会宗旨是：诚信守法，团结协作；资源共享，共谋发展；扬善积德，奉献社会。

4. 云南省潮汕总商会的宗旨与理念

云南省潮汕总商会是经云南省民政厅批准登记的法人社团，是由广东潮汕人士在云南省的企业单位自愿结成的非营利性、地方性、联合性的社团组织。云南省潮汕总商会的宗旨是拥护中国共产党的领导，遵守宪法、法律、法规和国家政策，遵守社会道德风尚；密切与海内外潮人及社团联系，增进友谊，牵线搭桥，以商招商，以商引商，为云南和潮汕两地的经济发展服务。

5. 北京潮人商会的宗旨与理念

北京潮人商会于 2004 年在北京创办，北京潮人商会的宗旨是：遵守国家的宪法、法律、法规和政策，遵循社会道德风尚；广泛团结在京潮籍工商界人士，敦睦乡谊，团结互助、交流合作；凝聚在京潮籍工商界人士的智慧与力量，共谋发展，促进北京和潮汕两地经济社会的和谐发展；维护在京潮籍工商界人士在社会生活和经营活动中的合法权益。

三、潮州商会与经贸活动

潮商是中国近代史上有影响的著名商帮之一，也是当前中国乃至世界最具活力和最有经营意识的人群之一。

自上海开埠以来，潮州商帮就云集上海滩，垄断白糖、染料、烟丝市场（即所谓“潮白”、“潮蓝”、“潮黄”），潮商之精明能干，连精明的上海人也自叹弗如。改革开放以来，海内外潮商纷纷到上海投资兴业，为上海的经济建设和社会发展作出了积极贡献，特别是为推动上海民营经济的发展做出了显著业绩。2010 年 11 月 14 日，第四届潮商大会暨全球潮商投资发展研讨会在上海举行。上海浦东新区人民政府在当天的开幕式上与香港潮州商会、上海潮汕商会签署战略合作框架协议，推动全球潮商到中国大陆投资，为上海乃至全国经济建设提供平台。

贵州潮汕商会是由在贵州的潮汕籍商人组成的民间社会组织，于 2007 年成立，现有会员 1 000 余人，在贵州的会员企业达 300 多家。从成立之初至今，贵州潮汕商会会员企业在贵州累计投资约 300 亿元，主要涉及房地产、酒店、矿产等 30 多个行业，安排就业人员达 10 多万人。2011 年潮汕商人在贵州的投资到当年 9 月时已达 12. 3 亿元。

为了创造优越的条件，云南省潮汕总商会决定在昆明市的合适地域征地数 10 亩，投资约 10 亿元，建设国际潮商大厦，作为“国际潮商总部经济基地”，并计划将该项目作为申办年会的配套工程，作为举办年会的软硬件支撑，作为在昆明举办年会的纪念丰碑。

图 5－21　2011 年 7 月 4 日上午，潮商投资集团与深圳清华研究院签署战略合作协议

深圳市潮汕商会已相继成立了潮商投资管理有限公司、深圳市潮商小额贷款有限公司，目前正在组建潮商投资集团，向潮商银行进军。2008 年，国家批准试点小额贷款公司。深圳市潮汕商会抓住机遇，发动会员单位投资入股，于 2010 年 2 月成立潮商小额贷款公司。首期注册资本金为 1.5 亿多元。2011 年 3 月，深圳市潮汕商会邀请商会各行业和领域精英、具有良好盈利能力的会员企业或具有相当资本运营资历的个人或法人股东，正式成立潮商股权投资基金股份公司，共计到位资金 33 亿元人民币。2011 年 6 月在投资管理公司的基础上，组建了潮商投资集团（见图 5－21）。基金公司和投资集团已逐步产生聚集效应和经济效益，它以国际化、多元化、联动性、成长性的经营发展战略，走大财团、实体化和资本化道路，努力构建“国际潮汕经济合作组织”的投融资合作平台，为“国际潮商经济合作组织”打下良好的经济基础。

2005 年底成立的常州潮汕商会是常州市的第一个异地商会。2006 年 3 月，潮汕商会邀请 400 多家大小财团来常州，以世界潮汕商会大会这个平台，结合常州轻纺、服务业优势，推荐了常州的一大批企业。常州潮汕商会拉近了政府和企业家之间的关系，更为常州带来了 30 多个项目。香港五洲集团在湖塘投资的药厂，2010 年已正式投产。

第六节　温州商会

一、温州商会概况

温州人遍布世界各地，可以说，有人的地方就有温州人。在外的温州商人为了更好地发展自己和维护自己的权益，纷纷成立温州商会。

遍及全国各地的温州商会发展迅猛，这个自主、自治、日益庞大的民间组织影响力越来越大，这是中国社会现代化进程中的一个标志性的事件——政府与市场之间的第三方力量开始崭露头角。

温州商会是“温州”这一品牌的“旗舰店”。温州这个大品牌和各地温州商会发展相辅相成。因为温州的口碑给各地温州商会的建立和发展增加了影响力，而遍布全国乃至全球各地的温州商会，把温州人的精神“销售”到海内外，进一步增加了温州的知名度。

温州商会最值得关注的方面是，在许多地方，政府对它的认可程度令人惊奇。作为一种独立的力量协调政府与企业的关系，温州商会的影响力越来越大。温州商会模式不仅得到了各个温州商会所在地政府的重视和认可，很多地方政府也借鉴和学习这种做法，把成立商会作为团结和凝聚异地经商创业人员、联系当地和异地经济的一种有效办法来实施。

作为协调政府与企业关系的民间自发组织，温州大大小小的商会在2005年共有500多家，几乎覆盖了食品、百货、家具、灯具、油漆等所有的行业。温州异地商会已成为行业组织中的一个知名品牌。经过十五年的发展，以地级市为单位的温州异地商会在全国各地不断崛起。据了解，截至2009年6月底，全国范围内地级市以上设立的温州商会已经达到173家；截至2012年5月，全国地级市以上的温州商会已达到210家，遍布国内各大主要城市。而以县为单位的“基层”温州商会，也在近几年悄然兴起，温州异地商会的网络开始由市向县纵深发展。

这些商会大致可以分为两类：一类是民间自发组建的，大多属于温州市工商联（总商会）主管，数量约占2/3；另一类是由政府主管部门出面组建的，一般称为“协会”。不过，近几年来这些“协会”已完全民间化。

二、温州商会的发展史

温州商会的历史可以追溯到百年之前。光绪二年（1876年），根据《中英烟台条约》，温州被辟为对外通商口岸，大量洋货进入温州市场，冲击着温州的小商品生产和自然经济，为了自保，一些行会开始出现，称为同业公会。根据戊戌变法以后商部奏定的商会章程，为了“保卫商业，开通商情”，清光绪三十二年温州府商会成立，它的发起者是酱园、典当、钱庄、药业、木业、布业这6个同业公会。温州商会的百年历史就此开始。

自温州府商会成立后，旧的温州同业公会最兴旺的时期数量达到103个。就是在新中国成立前，温州还有98个同业公会。

温州商会一直是民间组织，但到了近代，温州商会逐步失去了存在的基础——民间社会。1930年国民党政府开始控制温州商会，安排亲信担当会长。

新中国成立后，工商联取代了商会，商会的性质、功能发生了完全的转变。随着20世纪50年代“社会主义改造”的完成，特别是1958年“反右”以后，同业公会完全停止了活动。

20世纪80年代末，温州商会才开始复苏。1988年10月15日，温州市三资企业联谊会宣布成立，11月28日，温州市食品工商同业公会和百货针纺同业公会宣布成立，这3个行业商会都是企业自发组建的。随后，温州烟具商会、服装协会、眼镜商会等相继成立。

国内最早的异地温州商会是于1995年8月28日成立的昆明温州商会。

三、温州商会与温商文化

“世界的钱装在美国人的口袋里；而美国人的钱却装在犹太人的口袋里”，有“上帝选民”之称的犹太人改变了世界的经济格局。温州人被各界称为“东方的犹太人”，他们用创富的行动证明自己不仅要学习犹太人，还要超过犹太人。在法国，温商独有的做人、做事方法逐渐将犹太人挤出了市场，天下第一的犹太商人惊呼：居然还有比我们更会做生意的人！不知不觉中，温州人获得了“中国的犹太人”这个称号。“哪里有市场，哪里就有温州人；哪里没有市场，哪里就会出现温州人。”统计表明：温州总人口700万，有200多万温州人分布在海内外。160多万温州人遍布大江南北，其创办的企业有3万多家，个体工商户有37万户，销售总额达3 000多亿元；在海外，有40多万温州人分布在世界100多个国家和地区。另外，目前持有因私护照的温州人有近19万人，每40个市民中就有一个人怀揣护照。他们去美国、法国、意大利、西班牙，也去危地马拉、瓦努阿图、布基纳法索等很少听说过的地方，甚至在东帝汶、巴格达以及耶路撒冷的街头，也可能会遇到温州商人。

说到文化，每个地区有每个地区的特色，温州的文化就很有特点，这也铸就了温商“敢为天下先”的精神。温州三面环山、交通不便、山多地少、经常遭受台风威胁，温州人不得不奋起应战。也正是温州的这种文化形成了温州商人的集群特征。正是这种敢为人先的精神，让他们选择了创业，并且坚持了下来，从而形成了先发优势。但是，今天的温商，他们的个性已经更加复杂，不是几个简单的词语就能概括的。

（一）温商文化是重商意识强烈的商业文化

从重商意识、赚钱欲望、消费倾向这几方面来看，温商的社会价值观在这些方面无疑都是相当积极的。重商的文化传统在温州古已有之，从宋代到现在一脉相承，即使在计划经济年代的打击乃至镇压之下仍然没有断绝。另外，无论是“胡润百富榜”还是“福布斯中国富豪榜”，温州的富豪比例都远远高于全国平均水平。而且温州人并不是只赚不花的守财奴，其人均消费性支出也在持续增长。

（二）温商文化是具有不断求新意识的商业文化

在企业制度方面，温州的民营企业最早普遍选择了“股份合作”这种产权清晰同时又给人某种集体印象的企业组织形式。在营销方式方面，温州的美特斯邦威公司最早在服装业采用生产外包、销售特许连锁经营的方式。在产业选择方面，温州的均瑶公司最早进入航空服务业。在产品方面，鸭舌就是温州商人创造出来的一道名菜。而温州的正泰公司的小型断路器因为实用新型，连全球低压电器巨头施耐德公司都构成专利侵权，最终向正泰公司支付1.575亿元赔偿金，创下了中国知识产权案的最高赔偿纪录。

（三）温商文化是善于抱团、乐于抱团的商业文化

与其他商帮有别的是，温商讲求“抱团精神”，他们能整合与自己企业产品相关的产业链发展边缘外扩产品项目，然后企业间紧紧地抱在一起，这也成为了典型的温商文化。

温州人善于抱团。温州的资本分散，但是温州形成了一个非常灵活的民间的机制，它可以在短时间之内围绕着利润、围绕着投资的商机迅速地积聚起来。

2011年，温州的一些中小企业步履维艰，甚至发生经营困难、资金链紧绷、企业主“跑路”的情况。为此，北极新秀、跳跳鱼、北美风、三点水等32家温州民企自发筹建“温商品牌联盟”抱团取暖，整合企业资源，降低品牌推广成本，为破解企业当前遇到的困难提供了信心和助力；30家金属企业也成立了互助基金，筹集到资金5亿元，为本行业企业提供转贷服务；温州市侨商协会的50家侨资企业每家出资100万元，成立侨商互助基金……可以说，温州人的商业网络，是节约交易费用、信息费用和降低信用风险的有效组织形式。

（四）温商文化是最能把苦难当作财富的商业文化

温州商人多是那种穷时能吃苦、富了也能吃苦，打工能吃苦、当老板也能吃苦的人，他们把苦难和失败看作人生的导师，在面对挫折时，不是怨天尤人，而是保持冷静的头脑笑对失败，他们甚至渴望苦难，因为苦难的背后是财富的源泉。温州人靠“一元钱”闯天下，他们自无中生有，自小中见大，迅速网罗世界各地的财富，他们集中力量、勇于冒险、敢为人先、攻城略地、战无不胜。温州商人的吃苦精神至今在很多千万富翁、亿万富翁身上照样保持，只不过以多种形式表现出来。

林秋兰是第一个在西非创立贸易公司的温州人，如今在地球的另一端被唤作西非的“温州形象使者”。1998 年，她的公司开业后不久，第一个集装箱就被贝宁海关无理扣压了；2001 年，又有一个价值 60 多万元的集装箱在尼日利亚码头运输过程中失踪。但这些苦难并没有摧垮她，反而成了她人生一笔巨大的财富。

（五）温商文化是敢于冒险的商业文化

温州人就是敢冒风险，这也催生了敢于冒险的温商文化。香港温州同乡会监事长秦秀莲说，出去创业是她心里一直藏着的梦想，即使在温州小日子过得很舒坦，拥有一份体面的教师工作，她仍然不安分，或许是骨子里就有一股冒险精神吧。秦秀莲初到香港时，找不到工作，一边在家打零工，剪线头、拼装电子表、补衣服，什么都做，一边学说广东话，努力适应当地生活。“第一桶金”是踩缝纫机踩出来的，那段时间，她每天只睡两三个小时，一天甚至跑四五趟去工厂取货、送货，每天背着蛇皮袋楼上楼下地跑。在香港省吃俭用 4 年，夫妻俩存了一笔钱，可以在当时的香港买一套像样的房子，一家人舒舒服服地过日子。但是，他们没有这样选择。有了第一桶金，秦秀莲马上开始了她的创业之路，把所有积蓄都投了进去，“反正 30 万元是我们用双手赚的，大不了从头开始。”10 多年前，23 岁的女交警蔡瑶媛辞去了温州交警的公职，带上 2 000 元钱到山东省济南租门市房开店，专门卖从温州贩来的领带夹、徽章等小饰品，她带着样品到处跑单位，央求人家订货。功夫不负苦心人，如今，蔡瑶媛已成为济南市南方礼品有限责任公司的总经理了。她说：“温州人就是这样的，四海为家，哪里有钱挣就去哪里。而且男女是没什么区别的，都要出来闯。”在温州人的创业大军中，有很多人原来是机关干部，他们不恋官、不恋位、不恋权，敢于丢掉铁饭碗，辞职创业。温州人还有不少科技人员抛弃“言利有辱斯文”的陈旧观念，放下学者的架子，直接开办公司创业或以技术、专利成果入股的形式创业，实现科技与企业的有效结合，以科技优势引领企业不断发展壮大。既促进了经济的发展，又体现出了自身的专业价值。

“平安二字值千金，冒险半生为万贯”的观念使温州人“敢为天下先”、敢于第一个吃螃蟹。他们认为：头道汤的味道最好，先人一步的生意最赚钱。温商的成功经验证实了一句话：唯冒险者生存。

四、温州商会与经济贸易

一份关于温州民间商会的调查报告显示，温州民间商会的民间自治性、服务性以及专业化的发展是其活力之源。在温州这样一个务实氛围特别浓厚的社会中，温州民间商会不仅为民间自发性的商会成长提供了宝贵的经验，也为带有准政府部门性质的行业协会的改革与转轨提供了一个可供参照的目标模式。

（一）温州商会：集中资源、集体谈判的服务提供者

在转轨过程中的中国，政府在相当长的时间内依然控制着社会资源的大部分，相对处于弱势的企业如何和政府打交道、如何维护自身的权益是一个重大问题。服务性是民间商会的基本工作方式，也是其赢得威信的基础。可以说，温州商会在这一点上当仁不让，在任何场合下，温州商会代表的都不是简单的一个组织，而是温州商会这个组织后面的庞大企业群体。集中资源与集体谈判是两条现实的选择，这正是温州商会最重要的使命，也是温州商会深得人心的关键所在。

温州经济的崛起与商会的发展壮大，好比是一对“孪生兄弟”。近几年，在接二连三的反倾销调查中，温州商会已成为中国企业胜诉的“利器”。

2002 年 3 月 21 日至 4 月 5 日，为抵制欧盟通过关于进口打火机的所谓“CR 法规”（“CR 法规”规定打火机的价格在 2 欧元或者 2 美元以下的产品进入欧洲市场就必须要安装一个防止儿童开启的安全锁，这就是“CR”的意思），周大虎和温州市烟具协会会长李坚等在外经贸部有关官员陪同下，游说于欧盟各成员国的标准化组织、消费者安全保护组织，并与欧洲打火机进口商进行了多次会谈。同时，商会成员共同出资，聘请了国外最好也是最贵的律师，打赢了这场官司。这是中国企业第一次以民间商会名义走出国门，应对国际贸易争端。一时间，国内外媒体纷纷报道，社会各

界广泛关注。

2005 年 9 月初，欧盟启动了对中国皮面皮鞋的反倾销调查，这将涉及有“中国鞋都”之称的温州大部分以出口为主的制鞋企业。如果反倾销调查成立，温州制鞋业将面临着一场“灾难”。然而，温州市鞋革商会秘书长朱峰仍在办公室里气定神闲地处理着手头的事情。他轻呷了一口茶后向记者表示，年初，欧盟就开始对鞋类实施“事先进出口许可监控”，接着在俄罗斯又发生了“3·12 拉鞋事件”。6 月 12 日，欧盟决定对中国的劳保鞋启动反倾销立案调查，7 月中旬又对纺织面料鞋类进行反倾销调查。面对这一连串的“发难”，温州鞋革商会将主动出击，与企业并肩作战积极应诉。

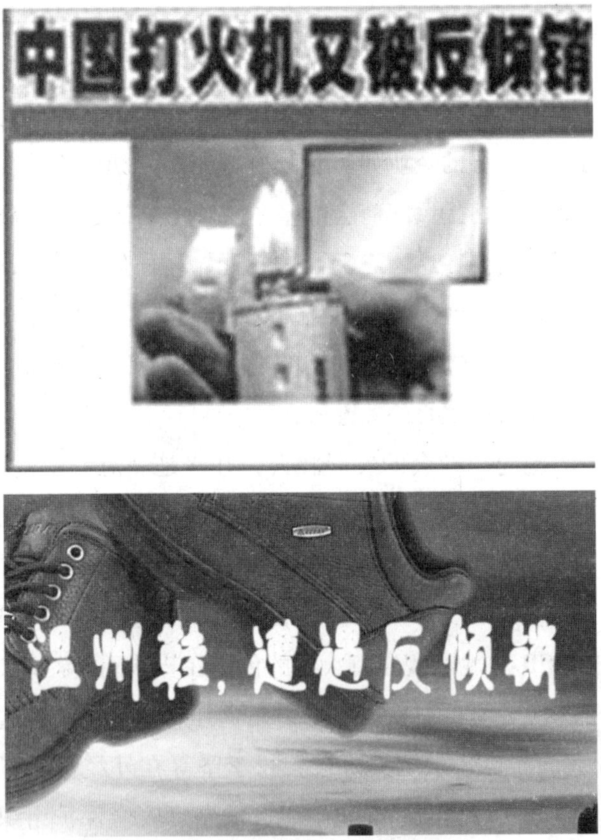

图 5－22　温州打火机、鞋业遭受反倾销

2001 年 11 月 12 日，温州五金商会的锁具维权委员会成立。随后，发

起举行“独立开发创新，决不模仿他人”大型签字仪式，制定了《锁具维权条例（公约）》（见图5－23），规定每月10日为维权日。国家专利局认为这是“对专利法的有益补充”。

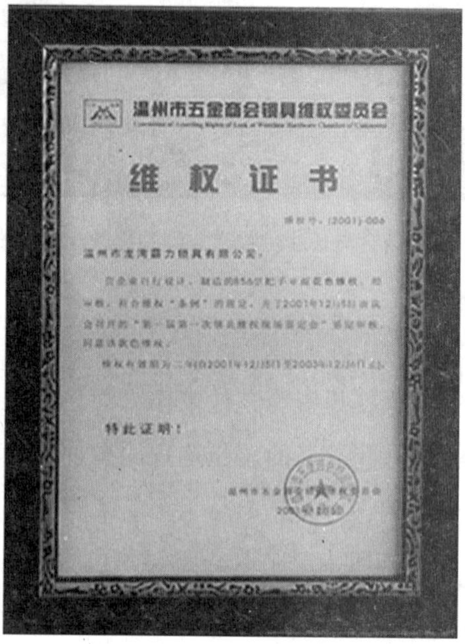

图5－23　温州市五金商会锁具维权委员会给企业颁发的维权证书

五金商会主要对新产品的“外观设计”、“结构设计”及“包装设计”进行维权认定。企业研制的新产品，经商会维权委员会登记、调查、测试合格后，由专家鉴定委员会审定通过，确定维权期限，并在报刊上进行公示、通告，发给维权证书。

据了解，维权几年以来，温州商会共维权280多起，但是仅发生侵权行为12件，而且通过维权委员会调解，侵权单位都是主动销毁模具。让人惊奇的是，一些商会主动邀请质监部门直接上门来年检，温州的眼镜、皮革化工等商会，甚至与质监部门或相关科研院所、大专院校合作，分别建立各自的质量检测中心站。这在一些政府性行业协会看来是躲都躲不及的事情。

图 5－24　由长沙温州商会与长沙生物产业园共建的长沙温州食品工业园项目在湖南金牛王府大酒店签约

另一方面，温州商会在投资等其他工作方面也注重突出集中资源、集体谈判的优势。比如前些年著名的温州购房团事件。如温州商会与房地产商谈判，就可以得到任何人（包括自行组织的团购队）所得不到的折扣优惠，然后从折扣优惠中返还一定比率给商会。当然，返还后，会员仍旧觉得合算。如温州商会通过集体讨论决定在某地兴建一座特色产业园区（见图 5－24），以后将有会员企业的工厂搬入，就与地方政府谈判。如果单个会员企业出面，征地工作可能就相对困难，更别说其他诸如地价、税收上能得到的优惠了。但是由商会出面，其背后是好几百家甚至上千家会员企业，实力雄厚，地方政府出于各方面的考虑，比如企业会增加当地政府的财政收入，缓解就业压力，从这些角度来说，自然会给予温州商会更多优惠政策。因此，商会很快就能和当地政府达成协议。之后，会员企业再从这些所得优惠中拿出一部分返还给商会，用以扩充温州商会的资金实力，以便温州商会更好地发展壮大。反过来，温州商会则可以考虑把暂时不用的闲钱借给会员企业做短期应急所用，收取相对于地下钱庄更低的利息。目前不少温州商会都在国内或国外组织成立特色店、专卖一条街，然后寻找代理商，以相对优惠的价格把会员企业的产品直接供应给代理商。这样，会员企业的产品销售有了保证，温州商会也从中赚到了差价，代理商进货则可以省掉所有不必要的中间环节，获得比其他任何进货渠道都低的进货价，这样就达到了三方都赢的效果。

（二）温州商会：行业自律、自治管理的践行者

“温州民企之所以发展快，最重要的一点是有商会的帮助。我不能想象在这个城市，如果没有商会规范领导，诸多行业会成为什么样子。”温州眼镜商会会长叶子建向记者表示，商会自成立之日起就服务于整个行业的民企。

政府一直是中国市场秩序的管理者，但从现代社会的一般特征来看，这在效率上并不具有优势。比如中国政府对于假冒伪劣产品的打击，一直不遗余力，耗费巨大的成本，但是效果并不明显。而温州商会在这方面证实了，它可以是一个优秀的政府部分管理职能替代者，它们自发担当起“质量立市、品牌兴业”的重任，温州产品至此才开始逐步成为“放心产品”的代名词，温州民营经济也以此为契机发生了质的提升。温州商会已经承担起行业规划制定、本行业统计以及职称评定等方面的职能。

其中的“经典之作”是防止假冒伪劣商品的出现。

20 世纪 80 年代，中国经济最活跃区域之一的温州也是最无序的地区之一，假冒伪劣产品泛滥、充斥市场。

拿皮鞋来说，当时温州的劣质皮鞋“享誉全国”，甚至在俄罗斯等国际市场上也恶名远扬。1987 年 8 月 8 日，杭州武林门火烧温州劣质皮鞋（见图 5－25）。眼看温州的鞋业就要毁于一旦，此时自发性的中国皮鞋行业第一个行业协会——温州市鹿城鞋业协会随即在温州鞋业处于水深火热之时宣告成立（见图 5－26），开始着手“维权”，主要对新产品的外观设计、包装设计进行认定。企业研制的新产品，经商会维权委员会登记、调查、测试合格后，由专家鉴定委员会审定通过，确定维权期限。“当时确实没有办法了，如果我们商会不带头这样做，恐怕温州鞋业这块牌子从此就砸了！”康奈集团董事长郑秀康提起这段不堪回首的往事时仍深感痛心：“那时我们的鞋要想进外地的商场，就必须打别人的牌子，我们甚至害怕说自己是温州人。”

图5-25　1987年8月8日，杭州武林门广场，杭州市下城区工商局工作人员烧毁了5 000多双劣质温州鞋

图5-26　1988年6月，温州市鹿城鞋业协会成立，温州鞋业奠基人余阿寿担任该协会第一届会长

温州的另一个重要行业——服装业也是如此。1994年前后的温州服装已经进入到恶性竞争的阶段——七八十块钱的西服满街都是，各种牌子都有，很多衣服品质低劣，一扯就破。奥奔妮服饰公司董事长郑晨爱说，在那个阶段，虽然有的企业也在努力，但是人们不相信温州也会生产好衣服，整个行业的形象更差，没有一个能够叫得响的品牌，“连上海的大商场都进不了”，“这是大河和小河的关系，为了拯救温州服装行业，服装商会必须成立！”1994年2月在温州服装界德高望重的老会长刘松福的召集

下，在一栋灰砖木地、楼梯咯咯作响的2层小楼里，10多位服装企业老板商讨服装商会成立的相关事宜。整个行业岌岌可危，温州服装商会就是在这种情况下成立的。

商会出面制定行业的共同规则，大家一起遵守，在提高质量上狠下功夫，从而挽救了温州鞋业和服装业。

“你知道我们以前是什么样子吗？以前我们害怕说自己是温州人，别人都怕和温州人打交道。可是现在我们说自己是温州人、是温州商会的人，从商人到政府官员都会多看几眼。”包头温州商会秘书长陈金楼感慨地说。过去温州商人印名片，都把董事长、总经理的头衔摆在最上方，现在他们都愿意把所在商会的职务放在最显著的位置上。

温州烟具商会诞生以来，行业自律、自我约束、自我管理、自我保护，成为温州市企业界创建行业商会的初衷，也是商会生存的根基。温州烟具协会会长兼浙江大虎打火机有限公司董事长周大虎介绍，20世纪90年代初，打火机业作为新兴支柱产业在温州迅速崛起，温州成为中国打火机的制造中心。与此同时，温州金属打火机开始出口欧美等国家，并以价廉物美、品种繁多的优势打破了日本、韩国、欧洲等国家和地区垄断世界打火机市场的局面。当时温州的打火机生产企业有数千家，政府管理的难度相当大。打火机制造业的核心竞争力在于产品的外观工艺设计，同行仿制一度成为该产业的一大“内部杀手”，其后果是价格低廉、技术偷窃、产业萎缩这样的恶性循环。温州打火机市场上的劣质打火机曾经四处泛滥。温州市政协主席，前常务副市长蒋云峰说：“别人的打火机钨丝粗细度是11.5，我们的就是8，有的做到5甚至4，一烧就断。”就在这个时候，作为国家经贸委下属的几个试点协会，温州打火机协会（烟具商会的前身）应运而生。打火机协会发起实施“自律工程”，组织制定保护企业知识产权的行业公约，联合工商、质监部门，招聘人员，建立相应的维权机构。其中，实施的一道整治仿冒侵权者的“杀手锏”是：商会受理新产品“专利”申报，每家企业强制性向协会交纳10万元保证金。谁若仿冒，没收谁的生产模具；谁受侵害，侵害者的保证金（顶抵罚金）归谁。同时，烟具行业协会要求，如果企业要进入打火机市场，必须通过协会组织的检测，并由工商部门出面责令仿冒侵权者停业整顿。

事实上，在温州，许多事情政府出面，即使花费更大的成本，也很难有效果。

温州商会以其独特的魅力征服了企业，它的作用也已经被政府所认可，并借助它来管理企业（见图5－27）。

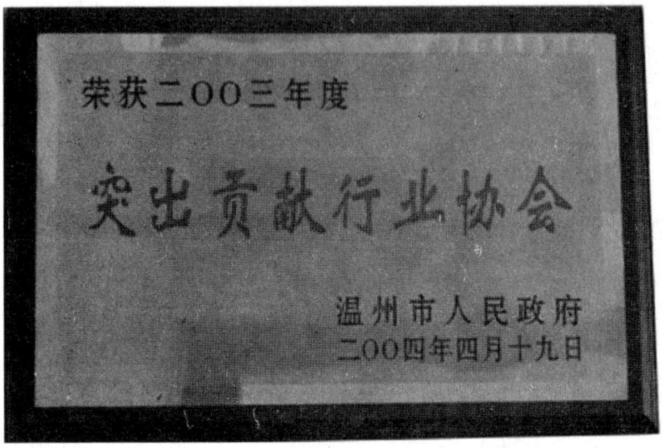

图5－27　2004年4月19日，温州市人民政府授予温州市打火机协会“突出贡献行业协会”牌匾

实际上，在温州，民间商会早已成为温州企业的共同家园，是温州企业离不开的组织。不仅在温州，在大江南北有温州商人的地方，温州商会也已成为温州商人最踏实的家。

五、温州商会与中小企业关系型融资

近年来，广州、厦门、东莞、佛山、惠州等地的温州商会纷纷获得银行巨额授信。据不完全统计，近几年来，各地温州商会获得银行授信已经超过500亿元，温州商会成为一面响当当的“金字招牌”，异地温州籍中小企业则成为银行信贷业务发展的“新宠”。

（一）温州商会主推中小企业关系型融资的运作模式

温州商会充当银企中介的运作模式有些是客观存在，需要进行概括，有些可通过理论分析并结合实际进行设计，其模式主要有以下几种。

1. 单纯的信息体模式

这是最初级的形式，银行只利用温州商会的信息，它们之间没有利益与风险分割关系，如银行向温州商会了解企业情况。略高级一点的形式是银行要求企业持有温州商会的推荐意见或资质证明，但这种推荐或资质证明一般是非正式的，不具法律责任。

2. 业务操作合作者模式

银行通过温州商会开展调查、监督与催收，利用温州商会来对客户施加多方面的压力。稍高级的形式是双方建立委托—代理关系，在一定利益分割下委托温州商会独立进行调查、监督与催收，并承认其结果，若受托方业务操作合理且信用状态正常，则银行让渡一定的经济利益，反之则无利益让渡或约定惩罚。

3. 连保授信模式

温州商会的会员单位如有资金需求，可以自由组合，并由温州商会根据会员信誉情况向银行推荐，在申请人抵押物不足的情况下，可以采用应收账款质押，还可以采取三方联保的方式，即由 3 家或 3 家以上企业或个人组成联保体，共同申请，每个企业都要承担整个联合体的责任，即使其中两家企业发生不良贷款，另一家也要替它们偿还，以温州商会为纽带的联保关系，使企业可以不单纯依靠固定资产来突破资金层面的束缚，实现进一步增长。当然，通过温州商会这一平台，任何会员都可以相互协商确立连保群体，但要获得银行的认可。银行通过认可建立连保群体资源库而发展客户。2010 年 5 月份，广州温州商会与兴业银行广州分行正式签署了全面合作框架协议（见图 5 – 28）。根据协议，兴业银行广州分行向广州温州商会综合授信额度为 10 亿元。随后，当地温商经营的广州市半径电力铜材有限公司、广州娇兰佳人化妆品有限公司、广州市佛伦斯服饰有限公司三家核心会员企业获得了三笔共计 3 000 万元的中小企业贷款，三名温州籍个体服装经营户也各获得 200 万元的“兴业通”个人贷款，兴业银行北京路支行被授予“广州温商服务中心”称号。

图 5－28　2010 年 5 月 14 日，兴业银行广州分行与广州温州商会签署合作框架协议，向广州温州商会授信额度 10 亿元

4. 整体授信模式

协会内一些成员在一个核心成员的号召下组成利益集团，作为一个整体与银行建立信用关系。与连保授信模式不同的是，整体授信模式下的企业群体是一个整体。以整体的信用、财务与银行开展业务，由核心企业与银行进行谈判，有利于降低谈判成本与业务操作成本，且银行授信风险要低于对单独企业的授信。由协会组建担保公司的担保授信形式由担保公司充当银企中介提供授信担保。表 5－2 是近年温州异地商会整体授信的情况。

表 5－2　温州异地商会整体授信一览表

商会名称	金华温州商会	苏州温州商会	厦门温州商会	昆山温州商会	驻马店温州商会	衢州温州商会	济南温州商会	太仓温州商会
授信银行	浙江稠州商业银行	中国民生银行	中国银行	昆山农村商业银行	驻马店商业银行	中国工商银行	济南润丰农村合作银行	太仓农村商业银行
授信额度	15 亿元	6 亿元	100 亿元	20 亿元	5 亿元	5 亿元	4 亿元	3 亿元

（续上表）

商会名称	惠州温州商会	佛山温州商会	东莞温州商会	深圳温州商会	广州温州商会	舟山温州商会	内蒙古温州商会	昆明温州商会
授信银行	中国建设银行	中国工商银行	中信银行	江苏银行	兴业银行	杭州银行	内蒙古银行	中国工商银行
授信额度	20 亿元	6 亿元	50 亿元	10 亿元	10 亿元	2 亿元	30 亿元	10 亿元
商会名称	株洲温州商会	桂林温州商会	南昌温州商会	丽水温州商会	大连温州商会	杭州温州商会		
授信银行	兴业银行	桂林商业银行	中国民生银行	中国银行	大连银行	温州银行		
授信额度	3 亿元	10 亿元	8 亿元	30 亿元	10 亿元	10 亿元		

资料来源：《温州支持中小企业再添新路径》，2011－12－28，金策网。

（二）成效

“商会＋银行”的合作模式备受银行青睐。现在全国各地大部分商会都通过不同的形式从银行为会员企业获得贷款，这一数字远远超过500亿元：让企业获得银行的信任，商会完全可以发挥作用。温州商会是一块“金字招牌”，温商群体有着极高的信誉。温商群体发展迅速，他们的勤劳和诚信得到了社会的认可，自然成为银行的“新宠”，有很多银行都在找温州商会合作，借助温州商会平台与温商加强更广泛的业务合作，降低温商的融资门槛，实现商会、银行和企业的多方共赢局面。

与市场交易型融资相比，关系型融资属于含有某种社会网络因素的准市场交易。由于具有信息提供和内部治理等特殊优势，行业协会等中间组织的介入部分解决了由于信息不对称而导致的中小企业关系型融资的问题，温州异地商会的融资模式无疑提供了一种可借鉴的运作模式。

图5－29　2012年2月1－2日，全球温商代表回乡参加世界温商大会现场

2012年2月1—2日，全球温商代表回乡参加世界温商大会，温州市委、市政府号召海内外温商回乡创业，抓住申请创建金融综合改革试验区的机遇，把温州打造成为全国的民间资本之都。2012年3月28日，国务院决定设立温州市金融综合改革试验区，并确定12项主要任务。其中第二项任务为“加快发展新型金融组织，鼓励和支持民间资金参与地方金融机构改革，依法发起设立或参股村镇银行、贷款公司、农村资金互助社等新型金融组织。符合条件的小额贷款公司可改制为村镇银行”。5月，由河北省浙江商会牵头，联合世界各地12个温州商会，欲集体抱团首期筹集资金100亿元，打造五大项目，并将计划成文上报温州市政府，成立“温州现代商业控股银行”即为项目之一。12地温州商会欲抱团融资50亿元，成立温州现代商业控股银行，并逐步在全国各地商会推行一家“温州现代商业控股银行”当地分行，盘活温商资金。据报道，目前，报告已上报温州市政府。温商会长们欲借金改东风，成立纯粹的民营银行。

第七节　广东省电脑商会

一、广东省电脑商会概况

广东省电脑商会是广东省电脑行业研制、开发、生产、应用、销售等领域的实业单位组成的社团，是广东省工商业联合会的直属组织，接受省工商业联合会的领导。广东省电脑商会秉承服务会员、服务政府、服务市场的宗旨，坚持改革开放的方针，坚持社会主义市场经济原则，严格遵守国家法律法规，遵守社会主义道德风尚，依据国家和广东省有关方针政策，积极促进 IT 界生产经营与国内外贸易的不断发展。

广东省电脑商会的主要职能是在会员与政府、会员与会员、会员与市场之间发挥桥梁和纽带的作用，传达政府的方针政策，反映会员的意见和要求，维护会员的合法权益，不断壮大会员的经济实力，为广东省电脑行业培育良好的市场环境作出应有的贡献。

广东省电脑商会为全体会员打造一个交流学习的平台，开展多种形式的活动，加强会员之间的互动和交流，互相学习，加深感情，共同发展，共同提高。同时加强与国内外同行的互访和交流，开阔视野，提高专业水平；组织会员参加或参与国内外著名的 IT 展览和技术交流，开拓国内和国际两个市场，与国际接轨，为会员办实事、谋利益。

广东省电脑商会通过整合政府资源、社会资源、会员内部资源，为会员提供信息、技术转让、合作投资、融资上市的机会，为会员做大做强穿针引线、搭桥铺路。

图 5－30　曾经的广东省工商联电脑商会

广东省电脑商会的前身是广东省工商联电脑商会（见图 5－30），也是全国最早成立的电脑商会，是由广东省电脑行业研制、开发、生产、应用、销售等领域的实业单位组成的社团，是广东省工商业联合会的直属组织，接受省工商业联合会的领导。由于需要与政府部门和区内 IT 企业密切接触，国有企业广州天河高新区实业总公司的第二任法人代表刘大中慢慢地意识到，需要成立一个沟通政府和企业的 IT 行业协会组织。于是，1992 年，刘大中就开始筹划建立电脑商会。1993 年 10 月，在广东省工商联的支持下，广东省工商联电脑商会终于成立，刘大中当选为广东省工商联电脑商会的创始会长。1999 年，广东省工商联电脑商会主办的首届广州电脑节在广州天河城广场隆重举行，开行业协会主办电脑节之先河。

2007 年 8 月 31 日，广东省民政厅发布了粤民函〔2007〕432 号文件，同意筹备成立广东省电脑商会，后经反复讨论和征求意见，成立了广东省电脑商会筹备工作领导小组，由陈芝华担任组长，马本湘、李百灵、郭耀佳、谭台明、刘仁莉等担任副会长。筹备小组于 2007 年 9 月正式确定筹备方案，将商会秘书处办公地址确定在伟腾大厦 2308 室，并开始积极地筹备工作。期间，商会建设了自己的网站并及时进行更新和维护，重新设计了商会 LOGO，并完成制作商会宣传册的准备工作。2008 年元旦，经广东省工商联批准，广东省工商联电脑商会在广东省民政厅注册成立了具有法人资格的广东省电脑商会，这是广东省电脑商会发展历史中的一个新的里程碑。2008 年 1 月 15 日，新成立的广东省电脑商会第一届会员代表大会在广州总统大酒店隆重举行，130 余名会员到会。会议首先审议并以无记名投票方式表决通过了《广东省电脑商会章程》，接着大会现场选举了商会第一届理事会（见图 5－31）理事、监事、会长和副会长。最终，陈芝华先生以全票当选为广东省电脑商会会长。

图 5－31　广东省电脑商会召开一届四次理事会

为了帮助 IT 中小企业解决融资难题，广东省电脑商会在 2008 年 11 月组建了金融服务中心，协助政府、协调金融机构，为企业提供金融服务，帮助中小企业解决融资难的问题。中心根据石牌电脑商圈的经营特点，与金融机构沟通制定出适合石牌商圈经营特点的系列融资产品，为在金融海啸或发展中受资金影响的企业提供融资服务。

二、广东省电脑商会国际化渊源

一直以来，广东省电脑商会都致力于带领会员企业用国际化视野办企业。

广东省工商联电脑商会从成立之初就种下了国际化的基因，它成立的初衷和宗旨就是外向型的，即团结全省电脑界，积极开展交流，开拓海内外业务，争取早日实现与国际市场接轨，促进广东电脑事业的应用和发展。

为了实现这个目标，在广东省工商联电脑商会成立的第一年，在商会

"三无"——无专职工作人员、无经费、无固定办公地点的情况下，刘大中会长带领广东省工商联电脑商会同仁迅速使得商会的运转走上正轨，当年即组织会员参加了美国软件研讨会，协办了计算机国际新品新技术展，组织了新锐制研讨会，还组织会员赴美、欧、澳大利亚等地考察、与香港生产力促进会互动等，学习和引进外部的技术。

随着会员的不断增加，广东省工商联电脑商会陆续在深圳、珠海、顺德、佛山、中山等地成立分会，促进行业在省内的不断交流。不仅如此，广东省工商联电脑商会还组织会员走了出去，欧美、澳大利亚、中国香港、澳门、台湾等地均留下了商会的足迹。

从 1995 年起，广东省工商联电脑商会"引进来、走出去"，以沟通广东电脑界、组织国内外考察为主线，组织会员参与经贸、研讨、交流、培训、考察等活动，迎来了更加快速的发展。1998 年，广东省工商联电脑商会与香港电脑学会、澳门电脑商会齐聚一堂，沟通并宣布加强合作，促成了众多三地商会会员之间的合作共赢，并于 2001 年在香港成立了"粤港澳台电脑商会联谊会"，刘大中被推选为会长。

2006 年，陈芝华会长随张德江书记率领的广东经贸团出访中东，参加了中东多个国家的经贸活动。正是这次出访引起了陈芝华会长对阿拉伯联合酋长国的关注。

2008 年 1 月，面对全球金融风暴对 IT 业越来越大的冲击，商会整合所在国、所在地的资源，组织会员企业、厂家、商家"抱团出海"，将第一个项目选定在波斯湾畔、有"免税购物天堂"之称的阿拉伯联合酋长国。以开办电脑城为主业，联合其他行业商会，带领会员企业、厂家、商家"抱团出海"，向海外扩张。这一条成功的商业模式就是把国内和国际两种资源，通过商会的平台进行加工整合，不断深挖通向国内和国际两个市场的道路。2010 年 10 月，该项目第一期工程完工并开始试营业，在阿拉伯联合酋长国及周边地区引起了很大的反响。这对我国企业开拓中东、非洲、中亚、南亚乃至欧美市场都有着重大的战略意义。

图 5-32　电脑商会陈芝华会长发表探索商会经济的成功之路的讲话

三、广东省电脑商会的“走出去”项目

广东省电脑商会的多数会员长期从事国际贸易和参加国家及省、市的对外经贸活动。广东省电脑商会是广东省最早响应中央和省政府号召，实施“走出去”战略的商会之一。该商会趁金融风暴迫使欧美企业退出中东、东南亚市场，从而为物美价廉的中国产品让出发展空间的时候，抓住机遇，进行海外扩张，被誉为广东省乃至全国都具有相当影响力的品牌行业商会。

目前，广东省电脑商会最大的“走出去”项目是“中东·中国商品采购中心”。

（一）阿拉伯联合酋长国的“中东·中国商品采购中心”项目

阿拉伯联合酋长国位于中东的航空航运枢纽中心，实行免税政策，有宽松自由的营商环境，其辐射范围达整个中东、非洲、南亚和中亚地区，辐射地区人口达到14亿，“中东·中国商品采购中心”地处阿拉伯联合酋长国的阿基曼自由贸易区内。由广东省电脑商会十几家会员企业“抱团”设立的广州金波斯投资有限公司与在当地有16年经营经验的大型英资桑巴财团联合投资6亿~8亿元重金开发中东规模最大、档次最高的大型综合批发城。“中东·中国商品采购中心”（见图5－33）从考察立项、投资运作、规划定位到招商推广，都得到了中国和阿拉伯联合酋长国两国政府、阿基曼酋长国国王和王室及广东省贸促会等的鼎力支持和指导，是迄今为止中东地区规模最大，也是唯一的中国品牌产品常年展销（批发）中心。

图5－33　中东·中国商品采购中心

注：“中东·中国商品采购中心”基本情况：地处沙漠地区，辐射15亿人。从正门到后门，长1.7千米。每个馆可容纳250个展位。每个展位7米高，2层，约20平方米，大概5 000元1个月，关税5%。每个馆2~3人可以申请工作签证，每签一次可工作3年。展区内共约1 100个档口，包括电子、家电、电脑、服装等各个行业。以前单独一家公司去迪拜，除了要负担所有费用外，还必须有一名阿拉伯人做保人。

2009年4月，广州金波斯投资有限公司与阿拉伯联合酋长国桑巴集团玫瑰线贸易有限公司签署了项目合作协议，共同在阿拉伯联合酋长国的阿基曼自由贸易区投资兴建“中东·中国商品采购中心”。该项目是广东省电脑商会会员企业“抱团出海”的第一个项目，被媒体誉为“对抗金融风暴的一个创举”。

2009年10月，“中东·中国商品采购中心”项目全球招商正式启动，吸引了全国各地IT、电子、五金、汽配、机电、纺织、百货小商品、家具、饰品等行业的数百家厂商前往咨询。为了配合项目的招商，广东省电脑商会在省市工商联的帮助下，开始组织各地商协会负责人、各行业厂家、商家代表前往阿拉伯联合酋长国阿基曼自由贸易区进行实地考察，每月一团，让有意前往的各行业厂家、商家代表亲身体验当地的营商环境和市场氛围。2010 年 5 月，“中东投资环境暨中东·中国商品采购中心项目推介会”（见图 5－34）在阿基曼自由贸易区举行。

2010 年 10 月，“中东·中国商品采购中心”（中国城）项目 A、B 馆开馆试业，引进 700 家公司，四个馆 1 000 个铺位全部满租，供不应求，项目 10 年长签不变。2010 年 11 月 22 日，“中东·中国商品采购中心”（中国城）首期全面开业。阿基曼国王和中国驻阿联酋馆高育生亲临到贺并主持了剪彩揭牌仪式，中阿官方对中国城的开业和意义给予了高度的评价。中国城开业首日，各种各样的中国商品如纺织品、鞋帽、皮包、玩具、饰品、化妆品、百货、窗帘、电子产品、五金等集中展现，彰显了中国商品价廉物美的市场优势。当天，销售额就创出了令人惊讶的成绩，在阿基曼及其周边酋长国甚至于整个阿联酋引起了极大的轰动。

2012 年下半年，预计“中东·中国商品采购中心”项目第二期开张。

图 5－34　中东投资环境暨中东·中国商品采购中心项目推介会现场

“中国城”项目开业之后，在社会上产生了很大的影响。

第一，“中国城”项目开业近一年内，广东电脑商会秘书处就接待了几十个行业商、协会的来访交流，其中香港厂商会、香港电脑商会等六大香港商团、机构集体组团到商会拜访交流。同时，商会秘书处也组织了各个行业商会到阿基曼“中国城”参观，据不完全统计，共有16个考察团400多人到过“中国城”。

第二，“中国城”项目带动了商会经济的发展。在省政府有关部门的指导下，“中国城”项目促成了阿联酋广东商会的成立。在阿联酋广东商会的影响下，以及在中国驻阿大使馆与各省政府有关部门的支持下，在阿联酋做生意的20万华商纷纷按省份成立了12个商会，原来一盘散沙的单打独斗的华商，在各省商会组织里得到了当地政府和国内有关省市政府的支持，为维护华商权益、进出口贸易、招商引资、支持祖国建设以及救灾捐款贡献力量，回报祖国。

第三，“中国城”项目的影响力也波及其他国，已经有俄罗斯、科威特、埃及、哥伦比亚、印度、泰国、巴林、伊拉克等国家和地区向商会发来邀请函，希望合作开办中国城、电脑城等项目。9月23日巴林酋长国经济部长还亲临商会和会员见面，洽谈开办电脑城事宜。

第四，商会理事单位深圳中欧亚公司投资的荷兰中国龙城项目得到中荷政府的大力支持，今年年底将有700家中国公司和会员企业进军欧洲市场。

（二）其他项目

广东省电脑商会的海外“中国城”项目还有近期启动的荷兰海牙“中国城”项目、（东盟）柬埔寨金边电脑城项目等，这些项目都是广东省电脑商会“走出去”战略的一部分，商会较早进行了考察及项目设点工作。广东省电脑商会将利用在阿联酋打造“中国城”的经验模式对这些项目加以建造管理，预计各地的“中国城”项目都将会有来自广东的500家企业进驻，商会希望它成为IT海外展销的又一个平台，并以此向周边地区和国家辐射。2012年6月18日，陈芝华会长随天河区经贸代表团出访俄罗斯，并在圣彼得堡举办的“新型城市、智慧天河”招商推介会上，代表广东省电脑商会与彼得格勒州工商联合会签订合作协议，投资1 500万美元在俄罗斯建立中国广东电脑产品展销中心。

此外，广东省电脑商会还有一些教育、人才及文化输出项目。包括在英国伦敦泰晤士河边上购置房产，成立教育集团，设立中文学院，为在伦敦留校的华人提供一些帮助；商会在2012年5月中下旬与河南省灵宝市函谷关镇签署了相关文件投资发展“李竹梅剪纸动漫创意产业园”项目，以及为配套“中东·中国商品采购中心”（中国城）项目而实施的阿联酋广东商会通过广东省电脑商会在清远市技术师范学院选拔学生到阿联酋的中国企业就业项目等。

第八节　广东省高科技产业商会

一、广东省高科技产业商会概况

商会作为社会组织的重要组成部分，正日益成为推动广东省加快转型升级、提高自主创新能力的服务载体和不可或缺的重要力量。广东高科技产业商会（见图5－35）成立于1999年，自2003年以来，积极创新发展理念、角色定位、组织结构、服务方式、服务体系和文化，改变了商会长期依赖政府补贴和向会员收费的传统生存方式，通过增值服务带领会员企业创富，从企业发展的服务者转变为推动者、指导者和引领者，走出了一条可持续发展的新路子。

图5－35　广东省高科技产业商会第一届会员（扩大）会议暨论坛现场

广东省高科技产业商会近年来创出了7个“全国第一”：成为第一个从靠会费生存变为靠增值服务生存的社会组织，第一个以商会名义建立产业转移园的社团，第一个将空军团以上转业干部集体引进民营企业培训就业的商会，第一个以民间组织名义举办大型“孔子文化节”的商会，第一个在国外设立办事联络机构的商会，第一个以商会名义在中央电视台开办企业家对话栏目的商会，第一个以商会名义发起成立科技创投基金的社会组织。该商会还是广东省第一个也是唯一一个中央统战部重点信息联络点，广东省第一个获得中央统战部颁发的“各民主党派工商联无党派人士为全面建设小康社会作贡献先进集体”的社会组织，成为广东省乃至全国科技商会组织的一面旗帜。截至2012年，商会已拥有会员企业6 000多家，其中国家和省行业龙头企业150家，海内外上市公司100多家，举办各类大型活动800余场，累计为企业直接、间接融资300亿元，推动海外投资250亿元，并直接推动20多家企业在境内外上市，发起多家创投基金成立，累计资金规模逾25亿元，不仅解决了自身生存与发展问题，更为我省经济社会发展和加快转型升级作出了突出的贡献。

二、商会“六大创新”成功实现发展模式转变

为探索商会服务经济和社会建设新方式，走出一条从依靠会费生存转为依靠增值服务生存的可持续发展新路子，广东省高科技产业商会（简称高科商会）不断改革探索，从以下6个方面实现了创新。

（一）发展理念创新：以提供增值服务摆脱会费生存的传统路径依赖，全力打造抚养企业成长的“温暖之家”

一是在非营利前提下保持市场化生存的独立品格。商会具有非营利性，传统商会依赖于政府财政补贴和向会员企业收取会费以维持存续和运转。高科商会于1999年聚集数百家粤港澳科技企业而成立，在2003年以前基本是传统的维持生存模式。2003年以来，商会转变发展方式，坚持不依赖政府、不依赖企业的宗旨，明确自身非营利性本质，一方面不强制向企业收取会费，企业不论大小缴纳会费全凭自愿；另一方面，创新发展理

念，保持市场化生存的独立品格，相继为企业提供增值服务，为企业创造新利润价值，创建了三支中科汇商投资基金（PE）（见图5－36），基金通过购买中小企业股权并帮助其上市后在二级市场转让股权以获取投资回报，获利企业将收益的1%回赠给商会，商会以搭建产业金融合作平台实现生存、发展与壮大，最终实现商会的自主、自治、自给、自强。

图5－36　中科汇商创业投资（基金）公司创立大会现场

二是坚持把商会办成企业温暖的家。与大多数商会将自身定位于政府和企业沟通的中介、桥梁纽带不同，高科商会坚持把商会办成扶养企业成长的大家庭，会员不分贵贱、资产不论多寡，都是平等弟兄，帮助企业解决“用钱解决不了的问题”，为好企业锦上添花，为困难企业雪中送炭，对成长性企业扶上马再送一程，对濒临破产的企业不离不弃，把6 000多家企业汇聚到一起，成为企业的灵魂式精神支柱。深圳华箔行科技有限公司在历经8年成功成为行业龙头之后，因投资失误一夜之间濒临破产，商会不仅倾力为其解决债务纠纷，还动员多家企业为其提供生意和资金，最终帮助其实现二次创业，再次成功创富，该公司董事长动情地说，参加了高科商会才真正找到了“家”。十年来，上千个产值百万元的中小科技企业在“家”中成长壮大为产值十亿元乃至百亿元的大企业；十年前在行业默默无闻的9家副会长企业，如今已有诺普信、杰顺科技、三诺数码等8家发展成为中国行业龙头老大。

（二）角色定位创新：从联系企业作为桥梁纽带的服务者向企业成长壮大的推动者、指导者和引领者转变

大多数传统商会在现代经济社会中扮演企业沟通交流平台的角色，为企业提供资讯、供求、合作信息与交流服务。

高科商会在角色定位方面实现了三大转变。

作为推动者，商会近年来累计举办大型国际性（或全国性）论坛、招商推介、文化宣传等各类活动800多场，参与企业家达10多万人，为会员传递先进专业信息、交流发展经验、强化组织管理、提供创富之道起到了积极作用。从2011年开始，商会陆续组织一批企业家到英国（牛津、剑桥）、澳大利亚（悉尼）、美国（斯坦福、哈佛）等10所国际顶尖大学进行专业管理培训，大大提高了企业家的专业素质，拓展了其国际化视野。大力推进企业之间“互为顾问、互为董事、互为股东”工程，通过发起设立创投基金，推动一大批会员企业之间建立起“血肉关系”，“一荣俱荣，一损俱损”，有效优化了企业股权结构，缓解了中小科技企业融资的难题。

作为指导者，商会指导会员之间进行信用互助和资金拆借，实施“无质押互助融资”，目前已成功为近100家企业融通资金约250亿元；指导会员企业对50名空军团级以上转业军官进行就业培训，并安排部分军官在深圳民企就业，这一商会首创的模式在全国军人转业安置方面是一次全新的尝试，受到《解放军报》、空军政治部等的高度评价和中央电视台的连续报道赞扬。

作为引领者，商会贯彻省委、省政府“双转移”战略，于2006年推动“广东高科技产业商会工业园”落户广东河源（见图5－37），先后带领2 000多家企业赴河源进行投资办厂考察，向企业引荐资源搭建厂房等，直接推动总投资达30亿元。为开拓国际市场，商会带领2 000多家企业奔赴美国、欧洲、东盟等国家和地区拓展市场。

图 5－37　河源市人民政府、广东省高科技产业商会合作建立“广东高科技产业商会工业园”签约仪式现场

（三）组织结构创新：根据外部环境和内部变化不断进行调整和变革，推进商会快速成长壮大

高科商会具有四个特征：其一，执行会长不是退休兼职而是年轻专职人员；其二，工作人员全部是专职而且具有本科以上学历；其三，团队均是 70、80 后；其四，工资福利待遇是所有社会组织中最好的。

同时，商会坚持从以下两个方面推进组织结构创新。

一是在会员群体中进行组织创新。商会对会员按照规模大小、发展阶段进行分类，成立与行业、需求或兴趣相关联的商会内非正式组织；成立以副会长牵头的各类活动小组，负责推动主体战略实施和各类大型国际国内活动开展，今年 9 月份商会又将组织举办“富二代与企业家对话”，这些活动促进了商会战略和商会文化的实施，不仅增强了会员之间的团体意识，更增强了商会的凝聚力，老会员不离不弃，新会员持续增加，商会的影响力不断扩大。

二是在商会内部进行组织创新。每年年初，商会张榜公布全年各月的工作任务，使工作人员天天都有新工作、月月都有新目标，长计划短安排有条不紊地进行。每年年末，商会以主题年会的形式组织众多企业家畅谈形势、交流思想、凝聚共识；2011 年商会年会以“笑看风云，开心就好”

为主题，在国内外经济下行的困难环境下给企业家鼓劲打气，增强发展信心；为按国际惯例办事，从2010年开始，商会不定期委派商会的工作人员赴国外著名大学进行为期6个月至2年的业务培训学习，培养和储备复合型人才，保证商会的可持续发展；同时，在河南、四川、广西等省（区）设立办事处，并率先在越南、德国、阿联酋（见图5－38）、美国和澳洲设立海外办事联络点，极大地提高了商会的知名度和辐射力，实现了商会的品牌化与国际化。

图5－38　中国广东高科技产业商会迪拜办事处

（四）服务方式创新：从“被动服务”向“主动服务”、“有形服务”向“无形服务”转变，实现服务转型升级

传统商会提供的服务具有耗时耗力、低附加值等特点，高科商会则主要通过自身强大的资源体系和整合能力、良好的信用和强大的品牌影响力进行前瞻性、战略性服务。

一是以“技术联盟”推动企业技术创新。商会与100多个地市级政府、300多名专家学者、80多个海外商会和协会建立了长效沟通机制，多次举办技术专家和企业家交流会，并与高等院校、科研院所进行广泛合作，形成技术联盟关系，推动技术成果的转化；同时，与德国、韩国、美国、日本等世界先进技术国保持密切的技术互动和交流，将德国的节能环保技术、韩国的IT技术、美国的信息技术和日本的精密技术及电子技术引进并广泛应用于会员企业，取得了良好的经济效益。

二是以“战略联盟”推动企业国际化进程。商会与海外 30 多个国家和地区政府及商会协会组织保持长期良性互动，与数十家机构签订了战略合作伙伴协议，带领企业赴全国各地以及 60 多个国家和地区寻找贸易和投资机会；与纳斯达克、纽交所、欧交所、APX（澳洲亚太交易所）、港交所等达成战略合作伙伴关系，帮助企业寻找国际优良资本，开拓海外上市渠道，为企业国际化之路奠定了基础。

（五）服务体系创新：根据民营经济发展阶段，制订三个“五年计划”，极大提升服务品质

1999—2004 年，针对民营经济多处于起步阶段，对信息、管理等微观领域的需求旺盛的情况，商会设立了信息服务、商务服务、专家服务和技术服务等部门，打造“信息联盟”与“智慧联盟”，每年组织高规格、大规模、形式多样的免费论坛、研讨、联谊活动达 100 多次，累计参加企业家达 20 多万人。

2004—2009 年，在民营企业成长阶段，针对珠三角出现“民工荒”、企业急于“走出去”但势单力薄等情况，商会开创以商会为“雁头”、企业为“雁体”的“雁群投资模式”，为企业向外发展提供支持平台。2006 年商会分别在河源和成都建立了“广东高科技产业商会工业园”，总投资达 30 亿元，创造了约 4 万个就业机会。2006—2007 年间，针对深圳企业“有钱的缺投资渠道，无钱的融资难”的困境，商会搭建资本运作平台，促进科技、金融、产业融合，积极推动会员企业上市，创建“中科汇商创业投资基金”、“中科汇富创业投资基金”和“厚生新兴产业投资中心”三支商会基金，开创了中国商会协会设立基金的先河，并推动多家创投公司成立，累计募资达 20 亿元，引导会员企业通过资本市场解决资金、管理、传承等问题。

2010—2015 年，商会敏锐大胆地预测到未来的竞争将是资本、品牌和文化的竞争，将战略重点转向资源服务、战略服务和文化服务。在深穗莞肇佛等地聘请经管专家、技术专家和政府官员，举办企业战略营销、财政税收、政策法规等方面的研讨会、座谈会、讲座和沙龙数百场，为企业家增智，进而降低其理念成本和经营成本。其中，“会长论坛”、“两江论坛”、“民营科技企业家南方峰会”已成为国内经典论坛，每次参会企业家多达数千名。

（六）商会文化创新：以“孔子文化节”等古今文化活动为抓手，积极打造企业文化体系

商会通过实施文化战略，长期举办各种实体活动打造出完整的企业文化体系，激励企业追求长远价值、精神价值、人生价值。

一是推动企业家传承儒家文化。自2009年起，商会每年在深圳举办数千人参与的大型文化公益活动“孔子文化节”，宣扬“仁、义、礼、智、信”儒家文化道德观，成立“孔圣堂”，举办儒学班，宣讲诚信文化、道德文化，推动社会诚信道德体系重塑，在社会上引起了强烈共鸣。

二是倡导法制化、规范化、阳光化的制度文化。推动企业完善决策机制和制度建设，形成按制度管人、管财、管资产的营商习惯。

三是宣导敢闯、创新、勇当第一的先锋文化。商会积极在各方面争先创优，取得众多“全国第一”和“全省第一”，争当和当好中国商会组织的排头兵。

四是引导兼顾股东、员工、政府和社会的责任文化。在汶川大地震中第一时间号召会员捐款捐物，近年累计为社会捐款捐物达3亿人民币。

五是弘扬“仁者爱人”的感恩文化。支持老、少、边、穷地区兴办希望小学、春蕾小学，积极参与“送温暖工程”和“募师支教”工程，并举办“粉红丝带关爱女性健康”慈善晚会、眼睛复明慈善舞会等活动。

六是提升积极乐观、健康向上、内外兼修的娱乐文化。开展丰富多彩的联谊活动，如“广东省民营企业家卡拉OK大赛”、“深圳市第二届企事业运动会”等活动，丰富了企业家的精神文化生活。

第九节　香港商会

一、香港商会概况

香港是一个多族群、以华人为主的社会，鸦片战争后，香港被割让给英国，成为对外开放的自由贸易港。虽然，香港大部分人口为广东籍，但是来自福建、客家、上海和海南的人也不在少数。

香港的行会或商会作为政府职能转变的替代物，对行业或会员进行自我约束和管理。其作用是政府及其他非政府机构所不能替代的，也是其他市场中介组织所无法替代的。据不完全统计，香港大大小小、各种名目的商会行会曾有 850 多家，据香港工业署于 1996 年提供的商会名册，有一定社会影响并且受到香港政府重视的工商社团有 240 家。其中著名的有香港总商会、香港中华总商会、香港中华厂商联合会、香港证券业经济协会、香港银行公会等。全香港登记在内的行业协会以工商业界的商会、协会为大多数，均以争取工商业界的利益为宗旨，成立 50 年以上的商会、协会占 21%，以后每 10 年递增 15%。

（一）香港商会的类别

第一类是行业性的商会，尽管有的冠名协会，有的叫促进会，有的又叫同业商会等，名称各不相同，但都是为着行业发展服务的。这一类的商会数量最多，比如香港珠宝制造业厂商会、香港珠宝玉石厂商会、香港宝石厂商会等。行业商会又可分为工业团体和商业团体两个主要部分。但随着时代的发展，有些行业商会已经不是原来意义上的单一行业组织，而是包含多个行业的综合性社团，如中华出入口商会等。

第二类是按照地域划分的异地商会。如香港中国商会、新加坡商会（香港）、香港韩人商工会等。

第三类是联合性的商会，尽管这一类型的商会数量不是最多的，但会员企业数量较多、规模较大的商会往往属于这一类型，因为多种类型的商会都可以加入它们，成为它们的单位会员。比如香港服务业联盟、香港东区工商业联会、香港华人青年企业家协会等。像香港四大商会中的香港中华总商会、香港总商会、香港中华厂商联合会、香港工业总会都属于联合性的商会。

（二）香港商会的资源分析

第一，人员资源。香港的商会规模大多偏小，仅有3%的行业商会会员人数超过1 000，香港中华总商会的会员企业超过6 000家，香港总商会的会员企业超过4 000家，香港中华厂商联合会的各行各业的会员企业超过3 000家。大多数协会的会员是几百名，会员人数不到50名的协会占16.4%。会员数目的多少当然是商会实力的一个标志，但有时会员“贵精不贵多”，声誉特别是会长的政治地位、财力及社会活动能力等无形资产构成的号召力和影响，也是商会的主要资源。

第二，财政资源。香港的商会一般都比较富有，据调查，4.2%的商会拒绝透露财政情况，25%的商会拥有500万元以上的资金，拥有资金20万~150万元之间的商会占60%，其余平均资金量在150万~500万元之间。存款量在专业商会中相对比较大，主要是用于行业的自存与自保。据不完全统计，香港商协会经费来源于会员会费、大会筹款、私人捐助、活动收入、物业出租及政府下放的职能收入。其中，大约38%靠会员的会费，约22%靠筹款，私人企业捐助的约占3%，还有大约15%是本商会的活动收入，有的也有政府各种形式的资助。

第三，与内地和国际的关系资源。行业商会的国际性是香港行业商会的一大优势，有48%的商会与其他地区和国家有关联，但不发生内属关系，也不涉及政治性质的联系。这与香港历史形成的国际工商业中心、中西文化交汇点的地位是分不开的，香港大型的国际交流活动一般都由这些商会集体发起并出资筹办。一般会员会费为几千元左右，理事和会长按职务高低不等；商会本身的会计师和律师就由有资格的会员义务担任，开展调研、专题调查等工作；专设了研究基金，通过一些交流渠道，有的被评为内地一些机构团体的荣誉职务，有些研究项目获得政府的赞助。办得好的商会能做到年年结余。

二、香港的殖民统治与香港商会的发展演变

总体上，香港的商会发展至今可以按时间顺序大致分为三个大的阶段。

第一个阶段从1861年到第二次世界大战结束，为香港商会发展的起步阶段。在这一阶段中，香港的华人备受殖民地环境限制。

由于香港是英属殖民地，在太平洋战争爆发前夕，华人社会地位不高，华洋商人可谓泾渭分明。香港最早的商会组织香港总商会成立于1861年，但却不允许华人参加。香港的西人组织，不仅是商会，其他如香港会所、赛马会、游艇会等，都一一把华人拒之门外。如今的香港总商会，有5 000家会员企业，它提供签发工业产品和产地证、ISO9002论证服务，并按不同的行业再分为24个组，其中有7个组的行业成立了下属的工业协会。

香港华商为了维护自身的利益，纷纷组织起来为商界同仁谋求福利，一部分经济实力较雄厚的华商倡议筹备华人自己的商会，希望合成一股团结势力，凝聚一处、相互支持、对内团结、对外联系及改善华商的经营环境，维护本身的经济利益。香港的第一个华人商会南北行公所就是在这种背景下筹备成立的，它成立于1868年，距今已有140年的历史。从那时起直到1945年第二次世界大战结束，香港的华人商会可谓经历了几个重要的发展里程碑。首先，1911年辛亥革命爆发，内地政局出现了翻天覆地的变化，香港华商更加关心内地政治的发展，与此同时政府允许华人商会以公司条例办理注册登记，大大增加了华人商会发展的空间，使华商更加容易和灵活地去组织商会。其次，20世纪20年代出现的军阀混战和省港大罢工以及30年代的抗日战争，导致香港华人的民族主义情绪愈演愈烈，“旅港”、“侨港”的心情挥之不去。最后，随着华人商业的不断发展，原来集中于港岛中上环一带的商会，亦随着商业扩张而延伸到九龙等其他地区，以“港九”为名的行业商会于1930年大量增加。

香港的殖民地环境对华商的心态有极大的影响，对于政治有积极和消

极两种截然不同的态度。积极者尽力争取参与内地政治，如1913年华商公局应北京政府规定，鼓励海外侨胞派代表参与选举国会。为了使香港华商更具代表性，华商公局遂改名为华商总会。到了1936年，华商总会主席李星衢更被国民政府委以“国民代表大会香港侨民代表选举监督”，并以华商总会为选举事务所，可见其政治地位的重要。消极者则对政治异常冷淡，尽量采取回避的态度，这种现象最常见于香港中小型的商会。

第二个阶段从第二次世界大战后到1997年7月香港回归前，这是香港商会的快速发展阶段。这一时期，伴随着香港经济的迅猛发展，香港产生了大量的商会组织，并得到了迅速发展。商会作为社会中介社团组织对香港的经济发展起着重要的推动作用。

20世纪50年代以后，在高度自由竞争的市场经济体系下，香港工商企业发展迅猛，竞争力增强。各新兴产业为了维护整个行业的利益，纷纷团结起来成立社团。与此同时，战前成立的工商业团体也陆续得到恢复，使得香港的工商社团在这个时期迅速增加。

60年代末，经营国货的行业出于团结爱国和维护自身利益的需要，也纷纷组织成立行业团体。据不完全统计，从1968—1970年，香港就有近40个工商团体宣告成立。

80年代以来，内地改革开放政策推动了香港经济的蓬勃发展，一批新兴的工商业主为了自身的利益而自发组织起来，工商社团在这一时期也得到较大发展。如香港青年工业家协会、香港经贸商会、全港各区工商联、香港玩具厂商会等都是这一时期成立的商会。1991年才成立的香港中国企业协会，主要是联系产地的三资企业，与其进行交流和互访。而各国驻香港的协会则保持了香港的商界在国际上的勃勃生机。

第三个阶段从1997年7月香港回归至今，这是香港商会的繁荣发展阶段。1997年7月旧香港回归后，特区政府奉行的是高度自治下的资本主义自由经济原则，其突出的标志是维护市场自由、公平、透明、少干预企业的政策。美国传统基金会公布2003年经济自由度指数，连续第九年把香港评为全球最自由经济体系。香港商会已经成为香港经济活动和社会生活所不可缺少的重要组成部分。

从第二和第三阶段可以看出，香港的商会组织是香港市场经济发展的产物，也是香港特殊的社会结构发展的必然结果。近现代以来，香港地区的商会组织非常发达。长期以来商人及商会组织在香港社会中占据着举足轻重的有利地位。目前，已经形成以香港中华总商会、香港总商会、香港工业总会、香港中华厂商联合会四大商会为代表构建起来的庞大社会力量。它不仅在香港经济事务上发挥着巨大影响力，而且在香港政治、社会生活中都起着特殊的功能与作用。

香港商会与政府之间保持着“相互独立、相互支持、相互制衡、民主冲突”的关系，政府手中的权力能顺利转移到民间商会手中。通过这种权力转移，民间商会与地方政府成为拥有各自权力的平等治理主体，走向合作并实现地方统治向地方治理的转变。

三、香港的多元文化特征与华人商会的殖民特色

香港原为古代越族聚居地，在战国时期并于楚国。从秦代到清代的两千多年间，在中央集权的管辖与统治下，香港地区越族土著文化深深地受到了中原文化的影响。所以说，中华民族传统的中原文化是香港文化的根。①

1841 年英军侵占香港岛的时候，岛上居民只有几千人。后来，英国殖民者又陆续占领九龙半岛，并向清政府施压，强迫租借新界地区。在英国殖民者侵占香港之后，除了对香港进行军事征服、政治控制和经济掠夺之外，还通过宗教活动、奴化教育、新闻宣传等，对香港居民输入殖民主义和资本主义思想与文化。

这种输入大体可划分为两个时期。

前期从 19 世纪中叶的中英鸦片战争开始，英国以大炮、军舰为先导，以宗主国对殖民地绝对强制的方式进行。其输入的内容主要是旧的殖民主义思想与文化。这种文化思想在阶级和种族歧视方面表现最为明显。比如，香港的香港会俱乐部，其成员过去全是英国人，连“高等华人”也不许进去，只有穿着白色制服、在厨房做西餐和在餐厅侍候白人的华人才能

① 陶玉霞：《浅议香港的文化特点》，《长白学刊》，1997 年第 4 期。

进去。另外，香港政府各大机关的厕所，过去也有等级之分。香港的山顶缆车从前也分为两部分，出入的地方各有两个路口，因为住在山顶的多是白人，他们雇用了不少男仆与女佣，他们拒绝在车上与仆佣同坐，也不在路上与仆佣同行。

后期从第二次世界大战之后开始，特别是1949年中国大陆全部解封之后，港英政府不得不顺应国际和中国政治、经济形势的变化，调整它的殖民政策，改变在香港的统治策略。因而它采取新的殖民统治手法、逐渐淡化殖民色彩、放宽新闻和集会结社等自由，加强西方的现代思想文化教育，积极传播现代科技新知识。这样，香港后期的文化也就随之出现了重大的变化：自有资本主义文化思想介入，自由开放、中西交融、商业味浓厚成为香港现当代文化的主要特点。

由香港早期的华人的商会组织的结构，我们至今仍能见到香港的某些殖民社会特色。

第一，从成立商会的法律依据来看，香港的华人商会和一般商会不同。由于香港具有高度的自治权，香港的商会不需要在中央政府注册，因此商会与内地的关系并非如其他海外华人商会般直接。不过，需要指出的是，香港仍有不少商会冠以“旅港”、“侨港”、“驻港”的名称，表示自己并不以香港为最终居住地，这与香港华人大部分来自内地有关，他们多以香港为暂时的居住地。如以“旅港”为名的旅港鹤山商会、以“侨港”为名的侨港琼崖商会、以“驻港”为名的驻港中山商会、驻港宝安商会。

第二，会员资格。一般来说，只要有旧会员推荐，加入者愿意缴纳入会基金及会费，都可成为商会的新会员。不过，也有个别商会对于会员资格有截然不同的要求。例如香港中药联商会对“中药”的范围就只限于生物药业。亦有香港商会大量吸纳港外会员，或将香港的影响力延伸到港外，例如香港米行商会允许澳门的同行自由加入。

第三，会费问题。会费可以说是商会经费的主要来源，一般来说，分为基金和年捐两种。前者于入会时一次性缴交，后者则每年缴交一次。由于征收方法和对会费的定义不同，不同的商会有不同的做法。例如香港中药联商会所，已缴交的基金200元可借用给会员作应急用。值得注意的是，有不少商会的经费是取自会员商号的每日交易数量，并无设定固定金额。

会员向商会缴纳会费，享有会员权利，似是天经地义。但是，一些商会却以会员缴纳经费的多寡来决定他们的权利，可谓相当商业化。例如驻港中山商会和驻港宝安商会规定，凡会员捐出经费100元以上者，便可分别成为永久名誉董事和名誉助理。香港米行商会则以会员每月缴纳常费的金额多少来决定他们的选举权利，每0.5元可得一票选举权，1.5元则得3票，以此类推。

第四，会员权利及行业内部利益平衡问题。香港的华人商会成立的目的，除了保障会员利益、谋求福利外，最重要的莫过于推动行业发展，排解同业之间的纠纷。这种强调行业利益的条款，特别是在财务信誉方面，在不少商会的组织章程内均可见到。

第五，会议规则。香港不少商会组织章程的规条是专门针对理事会或会员大会的开会程序及会议进行期间的秩序等问题。要求最严格最系统的应是驻港中山侨商会，其章程内谓："会议进行期间发言以十分钟为限，不对题或逾限者，主席得停止之，发言时须起立，不得搀乱哄驳。"驻港宝安商会则强调发言时的次序。香港米行商会则对违反者一律施以罚款。

第六，地理位置。香港绝大部分的华人商会均设于港岛，特别是中环、上环、西营盘一带。原因无他，主要原因是这是华人居住和商业集中地，大部分的香港老牌商业如出入口业、航运业、金融业、货仓业等都起源于该地区。再加上交通、邮政、金融、保险等促进商业运作的设施都集中于中上环一带，它自然成为华商的荟萃之地，商会集中于该地区也是理所当然的。时至今日，该地区仍保留了不少早期香港商会的历史痕迹。

四、香港四大商会

在香港，香港中华总商会、香港中华厂商联合会、香港总商会、香港工业总会这四大商会，因在规模、实力和影响上都居于香港数百家工商业组织之首，被称为"四大商会"。这种龙头地位不是靠行政手段得到的，而是在市场经济的发展过程中逐步形成的。

四大商会组织会员企业中包含了它们所代表的领域中最有实力、最有影响力的各类企业。比如香港中华总商会是香港历史最长以及最具规模的商会组织之一，也是香港最具代表性的最大工业团体之一。香港总商会的会员企业所聘用的员工总数超过本地劳动人口的一半。除了企业会员之外，香港的部分商会组织还拥有相当数量的工商业团体会员，有的商会领导，如会长、副会长、主席、副主席、常务会董、会董等本身就兼任行业或专业工商团体的负责人。如香港中华总商会拥有90家团体会员，其中各行业商会的代表是中华总商会的当然会董。中华厂商联合会规定香港工商业团体、出入口贸易商行、海外工厂或工商团体，均可申请成为赞助会员。香港总商会属下还包括英国商会、美国商会等商会团体。从而使四大商会成为“商会中的商会”。

四大商会领导层的产生，一般是由会员选举会董，由会董选举常务会董，再由常务会董选举正副会长。每两年为一届，可连任一届。会长、副会长任职届满后，可选为荣誉会长、顾问及其他职务。商会组织领导层分设专职，会董以上全部实行兼职，义务工作。从人员配备和决策的执行机制来看，香港四大商会组织的董事会或理事会的组成人员中包括了商会中各行各业的企业代表人士，作为领导成员的正副会长和会董都是本行业最有实力和影响力的关键人物、最具代表性的大企业家，他们构成商会的决策主体。而正副会长等主要领导均实行轮换制，一般为两年一任，连选连任不得超过两任，是一种“轮流坐庄”的办法，这样就能让更多的企业家有机会参与商会组织的领导，代表和反映各类企业的意见和要求。

而作为商会执行机构的秘书处和各专业委员会，其组成人员本身也是决策层的组成人员。由此，香港商会在决策、管理和执行的职能方面基本上是合一的。

香港四大商会要频繁地举办各种活动，不断扩大其社会影响，为会员企业提供及时有效的服务，因此，没有坚实的经济实力保障是不行的。在历届领导的重视和支持下，经过几十年乃至上百年的发展和积累，香港的四大商会组织都有比较强的经济实力，并能做到经费自给有余。以香港总商会为例，其1996年度年报显示，当年其会费收入1 531.1万元，占全年总收入的22.1%；签证费4 874.7万元，占全年总收入的70.5%；其他收入510.8万元，占全年总收入的7.4%。全年总收入6 916.6万元，全年总支出5 871.7万元，占全年总收入的84.9%；税收12.8万元，占全年总支出的0.2%。这样算下来，全年税后盈余1 032.1万元，占全年总收入的14.9%。

香港商会既有“在商言商”之职，又有“辅助政府商政”之责。

由于香港的四大商会在工商企业界具有很强的实力和广泛的影响，它们在香港的政治社会生活中代表了广大工商企业界的利益，发挥了重要的作用。它们在香港立法局、香港贸易发展局、香港生产力促进局、香港职业训练局、香港劳工顾问委员会、香港中小型企业委员会、香港城市设计委员会、香港廉政公署等重要政府机构中，都有代表参与运作，表达工商业界的意见。香港回归前，在筹建香港特区政府的过程中，特区筹委会94名港方筹委中就有33名来自工商业界，其中绝大多数都是各商会组织的领导或会员。在新一届立法会选举中，也明文规定各主要的商会组织推选出自己的候选人，在未来的立法会中将拥有一席之地。香港回归祖国之后，全国人大、全国政协等中央领导机构里都有来自香港工商企业界的代表人士，如香港中华总商会荣誉会长霍英东就曾经是全国政协副主席，会长曾宪梓就曾是全国人大常委会委员，香港中华厂商联合会梁钦荣会长及香港总商会田北俊主席均为全国政协委员。香港各主要商会组织的许多成员也都担任了中央和地方各级人大、政协的职务，他们不仅是企业家，而且是社会活动家。

当行业发生危机时，商会也会制订出应急方案或和其他商会联手，通过各种求助渠道进行疏通，帮助会员渡过难关。1997年下半年，东南亚地区爆发了大规模的金融危机，香港楼市应声而降（见图5－39），这次金融风暴的直接后果就是造成各国纷纷放弃固定汇率制度，任凭汇率随市场升降，汇率自由化风暴也冲击了香港的联系汇率制度，但没有能够动摇港元的地位。香港于是成为太平洋东岸唯一一个坚持既有外汇制度的“堡垒”。在这场捍卫港元联系汇率制度的“保卫战”中，香港的商会组织起了积极的作用。

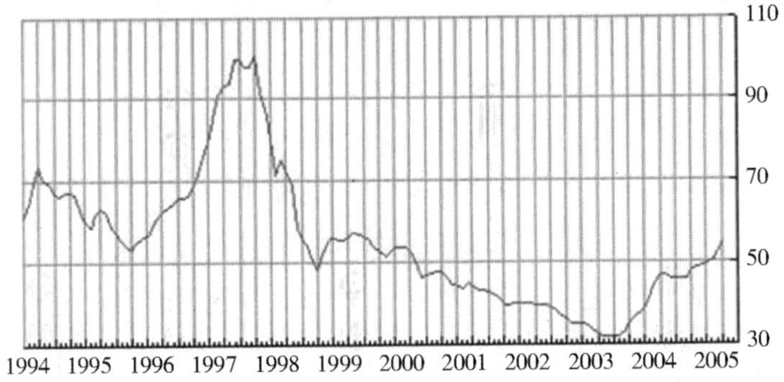

图5-39　1997东南亚金融危机爆发后香港楼市的走势

资料来源：国海证券研究所。

东南亚金融风暴波及香港后，香港商会组织尤其是“四大商会”，纷纷发表言论，响应特区政府的号召，捍卫联系汇率制度，稳定人心，在舆论上给了特区政府有力的支持。

第一，香港商会积极支持香港特区政府捍卫联系汇率的行动。一方面，香港各商会利用向政府传递“咨询文件”回应的机会，表露工商业界对联系汇率的支持及对特区政府的支持；另一方面，各商会负责人还纷纷发表谈话，公开表示支持特区政府。冲击一发生，香港总商会便发布文告，声明支持联系汇率制度。其主席田北俊表示，香港总商会十分关注金融市场波动对香港经济构成的短期打击，并且坚定支持政府捍卫联系汇率的行动。

不仅如此，商会组织还大加赞扬香港特区政府处理汇率危机的做法。香港工业总会主席唐英年在出席沪港阪经济合作研讨会后表示，政府利用收紧银根导致汇率抽高的方法来处理金融危机，与西方国家无异，因此他觉得此做法并无问题。

第二，香港商会向工商界陈述维持联系汇率的利害关系。针对外界有关取消联系汇率的言论，香港的商会组织纷纷起来进行反驳。香港总商会发表文告，呼吁金融界人士保持冷静，联合起来维持联系汇率。田北俊主席表示，如果香港在此时放弃联系汇率，相信最终将得不偿失，潜在损失难以估计，“现时最适当的做法莫过于坚决捍卫港元”。因此，他呼吁商界在危机中保持冷静，有效地控制成本，让香港经济从现时的不稳定状态中逐步回升，甚至较波动前更见强劲。

第三，参与舆论讨论，引导市民树立对香港前景的信心。香港的商会组织设有覆盖面广泛的委员会制度，让会员的意见和专业见解得以交流和发表。香港的商会组织还聘请著名的经济学家为其顾问或首席经济学家，将他们对联系汇率的认识和理论上的探讨，形成商会的认识，公布于公共媒体，借此影响舆论。如香港总商会首席经济学家冼柏坚在评论金管局副总裁演说时认为，联系汇率，不是香港经济受损的诱因，在金融市场充满不稳定因素之际放弃联系汇率机制，将会对特区带来不利的后果。香港的商会组织还组织各种研讨会，探讨联系汇率运作的机理和维持联系汇率的办法，并将研讨意见传达给特区政府，为政府决策提供咨询依据。如香港总商会在 1997 年 12 月举办的第四届香港商业高峰会议上，围绕联系汇率等主题开展研讨，并强调，总商会一致认为，联系汇率绝不可放弃。香港总商会下设机构经济及立法事务部在这阶段主要忙于回应和传媒有关联系汇率的查询。

商会组织还会加强舆论引导，增强民众对香港前途的信心。香港中华厂商联合会会长梁钦荣表示，事实上，香港比其他东南亚地区在这次金融风暴中承受风险的能力都要高，在国际市场中的竞争力仍然高人一筹。他强调，香港具备足够的能力抵御外来的冲击，加上有利于经济进一步发展的条件不少，香港的经济有信心可以在短期内复苏。香港中华厂商联合会还发表《本港经济发展信心所在》的评论，指出香港经济基础稳固，香港主要市场的经济表现持续良好，香港的整体出口增长得到保障，港元及人民币汇率稳定对香港经济发展有利等。

此外，香港四大商会也积极组织会员企业参与到各种慈善活动中去，为社会多作贡献。比如 2008 年汶川大地震期间，在四川省政府公布的香港各界团体、人士抗震救灾捐款明细表显示，香港中华厂商联合会通过 19 张支票，捐资 16.107 41 万港元；香港中华厂商联合会通过 40 张支票，捐资 43.05 万港元；香港中华厂商联合会通过 15 张支票，捐资 26 万港元；香港总商会通过上海汇丰银行，捐资 100 万港元；香港中华总商会通过中银香港，捐资 300 万港元；香港中华总商会通过中银香港，捐资 100 万港元。

第十节　澳门商会

一、澳门商会概况

作为我国两个特别行政区之一，澳门位于中国东南沿海的珠江三角洲西侧，旅游业、酒店业和娱乐业十分发达。

来自广东实业商工部的资料显示，澳门开埠400多年，在“澳门商会”未成立之前，澳门的商人已经有行会组织存在，但在1911年以前，还没有总的团体组织。清末，随着在澳门商人的日渐增多，每当有事故出现的时候，澳门的华商就要到镜湖医院借地方举行商界会议，集会商议解决。20世纪初，在清政府鼓励下，经澳葡当局批准，曾成立过华商商会。后被葡萄牙政府下令撤销。1911年，辛亥革命爆发，清朝政府被推翻，在澳门的中国商人萧瀛洲等，当年就发起筹备商会组织，当时认为“会馆”、“公局”等名字，已不合潮流，所以用“澳门商会”的名称拟订好规章后送交澳门政府，向葡萄牙驻澳门当局申请注册，于1912年12月14日获得批准，名为“澳门商会”。1913年1月初，澳门商会正式成立。

娄胜华[①]根据澳门身份证明局社团登记资料进行统计分类，得出1999年澳门工商类社团91个。澳门的商会包括行业性和地缘性商会，地缘性商会以相同祖籍为基础，如澳门中国企业协会、福建总商会、台商总商会、澳门葡籍企业家协会；行业性商会以相同行业经营活动为基础，如毛织毛纺厂商会、地产商会、出入口商会，由于地缘性商会的成员经营的行业各有不同，这样他们也需要加入相应的行业性商会，地缘性商会和行业性商会就形成了会员网络的交织。地缘性、行业性商会还通过联合性商会（如澳门厂商联合会、澳门中华总商会（见图5－40））实现更大范围的网络交织。

① 娄胜华：《十九、二十世纪之交的澳门社会变迁与结构转型》，《华南师范大学学报》，2011年第2期。

图 5－40　澳门中华总商会庆祝成立九十五周年酒会现场

从中我们能够窥测到，澳门居民加入社团的比率较高，多重社团成员身份重叠的比率也较高。不但如此，商业网络也与社会、文化、政治网络交织。许多商业性社团的成员也是其他多种类别社团的成员，例如崔德祺先生是澳门同善堂主席、澳门中华总商会副主席、多个业余球会的会长，马万祺先生任澳门中华总商会会长、镜湖医院慈善会主席、中华教育会副会长，也是一些球会、诗社的重要领导人。娄胜华有这样的描写："澳门 7 大华人社团的理、监事存在高频率的'执事关联'现象，同时担任 2 个社团理（监）事职务的人数达 39 人，只有 2 人没有兼职。"领导人的社团位置交叉状况尚且如此，社团成员的身份位置交叉状况则可想而知。

二、澳门华商力量与澳门商会组织的发展

澳门自 16 世纪中期始成为欧洲传教士和商人在东亚活动的落脚点，1887 年 12 月 1 日中葡双方签订《中葡和好通商条约》之后，葡萄牙正式取得对澳门的管治权。进入 19 世纪之后，澳门的经济地位与经济结构发生变化，长期以来支撑葡商进行转口贸易的特惠条件逐渐丧失，华商力量逐渐壮大进而取代葡商，成为澳门经济的主体。这种趋势在鸦片战争之后得到进一步发展。随着五口通商，特别是毗邻澳门的香港开埠，在澳门的外

国商人（包括葡商在内）纷纷将资本从澳门撤向香港及上海等其他通商口岸，导致华商资本在澳门资本结构中的比重趋大，至19世纪末20世纪初，更达到了绝对控制的地位。华人企业几乎覆盖了澳门最重要的工业行业，其中最大的一家中式丝织厂仅雇工就达698人，占中式工厂雇工总人数的13.1%，实为“澳中第一厂”。

除近代工业企业外，澳门的博彩业与其他垄断性行业的专营权多为华商承投。而鸦片、鱼盐、火药、煤油等专营权承投者除极个别外都是华人。博彩业与垄断性行业的专营方式加快了财富积累的速度，催生了一批华商巨贾。到19世纪末20世纪初，华商已成为澳门最富裕的群体。

从澳门华商致富的途径不难看出，近代澳门华商是一个具有特殊群体利益的阶层，他们需要找到一种有效的方式来保护和促进共同利益。当然，最有效的方式莫过于加入或者控制政府，运用政府特有的政策与强制功能来保护自身利益。可是，在澳门，华人由于缺乏直接的政治吸纳通道，因此加入政府的机会极少，只有政府的边缘部门吸收少数华商以协助参与管理。

除了政府之外，可供选择的利益保护方式有两种：或是个人方式，或是集体方式，多数人在多数时候二者并用。选择个人方式的，较为普遍的一种做法是加入葡籍。选择保护自身利益的集体方式，就是组织社团。

澳门华商创建的早期民间社会组织，除宗教性神庙外，世俗性善会与工商性社团占据重要地位。其中，镜湖医院慈善会与同善堂是两个面向华人社会的慈善社团。华商组织的早期团体中，会馆的历史最为悠久，可考之名号首推三街会馆（见图5－41）。三街会馆创立于清代粤海开关以后，但其准确年代迄今未查实。“三街”，即营地大街、关前街、草堆街，时为澳门商业中心。三街会馆成立后，是华商“聚会议事之所”，按照道光十五年（1835年）“重建三街会馆碑记”所述，因为“诸夷有议事亭，番目四人受命于其国，来临市事”，而“华人商贾，所以通货财，平竞争，联情好而孚众志者，亦不可无地以会之，此三街会馆之所由设也”。可见，无论是立馆的缘由、地点，还是实际功能，三街会馆都应是一所商人会馆。

图 5－41　三街会馆

三街会馆虽然独立于神庙之外，并履行着超出了一般工商性社团的综合功能，甚至有澳门“华人总机关”之称谓，但它还不是一个近代性社团，其与许多传统社团相同的一个突出表现就是它的庙宇化特征。三街会馆供奉关帝为守护神，在澳门，又称“关帝庙”。除了商人会馆之外，澳门的其他手工业行会组织，如上架行会馆（见图 5－42）、工羡行会馆与泥水行会馆等早期工商性同业组织都奉祀共同的祖师——鲁班。

图 5－42　澳门上架行会馆

上架行会馆创建于清道光二十年（1840 年），为澳门木艺业（做木行、搭棚行、油漆行）的手工业行会组织。始建于咸丰四年（1854 年）的工羡行会馆是澳门造船业的行会，造船业崇奉鲁班为祖师，故而会馆大堂专设鲁班神殿以备奉祀，会馆因此也称祖师庙。澳门早期手工业行会组织的庙宇化色彩浓厚。商业会馆与手工业会馆为主的行会组织分布，对应着商业与手工业在 19 世纪澳门经济中的主导地位，上架行、工羡行、泥水行会馆成为手工业会馆中的发达组织，对应着木质帆船制造与建筑在澳门手工业中的显赫地位。随着 19 世纪末 20 世纪初澳门经济中现代性因素的增长，行会馆沿着两条路径向近代变迁，其中一条是完全的庙宇化。1913 年澳门工商界的枢纽组织——澳门商会正式成立了，1916 年，澳门商会更名为澳门中华总商会，并成为活跃于澳门的最重要的工商社团。

可见，进入 19 世纪后期，随着澳门华商力量的崛起与近代知识群体的发育，澳门社会结构出现了新变化，新的社会阶层推动了澳门民间结社的近代转型。至 20 世纪初叶，一批以商人与知识分子为主体的华人社团陆续诞生，其中，由华商创办与管理的慈善社团以镜湖医院慈善会与同善堂为代表，工商团体则以中华总商会为代表。与此同时，经由行会转化或新成立的工会组织不断涌现，成为其时逐渐成长壮大的雇工阶层的主要结社形式。由此，拼合成 19、20 世纪交替之际澳门社会的结社图景。

1990 年，《澳门组织章程》根据中葡签订“联合声明”的要求进行修改，此后华人对立法会以及行政机构的参与才渐渐增多。华人社团构成另一个非正式的但同样有效而且长期存在的社会控制的权力体系，在澳门的教育和社会福利事业中发挥重要作用。华人社团是澳门华人社会的自治组织，它们与中国官方联系密切，接受其指示，澳葡当局处理本地华人事务或与中国官方联络时，必须由本地华人精英进行协助。社团不但在华人社会自治方面担当了重要角色，在澳门的民间反殖民运动中担当了重要角色，在建构现代澳门人的文化认同方面也担当了重要角色。

三、澳门文化的多元化与澳门商会的经贸活动

澳门这块仅仅 20 平方千米、40 万人口的小地方，却因为历史的原因

成为中国最早对外开放的口岸之一，也是中国最早的东西文化的交汇点之一。400多年来，东西方各种文化在这里相遇、碰撞、并存和融合，留下了丰富的文化遗产，形成了澳门多元文化融合、共生的奇特景观。

澳门作为十六七世纪“海上丝绸之路”的重要据点，其航海路线不仅南联东南亚各国，而且北至日本，西经菲律宾以至美洲，把世界四大洲连在一起，开始形成全球性的贸易大网络，大大促进了东西方文化交流。

澳门于明末清初在沟通东西方贸易和文化方面之所以起枢纽作用，是由当时特定的历史条件所造成的。西方最早的航海先驱葡国殖民者，曾经以武力征服他们所能到达的地方，早在1517年就开始了与中国的贸易，经过40多年在中国东南沿海的活动，在对中国沿海各地用武失败之后，即改用绥靖政策，疏通、贿赂腐败的中国官员，在澳门订立了租约。取得在澳门的居留权之后，他们积极开展东西方之间的贸易活动，这使得澳门一度成为中国最重要、最繁荣的港口。当时中国封建政府认为这个弹丸之地能给中国带来大量的利益，而且殖民者对中央政府不会构成任何威胁，竟然容忍他们进行宗教、行政和司法方面的自治。

在这种情况下，澳门迅速发展成为远东最繁荣、最发达的多元文化中心之一。在澳门，天主教、基督教、佛教、道教、回教、巴哈伊教等长期和平共处，教堂和寺庵林立，成为本地独特的文化遗产，得到政府和联合国的重视和保护。天主教的主教和佛教大师同时出席各种庆典，居民可以同时信仰不同的宗教，所有的宗教节日均被列为公众假期。两种不同的文化在澳门不仅和平相处了400多年，而且在许多地方也互相交融。

不少澳门商会就是利用其在海外的华侨、华人的关系网，自由贸易，以推动区域性的经济合作，推行双向投资、技术转移、跨国行业合作以及文化教育交流等，极大地促进了澳门对外经贸的发展。同时也将海外的华侨、华人资金与外资引到大陆，并且还通过与台湾早已建立的联系，推进了海峡两岸的经贸往来。

由于澳门独特的地理优势和文化优势，澳门的商会对外往来的海外关系非常广泛。由于葡萄牙及葡萄牙语的作用，澳门商会具有同欧洲及拉丁语系国家的天然联系。澳门地区与欧洲及拉丁语系国家之间的联系历经400多年，到20世纪80年代葡萄牙加入欧共体后，澳门于1992年同欧共体签订了优惠协定，双方的联系更加密切。根据这个协定，欧盟在投资、贸易、关税、资讯、培训以及环保等方面，均对澳门给予充分照顾。此外，在澳门建立的欧洲资讯中心，能够同欧洲 100 多个资讯设施取得直接联系。值得一提的是，欧盟的“亚洲投资计划”还为欧洲和中国内地的中小企业提供了利用澳门作为互相接触与合作的平台。

澳门与拉丁语系国家的国际联系，不仅历史悠久，而且范围极其广阔。从语言种类来说，包括葡萄牙语、西班牙语、法语、意大利语等。从联系的国家来看，远及欧、美、非、亚四大洲的 80 多个国家、地区和城市，总人口约有 10 亿，占世界人口 1/6。而澳门与东帝汶在 20 世纪是亚洲保持拉丁语（葡语）为官方语言的两个地方，从语言和法律方面筑起了与拉丁语世界直接沟通的基础。这一有利条件，为扩大中国的国际交往，特别是发展与拉丁语系国家的贸易关系和文化交流，发挥了重要的作用。

澳门向来是西方进入中国的跳板和中国走向世界的桥梁之一，这种中介作用和窗口的传统角色是澳门的优势，在我国内陆地区实施改革开放政策以来得到进一步加强。

中国自 20 世纪 70 年代末实行改革开放政策以来，澳门在中西文化和经贸交流中的重要作用得到进一步的加强，它以国际城市和自由港的极大便利成为中国与葡语国家经贸服务的平台。澳门各商会借助澳门的便利条件，想方设法地通过各种方式促进中国内地及澳门与葡语国家的经贸合作，输入国内急需的资金、技术、信息和管理知识，帮助国内的现代化建设。同时为各方中小企业的市场拓展、相互投资、联合经营，提供优质中介服务。

随着国内尤其是珠江三角洲近年来的急速发展，澳门各商会依托澳门特区成为多个国际经贸组织成员的优势，再度发扬窗口的作用。更致力于多边贸易谈判的进展，利用澳门的国际网络，尤其跟葡萄牙的特殊关系以及葡萄牙与欧共体、非洲和南美洲的历史联系，帮助内地的科技成果和新产品转口，从而打入世界市场。

20 世纪 70 年代澳门生产总值每年增长超过 16%，80 年代经济增长略有放缓，但势头依然强劲。据《亚洲周刊》的最新统计，澳门人均国民生产总值在 1992 年为 11 300 美元，在亚洲仅次于日本（27 326 美元）和香港（14 102 美元），远高于台湾（8 685 美元）和韩国（6 498 美元）。2004 年澳门的本地生产总值为 826.9 亿澳门元，增长率达到 28%；人均生产总值相当于 22 620 美元，已是香港同一指标的 97%。据 2005 年底的最新资料，在全国 287 个城市竞争力的排名中，澳门已经升居为第 7 位。

第十一节　泛珠区域商会发展走势

一、改革开放为民间商会发展提供了良好的宏观社会环境

（一）党和政府的政策支持

改革开放以来，特别是社会主义市场经济体制确立之后，党和政府对民间商会发展给予了高度的重视和支持。

1991 年中共中央 15 号文《中共中央批转中央统战部〈关于工商联若干问题的请示〉的通知》（中发〔1991〕15 号文件）明确了工商联的主要工作对象是私营企业、个体工商户、“三胞”投资企业和部分乡镇企业。2001 年全国工商联正式在国家民政部登记注册为“中国民间商会”，是党和政府联系非公有制经济人士的桥梁以及政府管理非公有制经济的助手。这是改革开放后党和政府重视私营经济发展、发挥私营业主阶层参政议政作用的重要体现。

党的十四大确立社会主义市场经济体制后，私营经济和民间商会的发展进入一个高峰期。1993 年，党的十四届三中全会通过《中共中央关于建立社会主义市场经济体制若干问题的决定》明确指出，“转变政府职能，改革政府机构，是建立社会主义市场经济体制的迫切要求”，“必须培育和发展市场体系……发挥行业协会、商会等市场中介组织的服务、沟通、公证、监督作用”。1996 年 3 月，全国人民代表大会第八届第四次会议的《政府工作报告》也提出：“把应由市场解决的问题交给市场，充分发挥行业协会、商会等市场中介组织的作用。”

2003年10月，党的十六届三中全会通过《中共中央关于完善社会主义市场经济体制若干问题的决定》，其中指出："积极发展独立公正、规范运作的专业化市场中介服务机构，按市场化原则规范发展各类行业协会、商会等自律性组织。"这就充分肯定了民间商会与政府的关系及民间商会的自律职能。2004年9月，党的十六届四中全会通过《中共中央关于加强党的执政能力建设的决定》，进一步指出"发挥社团、行业组织和社会中介组织提供服务、反映诉求、规范行为的作用，形成社会管理和社会服务的合力"。2005年2月出台的《国务院关于鼓励和引导个体私营等非公有制经济发展的若干意见》把商会等社会中介组织的服务职能更加具体化和扩大化，要求"大力发展社会中介服务。各级政府要加大对中介服务机构的支持力度，坚持社会化、专业化、市场化原则，不断完善社会服务体系。支持发展创业辅导、筹资融资、市场开拓、技术支持、认证认可、信息服务、管理咨询、人才培训等各类社会中介服务机构。按照市场化原则，规范和发展各类行业协会、商会等自律性组织；整顿中介服务市场秩序，规范中介服务行为，为非公有制经济营造良好的服务环境"。随后在3月份召开的全国人大第十届第三次会议上，《政府工作报告》强调"加快转变政府职能……坚决把政府不该管的事交给企业、市场和社会组织，充分发挥社会团体、行业协会、商会和中介机构的作用"。

2006年3月，全国人大第十届第三次会议批准《中华人民共和国国民经济和社会发展第十一个五年规划纲要》，其中就强调"培育发展行业协会、学会、公益慈善组织和基层服务性民间组织，发挥提供服务、反映诉求、规范行为的作用。完善民间组织自律机制，加强改进对民间组织的监管"作为完善社会管理体制的重要目标之一；同时在"推进政府职能转变"中还指出，必须"按照政企分开、政资分开、政事分开以及政府与市场中介组织分开的原则，合理界定政府职责范围，加强各级政府的社会管理和公共服务职能"。这就已经使商会和政府各自的职能得到了明确而具体的划分。

（二）我国民营经济的快速发展

1992年春，邓小平同志发表了"南方谈话"，提出了"三个有利于"

标准来判断姓“资”还是姓“社”的问题，私营企业借助这股东风加快了自身的发展。其后，党的十四大和十四届三中全会提出非公有制经济和公有制经济“平等竞争”与“共同发展”的方针，使得民营企业有了更大的发展空间。这一时期，民营企业大量参与了国有企业改制活动，实现优势互补、共同发展。全国绝大多数省、市、自治区也出台了加快个体私营经济发展的文件，有力促进了各地民营企业的快速发展。

2005 年 2 月 19 日国务院发布《国务院关于鼓励支持和引导个体私营等非公有制经济发展的若干意见》（国发〔2005〕3 号，通称“非公经济 36 条”）。它在市场准入方面取得了根本性突破，强调“非禁即入”的精神，对于打破原有国有企业垄断局面、鼓励民营企业进入更多新的产业领域具有里程碑式的意义。

1992—2010 年，我国个体私营经济持续快速健康发展，民营科技企业迅速成长，促进了就业和税收大幅度增长。这期间，个体私营企业的户数从 1992 年的近 14 万户迅速翻了近 20 倍，发展到 2003 年年中的 270.04 万户；到 2010 年，我国个体私营经济主体数量已超过 4 000 万户，这一数目已接近 2003 年年中的 15 倍。个体私营经济从业人员从 2003 年年中的 3 562万，飞速发展到超过 1.6 亿，扩张了 4 倍多。国家工商总局 2010 年统计数据显示，我国个体工商户户数达 3 406.54 万户，资金数额达 1.27 万亿元，从业人员达 6 982.37 万；全国私营企业达 818. 88 万户，注册资本（金）达 17.73 万亿元，从业人员达 9 183.89 万。2011 年底，个体工商户实有 3 756.47 万户，比上年底增长 8.79%，资金数额达 1.62 万亿元，增长 20.84%；私营企业达 967.68 万户，增长 14.45%，注册资本（金）达 25.79 万亿元，增长 34.27%。其中 2011 年个体工商户新注册 715.34 万户，比上年同期增长 3.46%，资金数额达 0.47 万亿元，比上年同期增长 15.81%；新增私营企业登记注册 182.07 万户，增长 15.48%，注册资本（金）达 4.8 万亿元，增长 31.19%。

1992 年个体私营经济税收只有 203 亿元，占全国税收比例的 7.8%，2005 年个体私营经济税收增加到 4 101.6 亿元，占全国税收比重上升到 13.2%。

此外，民营科技企业是我国科技创新的一个重要来源。民营科技企业迅速成长，自主创新能力增强。民营企业特别是民营科技企业也是我国科技创新的一个重要来源。据科技部资料显示，改革开放以来，我国技术创新的70%、国内发明专利的65%和新产品的80%来自中小企业，而中小企业的95%以上为非公有制企业。

（三）行政管理体制改革与建设法治国家的客观要求

改革开放以后，我国开始对计划经济时期形成的传统行政管理系统进行改革，其重要内容就是政府的大幅度放权。

首先是政企分开。政府将经营权、决策权、人事权下放给企业，并将大部分经济权力下放到社会。

其次是中央政府大幅度地将权力下放给地方政府。无论在干部管理、行政管理和社会管理方面，还是在政治决策、经济决策方面，改革开放后各级地方政府的权力都大大增强。这样，地方政府为了达到强化其经济职能和社会职能的目的，就有必要分离一部分职责，比如将行政管理职能委托给民间社团组织，民间商会、协会、学会等接受委托可以行使这部分原来属于政府的职责或权力。

此外，改革开放后，我国政府开始强调法制和法治，确立了依法治国的方略。公民结社自由的权力得到了相当程度的体现，公民申请成立非政治性的民间社团组织，可以得到批准。从2012年5月1日起，广州市在原有放开八大类社会组织直接登记的基础上更进一步全面铺开社会组织直接登记，社会组织可以直接向民政部门申请成立，无须再找业务主管单位挂靠。在这场对民间组织的放权改革中，广东走在了前头。从长期以来的主管单位挂靠（隐性审批制），到如今的全面开放直接登记，改革正大光明地走向了公民结社权的正题。

二、泛珠区域经济合作为商会发展提供了广阔的活动空间

区域经济是整个国民经济的组成部分，区域经济的发展会带动全局、影响全局。从已有的情况来看，部分发展起来的地方和区域（见图5－43）已经成为整个国民经济的带动点和扩散点，起着以点带面、前面领跑的作

用。珠三角、长三角的情况就是这样，环渤海地区将来也会是如此。地区分工越来越清晰、区域合作越来越密切，这是经济发展的大势所趋。分工和合作将会形成新的、巨大的生产力，合作可以把被行政区划分割的经济关系重新建立，使各地区相关的企业或行业有机地联系起来；合作也有利于实现地区经济专业化，提高各地区主要产品的商品率，扩大地区之间资金、技术、人才、信息的交流和商品交换，从而促进商品经济的发展，为在更广阔的地区范围内建立区域经济合作创造条件；同时更有利于经济发展水平不同的地区互相取长补短，既发挥经济发达地区的先导作用，带动不发达地区的资源开发和经济增长，又为发达地区传统产业的扩散和高技术部门的兴起创造条件，从而加速整个国民经济发展的进程。

图 5-43　我国沿海区域经济格局

区域经济的发展是当前经济发展的主流。在跨区域经济的发展中，资源的配置、产业的布局、资金的运用、人才的交流等，存在着如何互相协调和合作的问题。在这种形势下，代表企业利益、沟通政府的商会组织则有了发挥作用的舞台，它可以充分发挥自身的作用，把行业、企业之间的作用有机地联合起来，组成具有规模、优势互补的企业集团和产业链，进一步促进地区经济的发展。目前的经济合作越来越体现出自愿、互补、高效的原则。在这个原则下，政府与企业都以积极的态度和有效的运作，通过协商、沟通，在各个领域进行合作。特别是民营企业在区域的合作中充当着重要的角色，而民营企业的代表——商会组织更以积极的姿态和自身具有的灵活、快捷、高效的优势，参与经济合作活动中来，为地区之间搭桥，为企业之间牵线。

随着市场经济发展带来的交易地域的扩展，越来越多的企业家到外地投资，珠三角、长三角地区自不必说，正在崛起的环渤海地区也在逐步形成跨区域投资的态势，吸引了相当数量和规模的外地、外资企业。与此相适应的民间商会组织在全国各地越来越多地组建起来，特别是在经济比较发达的地区形成了一个介于企业和政府、企业与企业之间的商会网络，为企业的跨区域发展做着积极的工作。

要加快区域一体化的进程，首先应该加强区域的整体规划，引入全区域效益最大化的概念，打破现有的以行政区域为主导模式下的区域功能的分割，从整体上考虑全区域的发展，泛珠三角区域各省（区）的合作更是如此（见图5－44）。这些都需要地方之间的通力合作，而这种合作除了政府之间的，更为重要的是民间的合作，这就需要有组织地把相关的企业联合起来，在一些项目上形成协作（见图5－45），这就为民间商会发挥其应有的作用提出了任务和要求，同时也为商会施展才能提供了一个大舞台。

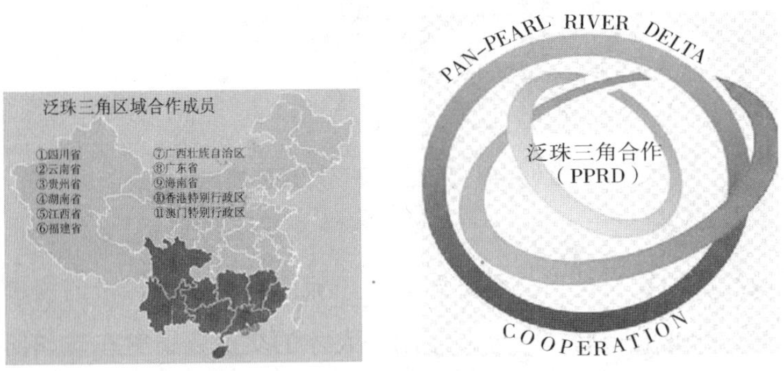

图5－44　泛珠三角区域合作及成员

图 5－45　2010 年第六届泛珠三角论坛集体签约 100 个项目，投资金额 390 亿元

作为以引导民营经济健康发展为主要职能的民间商会，如何进一步加强区域合作与交流，引导民营企业参与大区域经济合作，一些地区的商会组织进行了积极的探索并取得了很好的成效。民营经济的天然市场经济属性决定了它不受行政区域的局限，民间资本的天然流动性也早已突破了阻碍其发展的行政壁垒。

三、泛珠区域商会发展走势

商会之于商人不是一个营利性的组织，而是服务于商人并维护其利益的组织；商会之于政府，不是一个对立面，而是政府与企业之间的桥梁。从功能上来说，最初商会实现的更多的是一种文化功能，如老乡联谊，情感交流等，但后来商会情感交流的功能逐渐淡化，经济功能逐渐突出。先是商业信息的交流，后是作为一个利益共同体，共同与相关部门进行利益博弈；如今最终出现以商会为平台的经济实体，则是这种经济功能的进一步升级。

以商会为平台的投资机构的出现是商会在外地发展的必然结果。从内因来看，各地创业的商人在改革开放初期，即 1980 年前后，主要是做一些小本生意，进行资本的原始积累，目前有许多在异地创业的商人已经完成了这一阶段；从外因来看，随着经济的快速发展，原来他们所熟悉并擅长的产业模式受到越来越严重的挑战和越来越激烈的竞争，这两种因素都促使他们联合起来，利用商会这样一个平台进行资本投资。

以商会为平台组织投资机构和金融平台，有它优势的一面，那就是由于理念相近、思维模式比较容易相互认同而使决策效率与执行效率提高。如果股东之间的观念分歧过大，就会降低效率。从这点来说，各地商会组建经济实体是有其生命力的。

（一）广东引领

1. 近代以来广东一直是历史重镇

广东是一片神奇的热土，中国近现代以来许多推动历史进程的重大事件都在这里发生。

在鸦片战争前后，广东利用当时全国唯一一个通商口岸——广州，接受了很多外来的文化、思想以及引进了先进的机械设备等。广州成为西方大国近代争相步入中国的桥头堡，著名的十三行（见图5－46）恰是设立于这一时期：清政府给十三个异国派驻中国的商行统一划了一块地皮成立贸易机构，位置在白鹅潭北岸。所以，广东最先接受先进工业文明的洗礼，并逐渐向全国进行辐射。

图5－46　广州十三行清朝中后期达到极盛

鸦片战争以后，西方列强相继侵入中国，极大地改变了中国的社会性质，也改变着东西方的政治经济文化格局。在《中英南京条约》中被列为“通商口岸”的五大城市之中，广州的变化最为显著，它成为中国最早的西洋钟打造基地和欧式瓷陶加工基地。

康有为、梁启超、孙中山等广东人，无一不是开全国风气之先的人物。而孙中山更肩负起结束两千年封建君主政体的历史使命。孙中山领导的辛亥革命，固然毕其功于武昌一役，但之前的种植和培育基地却在广州：黄花岗七十二烈士墓就是同盟会革命党人为此献身的悲壮历史见证。黎元洪、袁世凯执政后，孙中山不得不发起另一次革命。这第二次革命的策源地，天生非广州莫属，孙中山所创建的民国临时政府设在广州，培养军事干部的黄埔军校设在广州，孙中山和蒋介石前后两次北伐的策源地也在广州。

"文化大革命"十年中，当中国被迫关闭了所有与西方各国贸易渠道的时候，唯有广州出口商品交易会（见图5－47）依然维系着中国与世界的联系。

图5－47　中国出口商品交易会原址

2. 改革开放以来广东一路领先

中国30多年改革开放波澜壮阔，广东以"敢为天下先"的气魄冲在前沿，一路领先。

（1）改革开放30多年来发生的事件充分展示了广东人的"敢为天下先"。

深圳特区（见图5－48）为了筹集资金在一片荒芜的土地上建设现代化城市，一方面采取了收土地使用费的方法，将土地成片拨给房地产开发公司，分散建设经营；另一方面，又以土地作价入股与外商合作经营或以有偿用地办法让外商独资经营。这些做法开创了我国土地有偿使用的先例，对特区现代化城市的形成和投资环境的完善发挥了重要作用。1987年

7月1日，在借鉴香港经验的基础上，深圳市提出了土地所有权和使用权分离的土地改革方案，明确将土地使用权作为商品，通过公开拍卖、招标、协议等方式进入流通领域，允许转让、租赁、买卖土地使用权。

图为2006年梧桐山拍深圳

图为1985年梧桐山拍深圳

图5－48　梧桐山顶照片看深圳今昔对比

广东在全国建立第一个经济开发区、第一个引进外资、在广州沙面成立中国最早的涉外五星级酒店——白天鹅酒店（见图5－49）……创造了数不清的第一；率先进行商品经济、市场经济的讨论，以及精神文明、政治文明的探索，充分表现了广东人“敢为人先”的精神；广东善于抓住国际、国内的各种有利时机，不断增创新优势、实现新发展，为广东的先行一步创造了政策条件和制度基础。广东人敢于打破框框和思想束缚，敢于走别人没有走过的路，敢于自我超越、与时俱进。

图5－49　广州白天鹅宾馆

（2）我党当代的重要理论均与广东有关。

1992 年 1 月 18 日至 2 月 21 日，在建设有中国特色社会主义事业发展的关键时刻，邓小平同志在武昌、深圳、珠海、上海等地，沿途发表了重要讲话，坚持“解放思想、实事求是”的思想路线，以极大的政治勇气，在理论上深刻地回答了长期困扰和束缚人们思想的许多重大认识问题，提出了一系列新的思想观念，发展和完善了建设有中国特色的社会主义理论，被称为著名的“南方谈话”。2000 年 2 月，江泽民同志在出席广东省高州市领导干部“三讲”教育会议时首次提出“三个代表”的重要思想。2003 年 4 月胡锦涛同志在广东考察工作，15 日上午，胡锦涛听取了广东省委、省政府的工作汇报，并发表了重要讲话。在这次讲话中，他第一次提出了要坚持“全面的发展观”，这是科学发展观最初的思想萌芽。三个春天、三次理论创新，都发轫于广东改革开放实践的土壤之上，这些都不是偶然的。广东改革开放先行一步的探索实践，为我们党的理论创新提供了丰富的经验素材和宝贵的实践园地。

在改革开放的每个关键时期，广东都特别敏感，与时俱进，反应迅速，领风气之先，敢想敢干，敢冒风险，看准了就大胆地试、大胆地闯，边实践边摸索，“摸着石头过河”，不断披荆斩棘，先行一步。广东的改革开放并非一帆风顺，在风雨征途中，广东不搞姓“社”还是姓“资”的争论，不唯书、不唯上、只唯实，以“三个有利于”作为衡量标准，义无反顾、坚定不移地推进改革开放向前迈进。

进入新世纪，广东再接再厉，自我超越，努力探索实现科学发展的新思路、新举措、新办法，从总量到质量，从快到好，从注重发展到注重民生，进而确定了广东新的战略定位和总体目标：坚持面向世界，服务全国，建设全面深化改革开放的先行地、提升我国国际竞争力的主力省、探索中国特色社会主义道路的试验区、实践科学发展观的排头兵。而今广东“敏于行”的精神境界有了新的升华，建设幸福广东与加快转型升级一起，被明确为广东落实“十二五”规划发展主题主线的核心任务。广东再一次站在新的历史起点上，继续引领中国的改革开放和现代化建设。

3. 新世纪以来广东境外投资位居全国各省市前列

广东省近年来充分把握国际金融危机蕴含的机遇，大力培育本土跨国公司，引导、推动和支持有条件的企业开展跨国经营，“走出去”，扩大境外资源开发合作，加快建设境外生产加工基地和营销网络，用好“两个市场、两种资源”，加快从“引进来”为主向“引进来、走出去”并重转变，在对外投资和经济技术合作方面取得了明显效果。2009 年，广东省核准新设境外企业 356 家，增资 49 家，核准投资总额达 15 亿美元，其中核准中方投资额达 13.85 亿美元。截至 2009 年底，广东省经核准在境外超过 100 个国家和地区投资设立企业达 2 378 家，核准投资总额达 108.9 亿元，其中中方投资金额达 90.3 亿美元。截至 2011 年底，广东省经核准在境外超过 100 个国家和地区投资设立境外企业累计达 3 457 家，中方协议投资金额达 138.9 亿美元，对外承包工程和劳务合作累计完成营业额达 566.8 亿美元。在这基础上，“走出去”业务技术含量不断提高，截至 2011 年底，广东省企业累计建设境外生产基地 178 个，逐步实现对外承包工程从传统的建筑业向高科技、电子通信等行业拓展，有力地带动了大型成套设备、电信设备出口。华为、中兴、美的、格力等品牌企业跨国经营能力日益提升，已初具跨国公司雏形。

表 5－3　2009 年和 2011 年广东境外投资总体情况对照表

年份	中方核准在境外投资设立境外企业累计（家）	对外投资国家和地区（个）	中方投资金额（亿美元）
2009	2 378	100	90.3
2011	3 457	100	138.9

资料来源：《2011 年广东国民经济和社会发展统计公报》，广东统计信息网。

4. 当代多个广东商（协）会领行业风气之先

（1）广东拥有全国最早成立的省级行业商（协）会。

广东省美容美发化妆品行业协会是 1989 年初在广东省民政厅注册成立的一个省级专行业协会，是全国第一家省级美容美发行业协会；在国内首先制定和实施美容美发师考核后持证上岗的制度和办法，这个制度和办法经若干年后，被劳动部门所吸纳和沿用至今。1997 年，在广州市流花路中国出口商品交易会展馆举办了首届广州国际美容美发化妆用品博览会（以下简称“美博会”），1996 年起将此会办成每年两届，至 2010 年已成功举办了32届。该展会已办成世界第二、亚洲第一大规模的美容专业展，面积为6万多平方米，参展商近2 000家，参观人数为20多万，成交额为世界之最。每届美博会召开，可带动广州周边相关行业的营业收入200多亿。协会于1994年在我国首次举办了有国外代表队参加的国际发型化妆邀请大赛，并且该协会是我国首个在意大利的世界最大美容展中创办“中国馆”的协会。国家对外经济贸易合作部也于2001年1月授予广东省美容美发行业协会在中国境内举办对外经济技术展览会的主办资格。在全中国美容行业中，广东省美容美发行业协会是唯一获此资格认可的协会。

1988年9月21日，我国第一个由外商组成的民间社团——广东外商公会在穗成立。该会聘请霍英东、马万祺为名誉会长，曾宪梓为会长，陶开裕为第一副会长。

广东省宝玉石协会于1989年7月8日正式成立，是全国最早成立的省级宝玉石协会。

广东电脑商会的前身是广东省工商联电脑商会，1993年成立的广东省工商联电脑商会是全国最早成立的电脑商会。

广东国际钻石商会成立于1995年12月，是具有法人资格的社团组织，也是国内第一个钻石行业的商会。广东国际钻石商会的发起人是李宝新、陈家棣、刘国雄三人。陈家棣先生曾经是国内第一个引进国外先进钻石加工技术的广东省钻石厂厂长，有“钻石业的拓荒者”的美称。

广东省连锁经营协会是我国成立最早的省级连锁经营协会，1996年1月26日成立于广州。

广州市越秀区汽车用品行业商会是经广州市越秀区民政局批准成立的非营利性民间组织。其前身是成立于1998年的“广州市东山区汽车用品行业商会”，是我国成立的第一家汽车用品行业组织。

广东高科技产业商会成立于1999年，是一家由广东省及港澳地区企业组成的中国第一家高科技领域的商会组织。

成立于2000年6月的广东省工商联中大MBA企业家商会，由省工商联和中山大学共同领导，是国内第一家以著名学府为依托的学习型商会。

2004年11月7日，深圳市汽车经销商商会在深圳成立，成为全国第一家汽车经销商协会组织。

广州市展示装饰服务商会于2011年2月25日在星河湾大酒店宣告正式成立，它是全国第一家会展业商会。

云浮罗定市古玩商会于2011年7月在人民中雄镇古玩商城成立，成为全国第一个县级市的古玩商会。

2012年3月30日成立于广州的广东省应急产业协会是全国第一个省级应急产业协会。

（2）广东省家电商会拥有全球最大家电产业集群。

广东省家电商会（见图5－50）于2004年4月28日成立，依托于全球最大的家电产业集群。该商会运用世界先进国家办商会的经验，推行企业家会长制。这在全国行业商会中还是首次，即由商会中有影响、富有市场经验的企业家轮流担任，使商会在创办之初就具有良好的发展机制。

图5－50　广东省家电商会第三届会员代表大会合影留念

（3）广东省食品行业协会全国食品界规模最大。

广东省食品工业协会于1981年成立，自筹经费、坚持市场化运作。1997年，与广东省食品行业管理协会合并为广东省食品行业协会。协会拥有会员企业1 000多家、系统企业10 000多家、专业委员会25个，成为全国食品界最大的行业协会。协会创建了全国第一个行业协会党委（见图5－51），目前拥有50个基层党委、党总支和直属党支部，近1万名党员，是全国最大的行业协会党组织，并妥善解决了3 600名流动党员组织关系转接、1 697名入党积极分子和509名培养对象继续培养问题。创造性地提出并实施了《行业自律管理标准》和《履行社会责任标准》，解决了社会管理中行业自律管理和企业履行社会责任、诚信体系建设等重大问题。创造出了“粤、港、澳共同申报全国、世界文化遗产、非物质文化遗产”新模式，使凉茶成为国务院批准的第一批国家非物质文化遗产；实施“特色食品发展战略”，通过认定230个广东特色食品，形成了“广东手信”产业；创建了产业安全预警服务平台，使广东食品产业产值大幅度增长。

图5－51　中共广东省食品（医药）行业协会第一届党员代表大会现场

（4）深圳行业商会民间化全国领先。

20世纪80年代中期，深圳市在全国率先发展行业协会组织，成立了首批8家工业行业协会，以替代传统的行业管理局行使行业管理职能。经过20多年的不断探索，深圳行业协会从最初的8家发展到180多家，从单一的工业领域发展到经济领域的各个方面，从简单的行业管理发展到为行业、企业提供全方位服务，成为深圳经济发展中一支不可或缺的重要力量。

深圳市行业协会的民间化工作（见图5－52）从1995年开始，特别是2004年启动新一轮行业协会商会民间化改革以后，全市行业协会商会到2006年已基本实现了在人、财、物等方面与政府、企事业单位完全脱钩。其中201名在69家行业协会商会兼职的党政机关工作人员已按规定全部脱钩；每家行业协会都实现了独立的基本账户、会计从业人员和完整的财务年度报表；在行业协会管理体制改革创新方面，深圳将原来复杂的旧“二元制”变为简单的新“二元制”，下一步还将对行业协会商会实行“一元制”的新型管理体制。

图 5－52　深圳市行业协会民间化改革及发展状况发布会现场

深圳市自 2004 年 10 月启动新一轮行业协会商业民间化改革以来，新成立的 43 家行业协会已经实现了“自愿发起、自选会长、自筹经费、自聘人员、自理会务”的民间体制，行业协会“民间化”领先全国。

截至 2006 年 11 月，深圳市行业协会（包括商会、同业公会、联合会、促进会等）已发展到 184 家，涉及该市高新技术、金融、物流、文化四大支柱产业以及优势传统产业等诸多行业，覆盖了深圳市国民经济各主要领域，从业人员有 2 500 多人，成为深圳社团组织中涵盖面最广、力量最强、最具活力和创造力的部分。

深圳汽车经销商会自 2004 年成立以来，拥有团体会员 132 家，会员企业在行业内覆盖率达 98%，成为全国第一个完全实现民间化、市场化运作的汽车经销商会。

5. 近年来广东省人民政府非常重视培育社会组织

（1）广东省委、省政府出台文件要求加强社会建设。

30 多年来广东经济持续快速发展，经济水平发展到一定阶段之后带来了经济社会结构性失衡的问题。这种失衡的焦点是经济这条腿太长，社会其他领域的发展却没有跟上。因此，广东省委、省政府要求把社会建设放在与经济建设同等重要的位置上，要把社会建设的短板拉长，实现经济与社会协调发展。

在此背景下，广东省委、省政府作了一个非常重要的战略性安排。2011 年 7 月中旬，广东省委十届九次全会上颁发了《中共广东省委、广东省人民政府关于加强社会建设的决定》（以下简称《决定》），以及后来的 7 个配套文件和相关措施，明确了社会建设的方向和任务。

（2）广东省人民政府成立专门的社会工作委员会。

2011 年 8 月，经中央编办批准，广东省设立社会工作委员会。2012 年 1 月 18 日，广东省社会工作委员会揭牌，意味着广东成为全国第一个在省、市、县三级全面设立社会工作委员会的省份，负责统筹处理社会工作重大问题。

据悉，新设立的广东省社会工作委员会，既是省委的工作部门，又是省政府的职能机构。其主要职责是按照“党委领导、政府负责”的要求，牵头制定并组织实施社会工作总体规划和重大政策，协调相关部门起草社会工作方面的政策法规；宏观指导和综合协调全省社会工作，督促检查工作落实情况；参与拟定劳动就业、社会保障、教育、卫生、文化、体育等方面的政策；推进和创新群众工作，协调建立健全群众利益协调、诉求表达、矛盾调处、权益保障机制；配合推进社会领域党建工作；研究推动社会建设和管理体制改革创新。

省委决定，省委副书记、省纪委书记朱明国兼任省社会工作委员会主任，省委常委、政法委书记、省公安厅厅长梁伟发和省委常委、秘书长徐少华以及副省长刘昆兼任委员会副主任。

省社会工作委员会实行委员制，省委组织部、省委宣传部、省委统战部、省委政法委、省编办、省信访局、省发展改革委、省教育厅、省公安厅、省民政厅、省司法厅、省财政厅、省人力资源和社会保障厅、省环境保护厅、省住房和城乡建设厅、省文化厅、省卫生厅、省人口计生委、省外办、省法制办、省总工会、省妇联、团省委、省残联等作为委员会成员单位，派出委员。省社会工作委员会实行决策、执行既相对分离又相互协调的社会工作运行机制，委员会负责研究和统筹处理社会工作中的重大问题，各成员单位按照委员会的决策和部门职责分工做好贯彻落实工作。

各市、县（区）相应成立社会工作机构，以切实有力的运作机制确保社会建设各项任务落到实处。

（3）《广东省省级培育发展社会组织专项资金管理暂行办法》出台。

为了培育发展社会组织，广东省财政厅于2012年6月20日印发《广东省省级培育发展社会组织专项资金管理暂行办法》（粤财行〔2012〕245号）（以下简称《办法》），要求各地级以上市财政局（委）、省直各部门遵照执行。《办法》规定各级财政部门要根据本地区经济发展状况、财政承受能力以及培育发展社会组织的需要按规定设立专项资金，采取竞争性分配方式，对新设立并符合一定条件的公益服务类、行业协会类、学术联谊类、公正仲裁类、群众生活类等非营利性社会组织给予一次性补助。主要针对资金申请日期距登记设立日期不足36个月的社会组织，其中重点扶持发挥枢纽型作用的社会组织。

（二）投资、贸易引领

1. *改革开放以来广东经济发展简况*

广东是中国改革开放和现代化建设先行一步的地区，在邓小平理论的指导下所进行的创造性实践，开辟了社会主义现代化建设的新进程。经过30多年尤其是“十五”时期的发展，广东全省的国民经济和社会发展取得了显著成就，人民的生活水平也得到极大的提高。表5－4是广东自改革开放以来宏观经济取得的成就。从表中可以看出，从改革开放到1988年的十年间，人均GDP都在低位，此时改革开放处于探索阶段，人民生活水平一直都徘徊不前；随后，广东的工业开始起步，并快速进入初级产品的生产阶段，自此开始实现连续18年的增长，外贸总额从1989年的355.78亿美元迅速增长至1995年的1 039.72亿美元，年均增长16.6%，这段时间内，人均GDP也呈现逐年快速上升趋势，人民的生活水平得到很大提高。在接下来的7年间，尽管受到亚洲金融危机的严重影响，京广铁路的开通与中国加入世界贸易组织为广东经济提供了与内陆、海外加强联系的大好机遇，于是从1996年一直到2002年，广东的经济总量与外贸总额均翻了一倍，其中外贸总额超过2 000亿美元，占到全国外贸总额的1/3以上。在接下来的2003年到2006年，广东经济进入高速发展时期，这一阶段只有4年，但是，广东这短短4年的经济总量几乎和改革开放前25年的经济总量持平，年均增长18.3%，2005年广东GDP过2万亿。此前，广东从1978年发展到2000年，足足花了22年时间，经济总量才迈上万亿这个台阶，而从1万亿到2万亿，仅仅用了5年时间（2000年到2005年），这期间，外贸总额也从2002年的2 210.92亿美元，增长到2006年的5 272.07亿美元，翻了一倍多，人均GDP也翻了一倍，并于2006年超过3 000美元，达到3 509美元。人均GDP超过3 000美元，表明广东经济发展水平达到了目前世界中等收入国家或地区的水平，提前10多年实现现代化。

表5-4　广东改革开放以来宏观经济取得的成就

年份	1978	1987	1990	1995	2000	2005	2006	2007	2008	2009	2010	2011
GDP（亿元）	186	847	1 559	5 933	10 741	22 367	26 204	30 673	35 696	39 081	45 473	52 674
人均GDP（元）	370	1 443	2 484	8 129	12 736	24 438	28 332	32 713	37 588	40 748	46 990	50 295
外贸总额（亿美元）	16	210	419	1 040	1 701	4 280	5 272	6 340	6 833	6 111.2	7 849	9 134.8

资料来源：《广东统计年鉴2011》，《2011年广东国民经济和社会发展统计公报》广东统计信息网。

广东省统计局公布的数据显示，2011年全省完成生产总值（GDP）52 673.59亿元，比上年增长10%，人均GDP达到50 295元，增长8%。按照市场平均汇率折算，2011年广东人均地区生产总值突破7 000美元，达到7 819美元。广东的地方一般预算收入达到5 513.7亿元，增长22.1%，进出口总额达到9 134.76亿美元，增长16.4%。

2. 当前广东经济处于转型时期

尽管广东经济高速发展，但广东省委、省政府意识到，过去广东珠三角的工业是靠“三来一补”企业发展起来的，是附加值低、劳动密集型的产业结构，它有三个“难以为继”。第一，粗放型发展方式难以为继。第二，过度依赖国外市场的外向型经济难以为继。金融危机后，国外对中国商品围追堵截，强烈要求人民币升值，再指望走之前的路也不太现实。第三，贫富差距不断扩大难以为继。经过这些年的高速发展，现在靠资源扩张、人力资源要素投入、投资拉动的时代已经过去了，所以广东必须要转型升级，要加快转变经济发展方式，改变广东过度依赖出口的状况。2008年爆发的金融危机为广东转型提供了一次契机。2008 年的金融危机，其发展的范围主要是从危机发生国（美国）扩展到危机冲击国（欧盟、日本及亚洲一些经济体），而后再扩展到危机影响国（中国、印度）。其发展阶段是先从次贷危机演变为信用危机，再发展为金融危机影响全球实体经济。这次金融危机就使广东面临出口减少、经济下行的危机，逼使广东率先转型。2008 年 5 月，广东推出产业转移和劳动力转移的“双转移”战略，着力推进珠三角地区相关产业加快向粤东、粤西、粤北地区转移，推进农村劳动力向城市和第二、第三产业转移，实现产业转移和劳动力转移的有机结合。在过去五年中广东选择了“腾笼换鸟”、“双转移”、大部制改革、社会管理改革等一系列转型发展方式，目的就是要寻找一条促进经济可持续发展的道路。

2012 年一季度广东经济增速低于全国 0.9 个百分点，固定资产投资额和地方公共财政预算收入都低于全国 7 个百分点以上。广东外贸依存度高达 114.8%，一季度外贸增速比 2011 年同期回落了 27 个百分点，只有 4.3%；同时，拥有 359 家 A 股上市公司的广东，一季度报告显示，有 173 家上市公司同比净利润下滑，其中有 78 家公司净利润同比降幅超过 50%。[1] 2012 年一季度广东经济运行明显回落已成不争的事实。

表 5-5　2012 年一季度广东与全国主要指标对比表

指标	广东		全国		与全国
	绝对量	增长（%）	绝对量	增长（%）	差距（%）
地区生产总值（亿元）	11 510.80	7.2	107 995.0	8.1	-0.9

① 广东统计信息网统计。

（续上表）

指标	广东		全国		与全国
	绝对量	增长（%）	绝对量	增长（%）	差距（%）
第一产业	561.22	3.6	6 922.0	3.8	-0.2
第二产业	5 476.29	7.1	51 451.0	9.1	-2.0
第三产业	5 473.29	7.6	49 622.0	7.5	0.1
规模以上工业增加值（亿元）	4 809.61	6.7	—	11.6	-4.9
固定资产投资额（亿元）	2 886.31	13.6	47 865.0	20.9	-7.3
社会消费品零售总额（亿元）	5 365.31	10.8	49 319.0	14.8	-4.0
进出口总额（亿美元）	2 099.80	4.3	8 593.7	7.3	-3.0
出口总额	1 212.80	5.4	4 300.2	7.6	-2.2
进口总额	887.00	2.8	4 293.5	6.9	-4.1
居民消费价格指数（上年同期=100）	103.70	3.7	103.8	3.8	-0.1
地方公共财政预算收入（亿元）	1 392.31	9.7	15 333.8	17.3	-7.6
农村居民人均现金收入（元）	3 259.00	11.2	2 560.0	12.7	-1.5
城镇居民人均可支配收入（元）	8 805.00	10.3	6 796.0	9.8	0.5

注：①城乡居民收入增速为实际增长。

②资料来源：广东统计信息网。

在当前经济增速放缓的背景下，来自省科技厅的相关数据、信息显示，全省高新技术产业和战略性新兴产业仍保持持续快速的发展势头，专业镇转型升级和传统产业改造提升取得新的重要突破，高层次创新人才及团队加快集聚，新型科研机构迅速崛起，自主创新能力不断增强。

一季度，广东高技术制造业实现工业增加值 1 078.2 亿元，同比增长

10.6%，比传统制造业快5个百分点。其中，计算机、通信及其他电子设备制造业和医药制造业分别增长11.5%、11.6%。高技术制造业增加值占全省工业的比重从2009年开始逐年稳增，2012年一季度达到22.4%，比2011年提高了0.9个百分点，比2008年提高了4.3个百分点。高新技术产业增长对规模以上工业增长的贡献超过1/3，达到34.2%，比2011年提高了6.2个百分点。高新区大力培育和发展创新型产业集群，提升发展质量和速度。一季度，全省21家高新区实现工业总产值3 112.93亿元，同比增长35.4%；出口创汇137.31亿美元，同比增长26.1%，增幅均比全省快20多个百分点。一季度，LED、LED液晶显示屏、LED节能灯等产品产量迅猛增长，分别增长66.8%、70.3%和176.3%，LED产业产值和规模继续位居全国首位。以核电、风电为代表的新能源产业表现突出，实现工业增加值达31.99亿元，增速达到39.0%：核能发电124.57亿度，增长24.2%；风能发电14.22亿度，增长225.3%。以新一代移动通信设备（3G）、移动互联网为代表的高端新型电子信息产业也实现了快速增长：移动通信基站设备生产2 682.89万信道，增长114.8%；GPS接收机生产15.03万部，增长21.2%。以节能建材、节能家电和高性能膜材料为代表的节能环保产业，以轨道交通装备和高档数控机床为代表的高端装备制造业，以及以现代中药和基因治疗药物为代表的生物医药产业，工业增加值增速分别达17.2%、13.7%、10.5%。

中山古镇通过推动产学研合作，实现从传统灯饰转型升级为LED灯饰产业，一季度工业总产值增长12%，一批灯饰骨干企业逆势增长，如欧普照明公司产值增长44%，出口额增长61%。广东省的知识产权情况保持着良好态势，一季度全省发明专利授权量4 452件，居全国第一；PCT国际受理量1 860件，占全国52.2%。广州佳都新太科技股份有限公司2012年以来就申请了各项知识产权40多项。2012年一季度，该公司营销业绩同比增长47.5%，预计全年增长40%左右。2011年，中兴、华为两大通信公司的国际专利申请量跃居全球企业的第一和第三位。[①]

---

① 杞人：《广东：科技引领全省经济转中求进、率先发展》，中国科技网，2012年6月15日。

3. 商会组团投资

在产业转移的大背景下，广东的企业正面临产业转型与升级，需要寻求新的投资方向和领域。“走出去”已成为中国当前的一个热门话题。企业“走出去”的目的，过去侧重市场开拓，现在也包括对外投资。

而“走出去”的过程中会遇到许多在国内没有碰到过的问题。这些问题对中国大企业而言，以其拥有的实力可自行处理解决，但大多数中小企业都会感到难以应付。中小企业自行走出国门，犹如乘小舢板入大洋，难以承受大风大浪，如果小船联合起来组成一个船队，抗风浪的能力就会大大提高，既能减少“走出去”的投入与风险，也能增加成功的把握。

所以，中国的商会团体很有必要在中国企业“走出去”的热潮中起到引路人的作用，这既是一种社会需求，也是一种社会责任。中国的商会团体应该先于企业“走出去”，积极组织商会会员赴各地进行考察，寻找投资机会。引领中国企业“走出去”最有能力的商会应该是中国贸促会、工商联（民间商会）及各行业商会。国家一级的商会侧重制定政策，起指导作用，具体起组织实施作用的更多可能是省市一级的贸促会、工商联与行业商会。

“走出去”从地域来讲，可以按国界分为两类。

一类是国内跨地区交流，这就不仅包括广东省委、省政府鼓励的由珠江三角洲地区向省内其他地区实行的产业转移，而且包括各兄弟省在广东的异地商会组织会员企业“抱团”回乡投资，还包括广东各行业商会组织会员企业在其他省区进行的投资与合作。商会协助会员企业省内产业转移的事例有很多，如顺德区经贸部门和行业商会多次组织企业到转移园区进行实地考察，目前顺德已有塑料、五金、家具、小家电等行业共 17 家企业进入产业转移园区。[①] 商会协助会员企业回乡投资的情况也屡见不鲜，如广东省甘肃商会代表团和云浮市工商联（总商会）代表团参加了 2007 年 7 月 6—9 日在甘肃兰州市举行的第十四届兰州投资贸易洽谈会，在该次兰洽会上，广东省甘肃商会副会长高登忠董事长的企业，即深圳中南伟业投资发展公司与甘肃省临夏州和政县政府签订“有机化肥”和“八八果品”开

① 《顺德 17 企业进驻粤西产业园》，《南方日报》，2008 年 8 月 7 日。

发项目，深圳中南伟业总投资额达8 000万元；[1] 2011年5月12—15日，广东闽北商会荣誉会长王俊文、会长姚世俤等一行20余人前往武夷山参加第十四届武夷山海峡西岸投资贸易洽谈会，会长姚世俤与武夷开发新区主任梅廷旺分别代表商会和南平市政府签订了有关投资30亿开发武夷新区九沣体育休闲中心旅游项目的框架协议；2011年7月18日下午，广东省湖北商会赴鄂考察投资项目签约仪式在武昌举行，经前期洽谈和对接，一批长期在广东创业的湖北籍客商，与湖北省武汉、荆州、襄阳、鄂州、黄冈、咸宁、天门等地共11个项目正式签约，投资总额达288亿元，涉及电子、金融、机电制造、商贸物流、文化等领域[2]。商会组织会员企业在其他省区进行的投资与合作的情况也有很多。如，广东高科技产业商会首创"雁群投资模式"，即以商会为"雁头"、企业为"雁体"的投资模式，为企业寻求成本"洼地"，"广东高科技产业商会经贸考察团"累计带领7 000多会员朋友闯关东、下江南、走西口、挺进中原，学习、参观、考察当地投资环境并协调解决投资纠纷，广东高科技产业商会先后在广东河源、四川成都、河南鹤壁、广东揭阳建立"广东高科技产业商会工业园"，在全国各地累计投资达250亿元，参加投资企业有100多家[3]。

另一类就是积极响应国家"走出去"战略，组织会员企业"抱团"去境外考察，寻求投资机会，引导和推动有条件、有实力的企业"走出去"。如广东高科技产业商会先后组织会员累计3 000余人次出访阿联酋、越南、韩国、新加坡、美国、欧洲、非洲及澳大利亚等国家和地区，寻找投资和贸易合作机会，与当地商会组织签订战略合作协议，推动约30亿的投资合作和80多亿元的国际贸易合作，并成立了德国、迪拜、越南办事处，为探索企业的国际化合作道路吹响了号角[4]。2008年8月，广东省领导如原广东省省长黄华华等对在重点国家和地区开展建立境外广东商会试点工作作了批示，广东省贸促会积极认真贯彻有关批示精神，先后在美国、阿联

---

① 《组团参加第十四届中国兰州投资贸易洽谈会》，广东省甘肃商会网站，2007年7月22日。

② 《广东省湖北商会来鄂考察投资项目举行签约仪式　李宪生主持签约仪式》，荆楚网，2011年7月19日。

③ 《中国民间商会市场化运作新思维》，《中国商人》，2011年8月11日。

④ 国际模具及五金塑胶产业供应商协会：《经济全球化与国际文化瞭望高峰论坛》，2011年1月27日。

酋、印度尼西亚建立了广东商会，在越南、英国、荷兰等国家积极推进广东商会筹建工作。目前境外广东商会的会员企业已达到504家，其中美国广东商会68家，阿联酋广东商会126家，印度尼西亚广东商会310家。2010年，美中广东商会在广东省先后举办了3场投资环境推介会，邀请来自美国的专家介绍美国的投资环境、法规、教育和国家概况等情况；积极组织国内企业赴境外考察贸易和投资环境，协助它们进入当地市场；帮助中科院广州能源研究所的广州科凌新技术有限公司与美国企业合作发展，在绿色清洁可再生能源方面促成了太阳能发电合资项目，在美国成立了美中科凌绿色清洁再生能源有限公司，把清洁能源技术与产品推向美国市场①。阿联酋广东商会发动会员企业投资建立了“中东中国商品采购中心”、“阿联酋中国手机批发城”、“中东·中国建材批发中心”等商业城，涉及电子电器、房地产、家具、纺织、手机、日用消费品等行业。粤商立足阿联酋，市场辐射整个阿拉伯半岛、伊朗、伊拉克、非洲大陆和南亚次大陆、东欧部分国家等40多个国家和地区，消费人群为15亿以上。“中东·中国建材批发中心”就是广东企业与当地企业共同打造的大型专业建材批发中心，占地超过4万平方米②。

4. 商会组团参展、贸易

近年来，广东各商会积极巩固和扩大商会之间的交往和合作，加强与国外工商社团的联系，发挥民间商会的外交作用，以投资、贸易引领，为民营企业开拓国际市场服务。

美中广东商会是广东省贸促会贯彻落实黄华华等省领导关于在重点国家和地区建立境外广东商会批示精神组建的第一家境外广东商会。目前，广东省贸促会已先后在美国、阿联酋、印度尼西亚、荷兰等国家建立了5个境外广东商会。美中广东商会积极配合广东省做好中国国际中小企业博览会在美洲招展的工作，连续4年组织70多家美国企业参加中国国际中小企业博览会，签订合同达30份，合同金额达9 460万美元，受到“中博

① 广东省贸促会信息部：《广东省贸促会为招商引资搭建境外服务平台》，2011年4月20日。

② 《我校参加“中国广东—阿联酋经贸洽谈会暨中东中国建材批发中心招商会”》，清远技师学院网站，2011年5月11日。

会”组委会的高度赞扬。①

中国国际贸易促进会委员会番禺支会、中国国际商会番禺分会于1991年10月组织外经贸等6家出口公司首次参加“新加坡国际交易会”，与30多家客商洽谈业务，协议成交额200多万美元。1992年年初，由中国贸促总会驻韩首席代表何源熙会长牵线搭桥的广州进道集装箱生产公司合资筹建，总投资达2 300万美元，占地近8万平方米。中国国际贸易促进会委员会番禺支会、中国国际商会番禺分会组织出口企业参加“美国家庭用品展览会”，签订贸易协议和意向30多份，金额为400多万美元，使番禺市的服装、食品、皮革制品、工艺品打入了北美市场。1993年10月，中国国际贸易促进会委员会番禺支会、中国国际商会番禺分会组团参加“93广州高新技术项目介绍会”，签约项目166项，总投资达14.74亿美元。1995年6月，在何源熙会长的精心策划下，中国国际贸易促进会委员会番禺支会、中国国际商会番禺分会成功地将番禺南方网页有限公司从国外引进的价值6 000多万元的聚酯网厂设备转让给全球最大网页公司美国奥伯尼国际公司，并在化龙镇投资1 380万美元建立奥伯尼国际（中国）有限责任公司，这在当时成为佳话。②

（三）协助政府招商引资

商会经济性的职能是招商引资的平台。商会经常举办的展销会、交易会、新产品推介会、商务信息发布会等，既活跃了市场、发展了经济，又宣传了一个地域的物产风貌、人文景观。这为有目的的招商引资活动不断地创造良机，构筑宽阔的平台。商会的商家、企业家立足诚信、敞开胸怀、学习别人、让利于人、请教外援、做强做大自己的企业。抓住东部产业向中西部扩展转移的机会，招揽项目，留住商家，这应是时代赋予地方商会的光荣使命。

商会的民间性工作氛围有利于招商引资。商会是民间的、自办的。共同的道路和事业心，以及商海风浪的共同搏击，使会员间形成互助团结、

---

① 广东省贸促会信息部：《广东省贸促会为招商引资搭建境外服务平台》，2011年4月20日。
② 《大事记》，中国国际贸易促进会委员会番禺支会、中国国际商会番禺分会官方网站。

一方有难、八方支援的现代商业的良好风范。这对前来投资选项的外来商家有极大的吸引力，成为留住商家的先决条件。

商会的统战性职能是招商引资中独具的优势。商会中的同业公会、行业协会致力于维护会员和企业的合法权益，代表着它们的要求，抵制不正之风，行使民主监督权力，尤其把外来商家当作服务和维护的重点对象，目的是引来和留住更多的商家，力图从外援的角度，争取扩大地方经济发展的动力和助力。更重要的是，商会招商引资工作的范围广阔，运用联系面广的优势，千方百计地去工作，诚心欢迎来自五大洲所有的客商和投资，以统战工作大团结、大联合的思想为指导促进经济的发展，实现小康社会的全面建设。

随着广东省民营经济的发展能力和活力不断增强，以及广东商会在社会中的影响力不断扩大，广东的各商会创新招商方式，瞄准资本流动趋势创新引资方向，抓住国家战略创新引资重点，为广东和外省、本商会和外省兄弟商会、本省兄弟商会、本商会会员之间搭建经济合作、商务联络平台。

一是发挥商会平台作用，积极宣传广东招商引资信息。商会在商会网站、会报、会刊等媒体都开辟了“招商引资优惠政策介绍和各地招商引资项目推介栏目”等，及时通过会报、会刊向分布在全国的商会、会员企业及其合作伙伴介绍有关政策信息。

二是发挥商会载体作用，加强招商宣传推介。商会利用参加各种会议的机会，积极推介广东招商引资信息。多年来，广东商会先后组团参加各种会议，利用各种契机，举办投资项目推介会、专场推介会、恳谈会，邀请主要领导及经贸委、发改委、招商中心等单位及有关企业家参加，宣传、推介，向海内外广大客户介绍广东的地缘资源优势和招商引资信息。

三是建立招商项目库，“请进来，走出去”，常年招商。商会通过积极与当地政府沟通，收集地区招商的资料，着手建立招商项目库，把当地比较好的招商项目集中起来，打印成材料，哪里有项目、哪里缺资金、哪里需要什么样的企业、有些什么优惠政策，全都一目了然，再据此分门别类，建立项目库，使投资和招商避免了盲目性，而针对性和成功率大大提高。然后可采取“请进来”的方式经常邀请上海、浙江、福建等各省市甚至包括海外的民营企业家来广东考察、洽谈项目。商会也热情邀请各地企业家来广东考察，实地推介广东招商引资环境，使他们对广东的优势和发展前景有了新的认识。2010 年洛杉矶对外贸易机构洛杉矶—长滩世贸中心总裁鲍万斯先生赴广东访问时，美中广东商会安排其考察广东企业，推介广东投资环境。目前政府机构到境外招商需要投入许多资源，境外广东省商会通过这种非政府、民间的渠道开展招商工作，既是对传统招商工作的补充，又是境外广东商会创新服务模式、协助政府招商引资工作的一种体现。

四是积极参加省政府组织的招商引资活动。每次在洽谈会召开之前，商会都安排一名商会领导与工作人员一起组成招商小组，带着宣传资料和招商项目与有关省市商会进行联系、推介项目，同时还向他们发邀请函，请他们帮助商会邀请客商来参加广东省政府召开的项目洽谈会。并在项目洽谈会现场寻找机会与会议代表广泛交流，邀请部分民营企业家到广东实地就有关项目进行考察。经过这样的方式诚意招商，一批项目往往会在项目洽谈会上谈成，双方成功签订意向合同。

五是定期召开座谈会，加强商会之间的“对话”，让在广东的各商会负责人之间加强信息交流。互通有无，促进商会之间的资源“优化共享”。各商会涉足的领域可能会有交叉，商会、企业之间虽然也存在竞争，但更重要的是要实现资源的优化共享。随着类似“对话”活动的持续开展，各商会之间通过相互交流、相互熟悉，可以逐渐实现资源共享，比如项目共同参与、产品共同使用。现在商会会员、企业之间的合作投资、融资等现象，很可能会出现在不同的商会企业之间，实现不同行业的优质企业强强联合，增强商会之间的整体运作能力，这样能够逐渐形成合力，增强辐射能力，不断整合多方资源，有利于实现集聚发展，共同打造产业集群，为整个广东经济的发展开拓出更大的空间。

参考文献

一、图书

[1] 虞和平：《商会与中国早期现代化》，上海：上海人民出版社，1993 年。

[2] 黄淑和、连一民：《商会发展与制度规范》，北京：中国经济出版社，1995 年。

[3] 章炳麟：《岭外三州语》一卷，《章太炎全集》，上海：上海人民出版社，1999 年。

[4] 浦文昌：《市场经济与民间商会：培育发展民间商会的比较研究》，北京：中央编译出版社，2003 年。

[5] 郁建兴：《在政府与企业之间：以温州商会为研究对象》，杭州：浙江人民出版社，2004 年。

[6] 孙伟林：《民间组织能力建设探索》，北京：中国社会出版社，2005 年。

[7] 张经：《行业协会商会工作基础》，北京：中国工商出版社，2007 年。

[8] 叶燕斐、黄琳：《商会管理》，成都：四川人民出版社，2007 年。

[9] 刘丽：《行业协会（商会）改革发展创新建设与行业自律规范管理实用手册》，北京：中国科技文化出版社，2007 年。

[10] 中华全国工商业联合会编：《中外商会运作规范比较》，北京：中华工商联合出版社，2008 年。

[11] 王廉：《话语权经济》，广州：暨南大学出版社，2008 年。

[12] 郁建兴、江华、周俊：《在参与中成长的中国公民社会（基于浙江温州商会的研究理论篇）》，杭州：浙江大学出版社，2008 年。

［13］刘华光：《商会的性质、演进与制度安排》，北京：中国社会科学出版社，2009 年。

［14］张强：《民间商会操作实务》，北京：中国商业出版社，2009 年。

［15］浦文昌：《中国商会法立法研究及中外资料汇编》，北京：中央编译出版社，2010 年。

［16］虞和平：《商会史话》，北京：社会科学文献出版社，2011 年。

［17］张捷、徐林清等：《商会治理与市场经济——经济转型期中国产业中间组织研究》，北京：经济科学出版社，2011 年。

［18］中国国际贸易促进委员会主编：《2010 中国企业“走出去”发展报告》，北京：人民出版社，2011 年。

［19］谈萧：《中国商会治理规则变迁研究》，北京：中国政法大学出版社，2011 年。

［20］吴石川：《中国民间商会探索》，北京：中国文史出版社，2011 年。

［21］秦琳主编：《建设和谐社会与民间组织发展研究》，成都：四川大学出版社，2011 年。

［22］黄孟复：《中国商会发展报告 No. 3（2011）》，北京：社会科学文献出版社，2012 年。

［23］黄晓勇主编：《民间组织蓝皮书　中国民间组织报告（2011—2012）》，北京：社会科学文献出版社，2012 年。

［24］广东省人民政府发展研究中心编：《领导参阅》，总第 59、60 期。

［25］广东省医学会组织，田武汉编：《现代学会协会管理与创新》，北京：科学技术文献出版社，2012 年。

二、报刊及论文

［1］张铁军：《改革开放后中国商会研究》，东北师范大学 2006 年博士学位论文。

［2］刘红路：《总商会应是工商企业界的总代表——香港商会组织掠影》，《中国工商》，1998 年第 7 期。

［3］魏美昌：《澳门的多元文化特色及其未来角色》，《汕头大学学报》（人文社会科学版），2002 年第 5 期。

［4］汪海宝、卢丽平：《首届世界温州人大会将于 10 月召开》，《中国经济时报》，2003 年 7 月 7 日。

［5］胡小石：《新潮商：中国的山姆 · 沃尔顿》，《黄金时代》，2005 年第 4 期。

［6］张和平、石朝格：《温州 500 家行业商会调查：从草根到庇荫大树》，《中国证券报》，2005 年 9 月 24 日。

［7］孟晓驷：《中国：文化外交显魅力》，《人民日报》，2005 年 11 月 11 日。

［8］李嘉曾：《多元、开放与和谐——关于澳门历史和现状的观察与思考（上）》，《群言》，2006 年第 2 期。

［9］《这一刻，被浓浓的客家乡情包围——上海客家知识分子联谊会年会侧记》，《上海侨报》，2006 年 6 月 11 日。

［10］郑胜水：《温州人创业：蝴蝶变凤凰》，《学生通讯社》，2006 年 9 月 6 日。

［11］勾晓峰：《温州人是怎么赚钱的：敢闯能吃苦 创业成风气》，《经济参考报》，2006 年 12 月 25 日。

［12］《敢为天下先 第一个在西非创立贸易公司的温州人》，《温州商报》，2007 年 2 月 28 日。

［13］胡建华：《广西推进“泛北合作”：强化商会功能 激活商会经济》，《广西日报》，2007 年 4 月 25 日。

［14］张世伦：《推行商会科学发展新模式》，《中国商人》，2007 年 12 月 4 日。

［15］《顺德 17 企业进驻粤西产业园》，《南方日报》，2008 年 8 月 7 日。

［16］袁友军：《广东省行业协会（商会）发展的现状、问题与对策》，《学理论》，2009 年第 27 期。

［17］常州潮汕商会：《淘金与感恩》，《常州日报》，2009 年 2 月 7 日。

［18］刘日知：《把客商大会办成客属地区的“达沃斯”》，《梅州日报》，2009 年 10 月 12 日。

［19］王建新：《上海潮汕商会成立大会　力倡诚信经营》，《中国消费者报》，2009 年 12 月 28 日。

［20］郭永芳、赖璟婷：《商会经济成为福建三明发展新动力》，《三明日报》，2010 年 3 月 30 日。

［21］《兴业银行中小企贷款瞄准温商》，《广州日报》，2010 年 5 月 17 日。

［22］《商会“金字招牌”引来逾 500 亿元授信》，《温州商报》，2010 年 8 月 6 日。

［23］魏金华：《百年客商历史的见证——商印》，《梅州日报》，2010 年 9 月 4 日。

［24］《潮商整合民资搭建投融资合作平台　加快组建潮商银行》，《深圳商报》，2010 年 9 月 17 日。

［25］姚定康：《中国企业走出去，商会要做引路人》，《民营经济报》，2010 年 12 月 22 日。

［26］娄胜华：《十九、二十世纪之交的澳门社会变迁与结社转型》，《华南师范大学学报》，2011 年第 2 期。

［27］腾育：《中国异地商会知多少》，《经理日报》，2011 年 3 月 13 日。

［28］江西赣商联合总会秘书处编：《江西赣商联合总会工作简报》，2011 年第 28 期（总第 99 期）。

［29］王军华：《诚信是商会的基石》，《湖北日报》，2011 年 7 月 27 日。

［30］《中国民间商会市场化运作新思维》，《中国商人》，2011 年第 8 期。

［31］吴勇：《温州商会　一支快速成长的第三方力量》，《温州日报》，2012 年 1 月 29 日。

［32］《温商文化是温州文化版图上最活跃的符号》，《温州都市报》，2012年1月30日。

［33］国务院：《符合条件小额贷款公司可改制为村镇银行》，《京华时报（北京）》，2012年2月2日。

［34］杨维贤、李超玲、张杰文：《湖南工商联带动会员企业健康成长》，《中华工商时报》，2012年2月14日。

［35］覃丽娜：《柳州异地商会全扫描（上）》，《南国今报》，2012年3月29日。

［36］易晓文、陈健芬：《温州商会从“非赢利”到“赢利”的嬗变》，《经济纵横》，2010年第6期。

［37］李超玲、汪舟、张斌：《商会助力标准化》，《湖南日报》，2012年5月16日。

［38］《二百余商会名流将齐聚长沙　共搭平台谋发展》，《湖南日报》，2012年5月16日。

［39］张斌、李超玲、汪舟：《“商会现象”湖南样本》，《经理日报》，2012年5月20日。

［40］《全球12地温州商会欲筹50亿建纯民资民营银行》，《每日经济新闻》，2012年5月22日。

［41］《逐步形成“小政府、大社会”的治理模式》，《南方日报》，2012年6月21日。

三、网站

［1］《大连银行与温州商会签署全面合作协议》，大连银行网，2008年10月20日。

［2］王松林：《商会应发挥招商引资支撑优势》，商丘报业网，2004年6月11日。

［3］《中国行业商会演变史》，金羊网，2004年8月24日。

［4］黄孟复：《用科学发展观统领工商联工作为保持经济社会良好发展作出新贡献——在全国工商联九届三次执委会上的工作报告》，全国工

商业联合会网，2004 年 12 月 15 日。

[5]《快速前进中的中国瓷都》，浙江陶瓷网，2005 年 4 月 19 日。

[6] 井韦：《第五届上海国际建筑设计与城市规划展览会举行》，中国新闻网，2005 年 6 月 11 日。

[7] 商会：《“抱团儿”才能赚大钱》，浙商网，2005 年 11 月 29 日。

[8] 温州商会：《站在转型的十字路口》，金羊网，2006 年 12 月 11 日。

[9]《新疆广东商会：发挥商会“纽带”作用 搭建招商引资“金桥”》，天山网，2007 年 1 月 26 日。

[10]《广东梅州客家山歌：客韵飘香 浓情放达》，福客文化遗产网，2007 年 5 月 31 日。

[11] 戴川：《云南潮汕总商会喜庆十周年，向省政府赈灾 50 万元》，云网，2007 年 8 月 27 日。

[12] 巨邦电气有限公司：《从发展走向反思——温州电气市场分析》，中国开关电器网，2008 年 3 月 21 日。

[13]《“2008 首届中外商会高峰论坛”在沪举行》，上海海外联谊会东方海外之桥网，2008 年 7 月 28 日。

[14]《中国行业协会发展的背景分析》，广东省机构编制委员会办公室网，2008 年 9 月 2 日。

[15]《中国可持续发展首届国际商会论坛召开》，慧聪网，2009 年 4 月 24 日。

[16]《潮汕方言》，揭阳旅游网，2009 年 11 月 7 日。

[17]《马来西亚中华总商会中央理事梁家兴在首届中国—东盟商会领袖论坛上的演讲》，中新网广西频道，2010 年 10 月 20 日。

[18]《经济全球化与国际文化瞭望高峰论坛》，国际模具及五金塑胶产业供应商协会，2011 年 1 月 27 日。

[19] 李沛：《广西首个经批准成立的广西客家商会互助基金成立》，广西新闻网，2011 年 2 月 15 日。

[20]《潮州菜的特点》，中国吃网，2011 年 3 月 8 日。

[21]《广东省贸促会为招商引资搭建境外服务平台》，广东省贸促会

信息部，2011 年 4 月 20 日。

［22］《广东省贸促会为企业“走出去”搭建境外服务平台》，佛山市贸促会网，2011 年 4 月 25 日。

［23］《我校参加“中国广东—阿联酋经贸洽谈会暨中东中国建材批发中心招商会”》，清远技师学院网，2011 年 5 月 11 日。

［24］《河南客家商会成立 吸引外商赴豫投资》，中国新闻网，2011 年 5 月 30 日。

［25］《潮汕商会今年在黔投资 12 亿元》，金黔在线，2011 年 9 月 9 日。

［26］《潮州文化是中华文化的组成部分》，潮汕大峰网，2011 年 11 月 13 日。

［27］《广东客家商会在深圳成立》，北海新闻网，2011 年 11 月 23 日。

［28］《成立福建客家商会的意义》，福建客家商会网，2011 年 11 月 30 日。

［29］《客家文化》，苏红网，2011 年 12 月 23 日。

［30］《温州支持中小企业再添新路径——“商会 + 银行”合作模式化解融资难》，和讯网，2011 年 12 月 27 日。

［31］《东莞客家商会》，中国经济网综合，2011 年 12 月 31 日。

［32］杞人：《广东：科技引领全省经济转中求进、率先发展》，中国科技网，2012 年 6 月 15 日。

［33］俞伟汉：《广西陆川客家海外联谊会暨广西陆川客家商会筹备工作报告》。

［34］《大事记》，中国国际贸易促进会委员会番禺支会、中国国际商会番禺分会官方网站。

［35］魅力潮州网

［36］安徽省民间组织管理局网

［37］广东省客家商会官方网站

［38］广东省潮商会网

［39］深圳市潮汕商会

［40］广东省电脑商会网

后　记

中国正迈向商会经济时代！

有一个省的厅长说："中国的商会没有一个不是政府支持才发挥得好的。"一个商会秘书长反驳说："中国没有一个商会是政府支持发挥好了的。"

上面这简单对话不禁令我们思索：中国商会究竟该向何处去？

作者认为，中国商会似处于秘书长 + 传销时代。所谓秘书长是商会发挥得好的，秘书长作用很大；所谓传销，是指搞得好的商会，往往多是党政部门出身的人任会长，是政府影子权力在人身上的延伸或传销。

但愿中国的这个阶段走得快一点，因为在我们迈入社会管理时代，这样的社会生态已经不适应了。

本书的写作基础工作是由广州泛珠城市发展研究院陈顺军、周玉兰做的。李阳春不仅提供了写作想法和书名，还提供了重要的思路、观点和一些商会经济案例；王廉迅速拿出了纲目，并布置实施写作。

王廉是经济学博士，产业与城市行业标杆人物，著名经济学者、咨询专家和城市解决方案专家，已出版 40 余部专著。其影响正在上升，不仅在京津沪地区担任咨询专家，还远赴多伦多、沙特阿拉伯、中东做城市解决方案。他的"我为香港富豪作咨询"、"中国城市化教程"成为业内的标杆。王廉现任广州泛珠城市发展研究院院长、亚洲中小企业管理协会副主席。

李阳春曾任广东省工商业联合会副主席，现为广东省工商联党组副书记，是广东省工商联第九、十届副主席，总商会副会长，全国工商联执委，广东省政协委员，工商管理硕士（EMBA），在读博士，已出版财富系列著作多部。本书的写作即基于作者对广东商会经济多年的关注和研究。

特别需要指出的是，本书广东省高科技产业商会的案例采用了广东省政府发展研究中心李鲁云副主任牵头完成的专题调研成果，在此，我们表示感谢！

王　廉

2012 年 9 月